I0129769

Reprint Publishing

Für Menschen, Die Auf Originale Stehen.

www.reprintpublishing.com

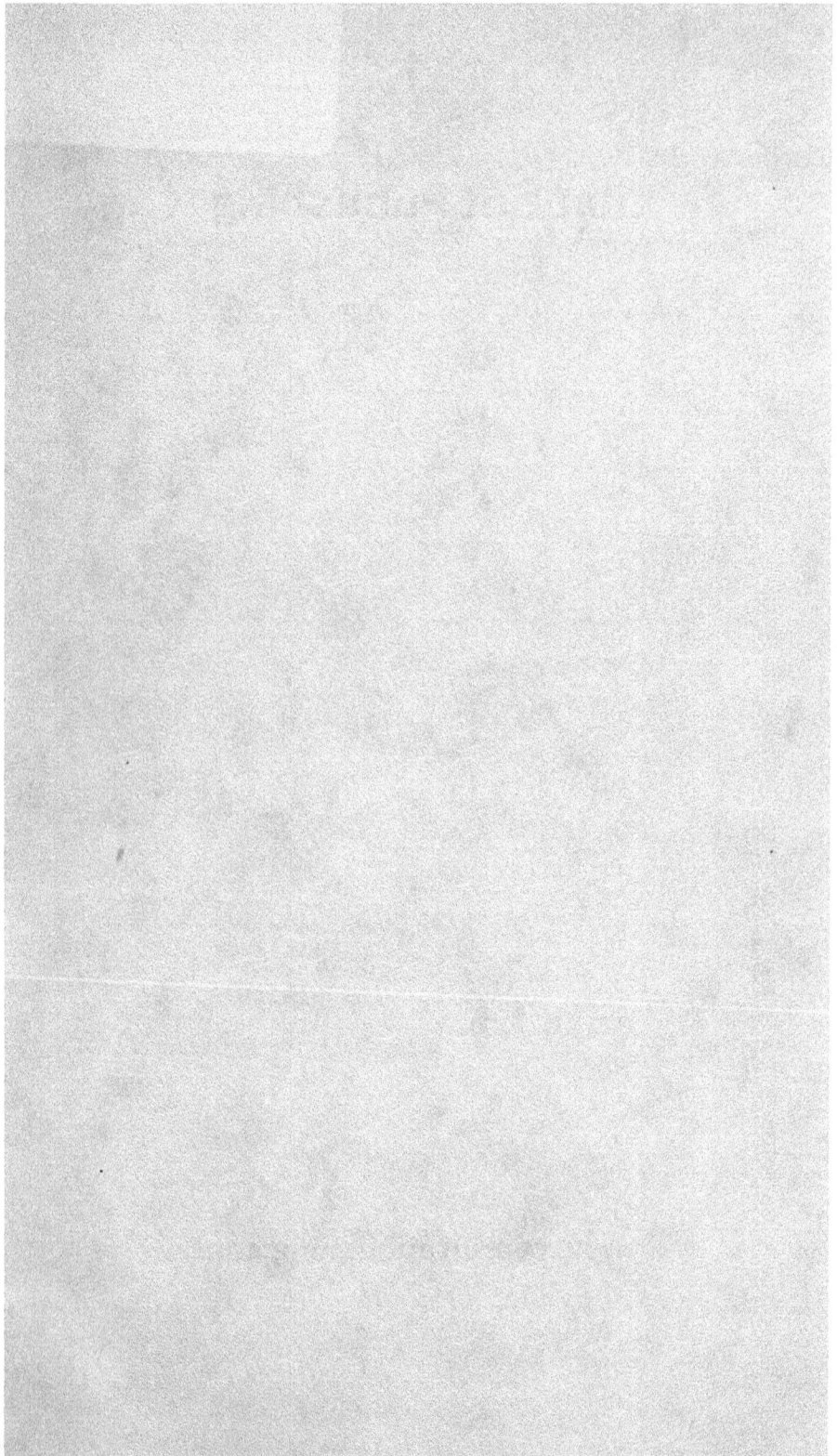

DIE FAMILIE

DER

BROMELIACEEN.

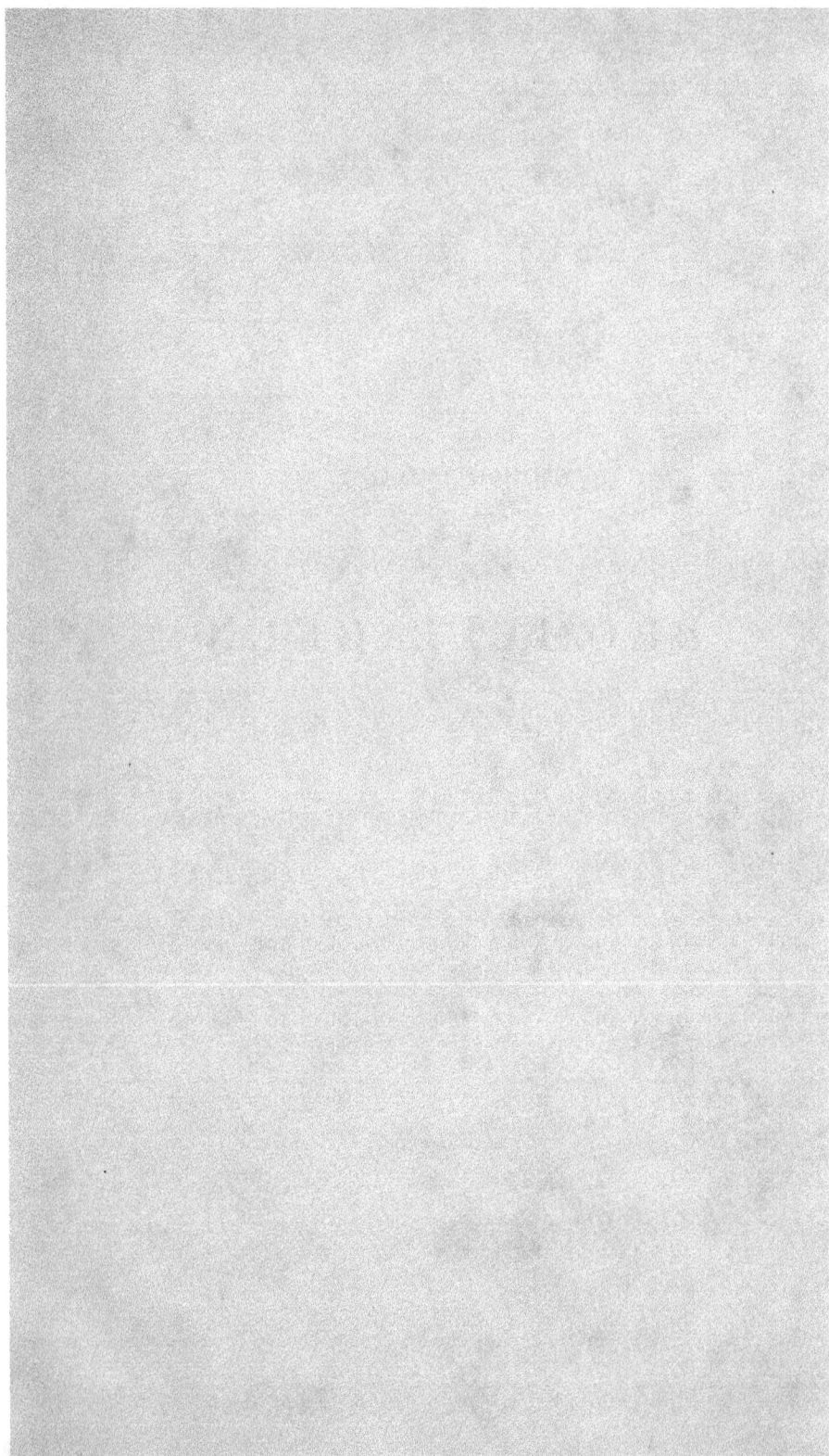

DIE FAMILIE

DER

BROMELIACEEN.

NACH IHREM HABITUELLEN CHARAKTER BEARBEITET

MIT BESONDERER BERÜCKSICHTIGUNG

DER ANANASSA

VON

J. G. BEER,

BESITZER DER K. K. ÖST. GOLDENEN GELEHRTEN-MEDAILLE, UND DER KÖN. PREUSS. GROSSEN GOLDENEN MEDAILLE FÜR WISSENSCHAFT.

WIEN.

TENDLER & COMP.

M. DCCC. LVII.

Druck von L. C. Zamarski in Wien.

Inhalt.

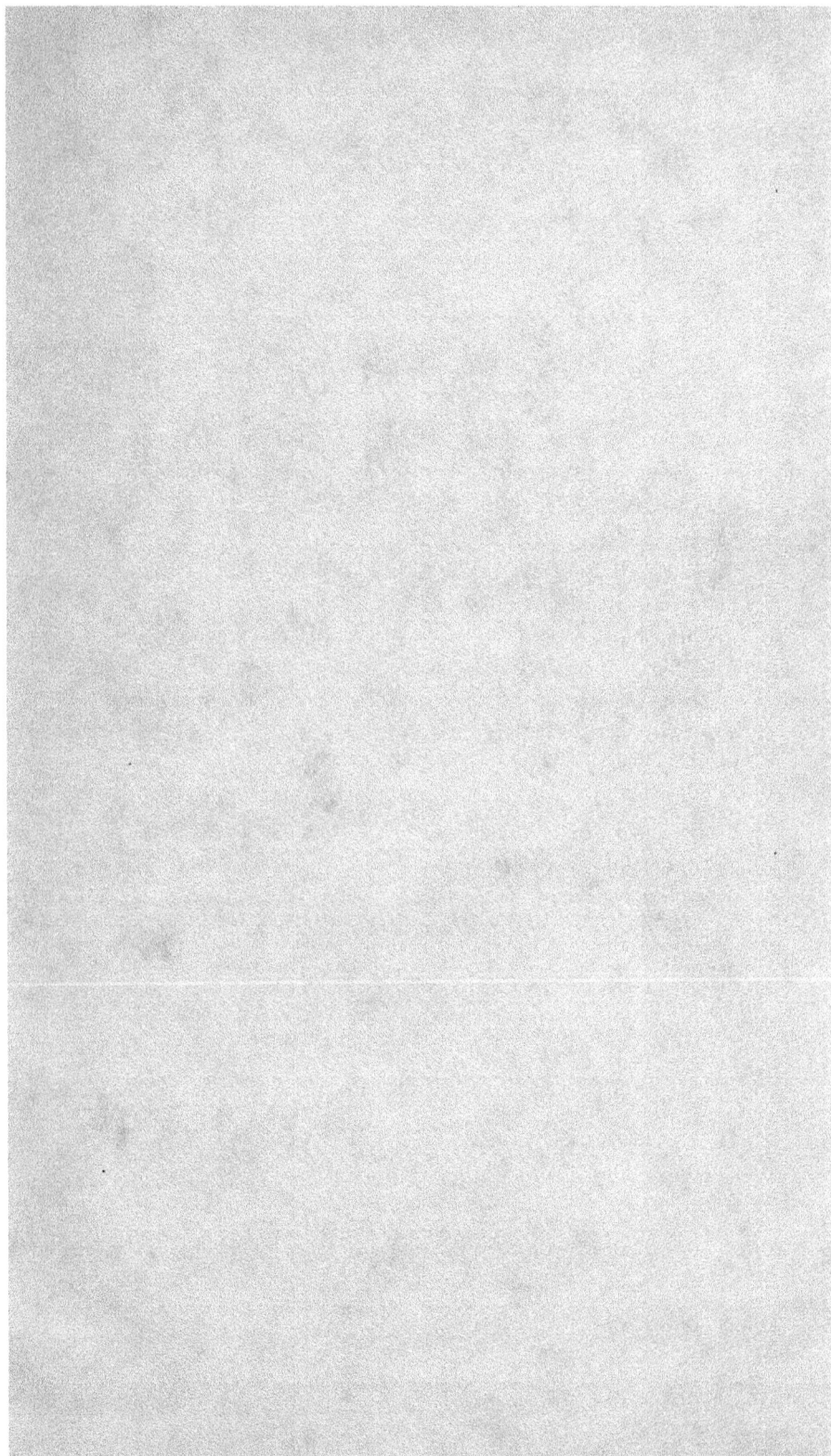

Einleitung.

Seit dem Erscheinen meines Werkes „Praktische Studien an der Familie der Orchideen" — ward mir Gelegenheit in Berlin, durch die Güte meines verehrten Freundes, des Herrn Direktor Klotzsch, meine Studien für die vorliegende Arbeit zu vollenden.

Die Bromeliaceen bilden eine der interessantesten und die verschiedensten Formen enthaltende Pflanzenfamilie. So schwierig die Bearbeitung derselben im Anfange sich zeigte, — wie oft ich mich bei meinen vielfachen Studien darüber förmlich verlassen und in ein Labyrinth von verschiedenen Begriffen gerathen sah, erkannte ich doch bald, dass Fleiss und Ausdauer zu einem allerdings beachtenswerthen Ziele führen dürften.

Um nicht stets eine grosse Anzahl von Büchern vor mir zu haben, blieb mir nur ein Weg, nämlich alle Abbildungen von Bromeliaceen, die sich in der botanischen Literatur finden, sorgfältig zu copiren. Hierdurch gelangte ich in den Besitz eines wahrhaft nützlichen Materials; ich studirte nebenbei alle lebenden Pflanzen dieser Familie, welche mir zugänglich waren. Nach ihnen sind die Eintheilung sowohl als die Beschreibungen entstanden. Wer die Verwirrung kennt, welche die Feder hier angestiftet hatte, — der wird mich gewiss entschuldigen, wenn ich gewagt habe, von Begränzung dieser Pflanzenfamilie bis zur Beschreibung der letzten Species, — nur aus eigener Anschauung zu schöpfen.

Wenn man die älteren und alten botanischen Werke durchsicht, — so muss es auffallen, dass z. B. die so schönen Formen vom Genus Billbergia fast gar nicht abgebildet wurden. Erst in unserer Zeit haben, besonders die periodischen Gartenschriften, diese herrlichen Gebilde häufiger gebracht, — was natürlich den Reisenden der letzteren Jahre zu danken ist. Anderseits überrascht der Formenreichthum in den älteren Werken, zumal es zur Seltenheit gehört, eine Pflanze öfter abgebildet zu finden.

So trifft man in den Werken des 16. Jahrhunderts wohl nur erst die Ananassa sativa abgebildet und auch beschrieben; hier ist aber auch die Verschiedenheit der Varietäten, welche zu den Abbildungen gewählt wurden, — sehr auffallend, indem jeder dieser alten Autoren eine andere Pflanzenform vor sich hatte. Bei „Ananassa" findet sich in diesem Buche das hierauf Bezügliche sorgsam gesammelt. Fast gleichzeitig ward Tillandsia usneoides, Lin. gut beschrieben und häufig abgebildet; es ist dies ebenfalls auffallend, indem diese Pflanzenformen doch gar keine Reize bieten und nur geringen Nutzen schaffen. Erst später ging man an die Aufgabe, die grossen Formen der Bromelien abzubilden und zu beschreiben, aber angereiht findet man wieder die kleinen niedlichen Formen von Diaphoranthema. Beer (wie Tillandsia virescens. R. et Pav.), welche ausschliesslich nur Peru und Chili zu bewohnen scheinen.

Unserer Zeit war es vorbehalten, eine Menge Werke zu fördern, welche einen reichen Schatz von Bromeliaceen lieferten. Aber hier finden sich wieder die bedauerlichsten Missgriffe: — ich darf nur an die Flora Fluminensis von Arrab erinnern! Andere kostbare Werke, wie La Bonite, Atlas botanique par Gaudichaud, dann La Coquille par Duperrez, entbehren, wie die zuerst genannte, — aller Beschreibung!

Bei meinem Wege der Betrachtung, — wo die Gesammtgestalt der Gewächse zur Geltung kommt, — sind solche Werke, auch ohne Beschreibung und guter Diagnose, dennoch vollkommen brauchbar, indem ohnehin auf die innere Organisation der Blüthe keine Rücksicht genommen wird.

Erst die letztere Zeit brachte Brongniard, de Vriese, Charles Lemaire, Carl Koch u. a. m. auf den Gedanken, einige dieser Pflanzenformen nach dem Gesammtwerthe des Blüthenstandes in Genera auszuscheiden, und so entstanden die gut bezeichnenden Benennungen, wie: Echinostachys, Macrochordium, Disteganthus, Platystachys. Anderseits sieht man aber hierdurch, wie nöthig und wohlthätig gut bezeichnende Benennungen für Genera und Species sind, — und wie verwerflich die Sucht, Namen von Personen, welche man ehren will, den Pflanzenformen zu geben. — —

Bei der Ordnung der Bromeliaceen beginne ich mit der Begränzung der Familie. Die dann zunächst folgende Ordnung der Hauptabtheilungen und der Sippen ist ganz kurz gefasst, und ich glaube, dass diese, — wenn der Suchende die Familie der Bromeliaceen nur einigermassen kennt, — genügen dürfte, um gleich hierauf zur Bestimmung des Genus zu schreiten. Um aber meine Arbeit den herrschenden Begriffen nach Möglichkeit zu nähern, habe ich die Schema ausführlicher behandelt, und hiermit mich bestrebt, von jeder Form ein ganzes Bild zu entwerfen.

Diese Arbeit soll, wie ich hoffe, den Beweis liefern, dass verschiedene Wege zur Erkenntniss von Pflanzen führen; vielleicht wird hiedurch der praktischen Anschauung ein neues nützliches Feld angebahnt werden. Ich bin vollkommen überzeugt, dass viele monocotyle Gewächsfamilien auf meine Weise, die Merkmale festzuhalten, — gut erkenntlich zu bearbeiten sind, immer aber wird die Gestalt der Gewächse die Grundlage bilden müssen.

Nach Beendigung dieser vorliegenden Arbeit habe ich begonnen, Material für eine „Denderologia“ zu sammeln. Dieser riesigen Aufgabe gehe ich mit Freuden entgegen, indem nun Wald und Flur mir ihre geheimen Blätter öffnen sollen, um daraus die Gesetze der Wachsthumsverhältnisse zu studiren und, — wenn möglich! — in eine geordnete Reihenfolge zu bringen.

Wien am 1. Januar 1856.

Der Verfasser.

BROMELIACEAE.

Lindley.

Ordnung der Bromeliaceen.

Begränzung der Familie. Die Bromeliaceen bewohnen ausschliesslich Amerika.

Standort. Auf lebenden und todten Bäumen, selten auf der Erde, auch zwischen Fels, — oder im Sande; — dann an sonnigen, freien Stellen.

Die Pflanze. Blätter immer einfach, strahlenförmig oder kelchbildend dicht beisammen stehend. Oft sägezähnig und stachelspitzig.

Blüthenstand end- oder seitenständig, meistens aufrecht und oft durch die Laubblätter der Endknospe, oder durch Hochblätter lebhaft gefärbt.

Blüthe, immer Zwitterblüthler. Drei hinfällige Kronenblätter. Drei bleibende, mit der Frucht (Kapsel, Beere) verwachsene Kelchblätter. Sechs Staubblätter, ein Griffel.

I. Hauptabtheilung.

Blüthenstand: Endständig.

BROMELIEAE.

I. Unterabtheilung.

Blüthenschaft mit Laubblättern besetzt.

Phylantheae.

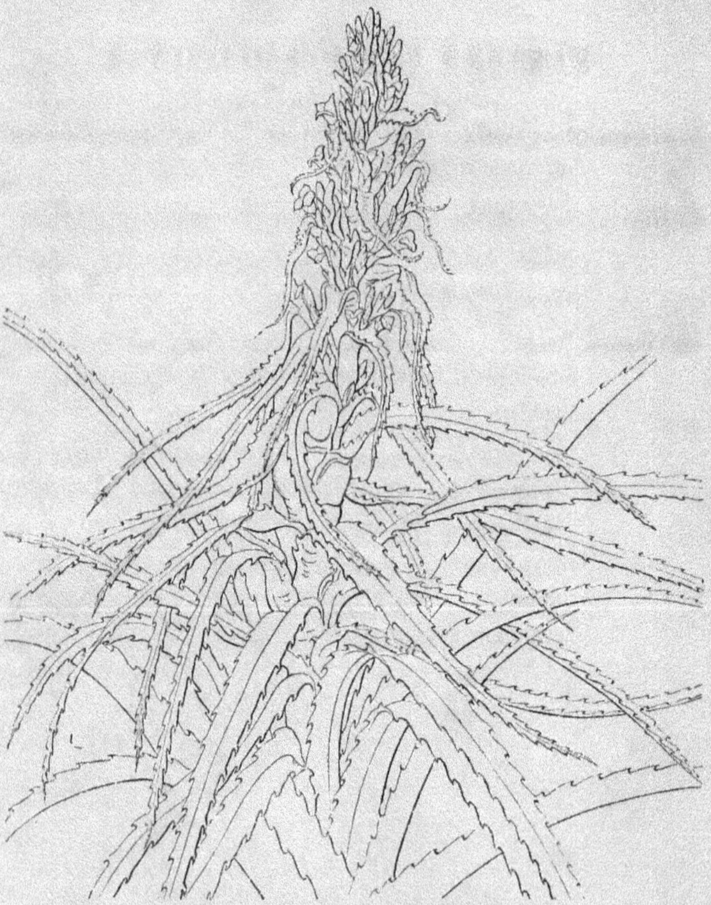

Fig. I. Agallostachys antiacanthus. Beer.

1. Sippe. *Eubromeliae.*

Blüthenstand in Mitte der Herzblätter, gedrängt kopfförmig, — oder locker büschelförmig, durch deutlich entfernte Laubblätter geschieden.

2. Sippe. *Anaplophytae.*

Pflanze an allen Theilen unbewehrt.

3. Sippe. *Phlomostachyae.*

Blüthenstand durch aufrecht stehende Bracteen, — walzig — keulenförmig gebildet.

4. Sippe. *Pitcairniae.*

Blüthenknospen lang zugespitzt. Fruchtknoten deutlich pyramidal, dreikantig.

5. Sippe. *Hohenbergiae.*

Blüthenstand rundlicht, bewehrt, an langem Stiele auf einem Laubblattkranze aufsitzend.

6. Sippe. *Nidulariae.*

Blüthen zwischen den Herzblättern vertheilt sitzend.

7. Sippe. *Platystachiae.*

Blüthen ausschliesslich zweizeilig gestellt.

II. Unterabtheilung.

Blüthenschaft nur mit Bracteen (Hochblättern) besetzt.

Lepidantheae.

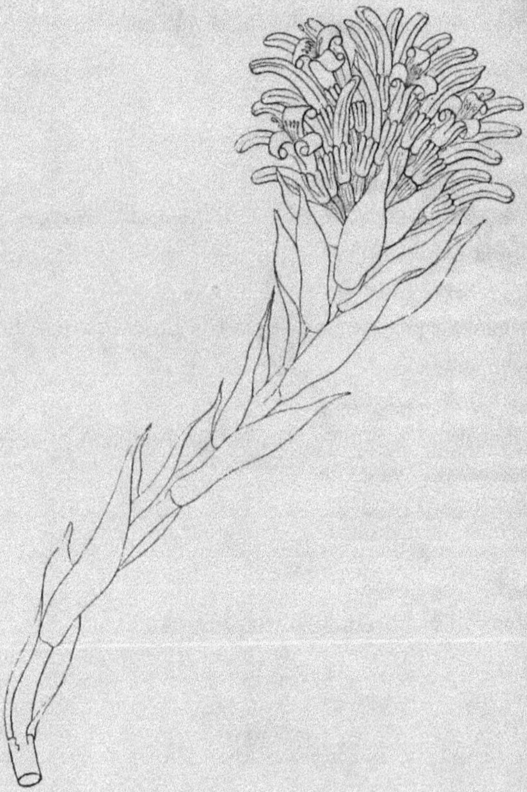

Fig. II. Billbergia fastuosa. Beer.

1. Sippe. *Vrieseae.*

Blüthen ausschliesslich zweizeilig gestellt.

2. Sippe. *Tussaciae.*

Blüthen sparrig, Fruchtknoten eiförmig, — glänzend, bis zur Hälfte von einer dicht anliegenden Bractee umhüllt.

3. Sippe. *Guzmanniae.*

Blüthenstand durch aufrechte Deckblätter, verlängert — walzenförmig gebildet.

4. Sippe. *Lamprococcae.*

Beeren glänzend, eiförmig oder kugelig, mit kaum sichtbaren Deckblättchen.

5. Sippe. *Billbergiae.*

Blüthenstand kopfförmig oder überhängend locker, traubenförmig. Kronenblätter zurückgeschlagen oder eingerollt. Hochblätter (Bracteen) weich, lebhaft roth gefärbt.

6. Sippe. *Hoplophytae.*

Blüthen locker, — unregelmässig am Blüthenstande vertheilt. Kelchzipfel stachelspitzig. Blumenkrone aufrecht.

7. Sippe. *Puyae.*

Blüthenstand mit regelmässig verkümmernden Blüthen an den Enden.

8. Sippe. *Macrochordiae.*

Blüthenstand durch regelmässige und dicht aneinander stehende Fruchtknoten walzenförmig gebildet. Blüthen schwärzlich von Farbe.

II. Hauptabtheilung.

Blüthenstand mit einem Laubschopf gekrönt.

ANANASSAEAE.

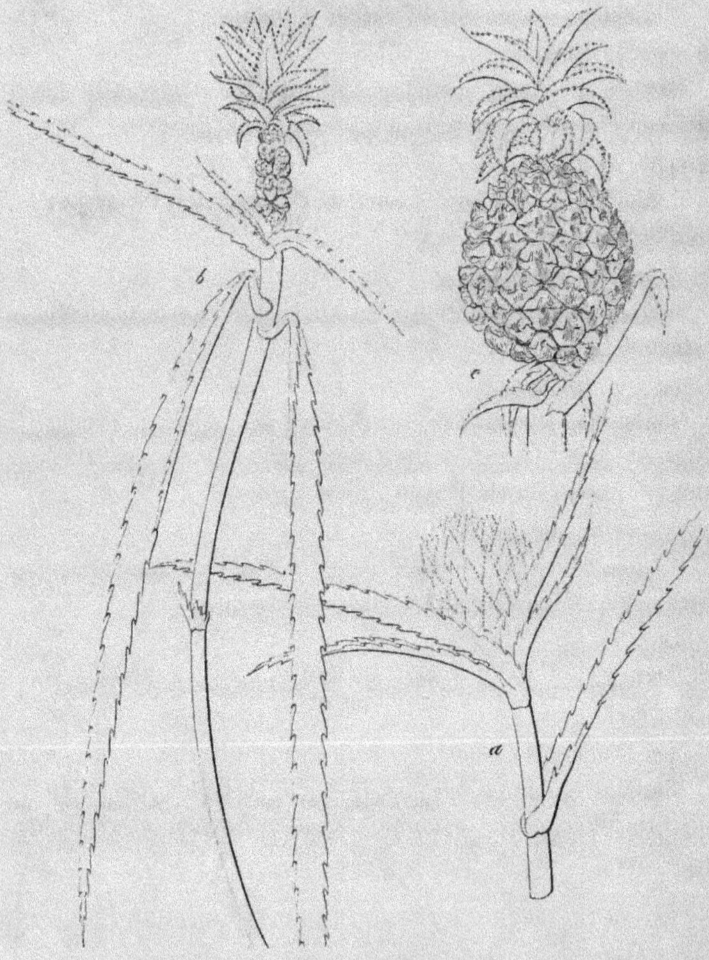

Fig. III. a. Blüthenstand der wilden Ananassa. — b. Fruchtstand derselben. — c. Frucht der Ananassa sativa. Lindl.

III. Hauptabtheilung.

Blüthenstand: Seitenständig.

DIAPHORANTHEMEAE.

Fig. IV. a. Aechmea paniculata. R. et Pav. — b. Tillandsia usneoides. Linné.

1. Sippe. *Tillandsiae.*

Blüthen einzeln; Stamm und Aeste fädlich, dünn, schlaff herabhängend.

2. Sippe. *Diaphoranthemeae.*

Blüthen von aufrechten Bracteen umgeben. Blüthen nicht beständig ein-, zwei-, auch mehrblüthig.

3. Sippe. *Dickyae.*

Kronenblätter am Scheitel ein Dreieck bildend.

4. Sippe. *Aechmeae.*

Blüthen zahlreich verkümmernd. Bractee den Fruchtknoten umhüllend, seitlich, lang und starr gegrant.

5. Sippe. *Disteganthae.*

Blüthenstände eiförmig, grundständig. Laubblätter deutlich gestielt.

Schema der Haupt- und Unterabtheilungen.

I. Gesammtblüthenstand: aus der Endknospe der Hauptaxe sich entwickelnd, in keinen Laubschopf auswachsend. Früchte: unter sich frei.

I. Hauptabtheilung.

BROMELIEAE.

1. Blüthenschaft seiner ganzen Länge nach mit den sich mit ihm zugleich erhebenden laubigen Herzblättern der Endknospe besetzt.

I. Unterabtheilung. Phylantheae.

2. Blüthenschaft seiner ganzen Länge nach mit deckblattartigen Hochblättern (Bracteen) aus dem Laubherzen sich erhebend.

II. Unterabtheilung. Lepidantheae.

II. Gesammtblüthenstand: aus der Endknospe der Hauptaxe sich entwickelnd, in einen laubigen Blattschopf auswachsend. Früchte unter sich zu einer fleischigen Sammelfrucht verwachsend.

II. Hauptabtheilung.

ANANASSAEAE.

III. Gesammtblüthenstand: achselständig. Endknospe der Haupt- und gleichwerthigen Nebenaxen: laubtragend, nie blühend.

III. Hauptabtheilung.

DIAPHORANTHEMEAE.

Schema der Sippen.

I. Hauptabtheilung.

BROMELIEAE.

I. Unterabtheilung. Phylantheae.

Sämmtliche Blüthen strenge zweizeilig an ihren Spindeln angereiht. Sippe 7. *Platystachyae.*

Sämmtliche Blüthen um ihre Spindeln drei- oder mehrreihig geordnet. 2.

2. Blüthenspindel dünn, biegsam und aufrecht. Blüthenknospe lang zugespitzt. Fruchtknoten deutlich pyramidal-dreikantig. Niederblätter am Grunde der blühenden Hauptaxe oder am Schössling sich findend; von den Laubblättern verschieden, meistens scharf bewehrt, holzig, und in einen langen scharfen Dornenfortsatz auslaufend. Sippe 4. *Pitcairniae.*

Niederblätter von den Laubblättern nicht wesentlich verschieden, nie in einen langen holzigen Dornenfortsatz auslaufend. 3.

3. Deutlich entwickelter Blüthenschaft, eine gedrängte walzenförmige, verlängerte einfache Aehre, durch mächtig entwickelte, breite, geschindelte, farbige, aufrechte Deckblätter gebildet. Sippe 3. *Phlomostachyae.*

Blüthenstand keine lange walzige, breit beschuppte Aehre bildend. 4.

4. Blüthenstand locker, steif aufrecht. Pflanze an allen Theilen unbewehrt. Laubblätter lang zugespitzt, durch die eingerollten Laubblattränder rinnig oder pfriemenförmig gestaltet, matt silberglänzend, oder pergamentartig glatt. Sippe 2. *Anoplophytae.*

Laubblätter starr, an den Rändern oft bewehrt; die Blüthen zwischen den Herzblättern sitzend. 5.

5. Blüthen einzeln, — in Reihen, oder **kopfförmig** büschelig zusammengedrängt, in den Achseln der sie weit überragenden Herzblätter sitzend. Sippe 6. *Nidulariae.*

Blüthenschaft deutlich entwickelt, oder, wenn sehr verkürzt, — eine mächtige, endständige, einfache, kopfförmige Aehre tragend. Laubblätter starr, scharf bewehrt. 6.

6. Blüthenschaft mit gedrängt oder deutlich entfernt stehenden, an den Rändern meist dornig bewehrten Laubblättern besetzt. Sippe 1. *Eubromeliae.*

Blüthenschaft sehr verlängert, stielrund, dünn biegsam, mit wenigen, sehr entfernt stehenden, meist verkürzten, an den Rändern dornig bewehrten Blättern besetzt; die obersten stärker entwickelt, unter der sitzenden Aehre zu einer langen und breiten laubblattartigen grünen Hülle zusammengedrängt. Sippe 5. *Hohenbergiae.*

Schema der Gattungen.

I. Hauptabtheilung.

BROMELIEAE.

I. Unterabtheilung. Phylantheae.

1. Sippe. *Eubromeliae.*

Laubblätter steif, immer scharf dornenzähnig. Herzblätter zur Blüthezeit lebhaft roth oder braun sich färbend.

Kronenblätter dünnhäutig, deutlich fiedernervig. Lockere einfache oder ruthenförmige verzweigte Aehre. Deckblätter und Kelchzipfel unbewehrt. *Encholirium.*

Kronenblätter derbe, anscheinend nervenlos. Deckblätter oft bewehrt, — Kelchzipfel oft stachelspitz. 2.

2. Kopfförmige gedrungene Aehre, welche von den Laubblättern überragt wird. *Bromelia.*

Büschelig oder traubig zusammengesetzter, steif aufrechter Blüthenstand. Schaft mit deutlich entfernt stehenden Laubblättern besetzt. *Agallostachys.*

2. Sippe. *Anoplophytae.*

Blüthenstand locker aufrecht. Kronenblätter länger als der Kelch. *Anoplophytum.*

3. Sippe. *Phlomostachiae.*

Blüthenstand steif aufrecht, eine einfache walzenförmige Aehre bildend.

Maisblätterartige Belaubung. Blumenkrone rachenförmig. *Phlomostachys.*

Laubblätter fein sägezähnig und stachelspitz. Deckblätter bei den Blüthen steif, an den Rändern gefaltet, fein sägezähnig. Kronenblätter gleichmässig aufrecht. *Quesnelia.*

4. Sippe. *Pitcairniae.*

Laubblätter zahlreich, schlaff, schmal, selten scharf gewimpert, nie stachelspitzig, vom Grunde aus abstehend, oft mit weissem oder braunem kleiigem Ueberzuge auf den Blattflächen versehen. Sehr selten; mit rein weisser, lang zottiger Wolle dicht bekleidet.

Kronenblätter zweilippig, — rachenförmig geschindelt. Staubfäden und Griffel sichtbar, — herabgeneigt. *Pitcairnia.*

Kronenblätter schneckenlinig zurückgerollt. Staubblätter und Griffel gerade, — weit vorgestreckt. *Cochliopetalum.*

Kronenblätter steif aufrecht. Blumenkrone regelmässig. Staubblätter und Griffel aufrecht, kürzer als die Kronenblätter. *Orthopetalum.*

5. Sippe. *Hohenbergiae.*

Blüthenschaft mit mehreren scharf bewehrten Laubblättern gekrönt, aus deren Mitte sich der bewehrte, steif aufrechte Blüthenstand rundlich erhebt. *Hohenbergia.*

6. Sippe. *Nidulariae.*

Blüthen zwischen den Herzblättern vertheilt, — sitzend.

Laubblätter weich und dünn, auf der Aussenseite gewöhnlich mit sehr feinen, scharf begränzten Längslinien geziert. Blüthen einzeln zwischen den Herzblättern sitzend, kaum sichtbar. Herzblätter zur Blüthezeit sich roth und gelb färbend. *Caraguata.*

Laubblätter steif, pfriemenförmig zugespitzt, mit weiss kleiigem und fein warzigem Ueberzuge versehen. Blüthen frei, lang vorgestreckt, röhrenförmig, einzeln zwischen den Blättern sitzend. Die Spitzen der Herzblätter zur Blüthezeit sich matt blutroth färbend. *Pityrophyllum.*

Laubblätter glatt, bewehrt. Die Blüthen in geordneten Reihen zwischen den Blattachseln und den Herzblättern sitzend. Blüthen stumpf spitz, kaum geöffnet. Herzblätter zur Blüthezeit lebhaft hochroth gefärbt. *Nidularium.*

Laubblätter stark wellig, steif, mit breit wulstiger Mittelrippe, durch kleiigen Ueberzug, mit Querbinden oder feinen Punkten geziert. Blüthen weiss, — gehäuft, anscheinend gipfelständig, fast fleischig, mit welligem, flattrigem Saume. *Chryptanthus.*

7. Sippe. *Platystachiae.*

Blüthenstand oder dessen Zweige rein zweizeilig.

Laubblätter lederartig, mit gedehnter Spitze, oft mit weisslichtem Anfluge dicht bekleidet. Deckblätter an den Aehren der Länge nach mehr oder minder flach zusammengedrückt. *Platystachys.*

Schema der Sippen.

I. Hauptabtheilung.

BROMELIEAE.

II. Unterabtheilung. Lepidantheae.

Sämmtliche Blüthen strenge zweizeilig an ihre Spindel angereiht. Sippe 1. *Vrieseae.*

Sämmtliche Blüthen in drei oder mehreren Zeilen um ihre Spindel gestellt. 2.

2. Aehre einfach cylindrisch, mit sehr dicht zusammengedrängten Blüthen. Blumenkrone gleich nach dem Oeffnen sich schwärzlich färbend. Sippe 8. *Macrochordiae.*

Blüthen, die Oberfläche der gemeinsamen Spindel nie vollkommen bedeckend. Blumenkrone sich nicht schwärzlich verfärbend. 3.

3. Blüthenstand verzweigt. Kronenblätter aufrecht. Kelchzipfel stets stachelspitzig. Deck- und Laubblätter meistens scharf bewehrt. Sippe 6. *Hoplophytae.*

Kelchzipfel, Deck- und Stützblätter nie bewehrt. 4.

4. Blüthen gegen das Ende der Haupt- und Zweigspindel des Blüthenstandes regelmässig verkümmernd. Die Deckblättchen bleibend. Sippe 7. *Puyae.*

Ende der Haupt- und Zweigspindel des Blüthenstandes nie regelmässig verkümmernd. 5.

5. Walzenförmige verlängerte einfache, mit breiten geschindelten, die Blüthe fast überragenden Deckblättern, besetzte Aehre. Laubblätter glatt. Blumenkrone regelmässig und aufrecht stehend. Sippe 3. *Guzmanniae.*

Blüthenstandspindel sehr dünn, verzweigt, oft überhängend. Die sparrigen Blüthen in den Achseln der dicht anliegenden,

den eiförmigen Fruchtknoten über die Hälfte der Länge umfassenden Deckblättern, — gleich weit entfernt stehend.
Sippe 2. *Tussaciae.*

Glänzende eiförmige, oder kugelige, gewöhnlich schön gefärbte Beerenfrüchte, Blüthen unansehnlich, sammt dem ganzen Blüthenstande, den Laub- und den winzigen Deckblättchen; glatt, — unbewehrt. Sippe 4. *Lamprococcae.*

Blüthenstand steif aufrecht, oder zierlich überhängend. Deckblättchen häufig fehlend. Blumenkrone den Kelch weit überragend. Saum der Ersteren entweder einfach zurückgeschlagen, oder mehrfach schneckenlinig eingerollt. Fruchtknoten, Stielchen und Schaft wollig oder mehlig bekleidet. Hochblätter weich, gewöhnlich prachtvoll roth gefärbt. Laubblätter scharf bewehrt. Sippe 5. *Billbergiae.*

Schema der Gattungen.

I. Hauptabtheilung.

BROMELIEAE.

II. Unterabtheilung. Lepidantheae.

1. Sippe. *Vrieseae.*

Blüthenstand oder dessen Zweige rein zweizeilig.

Laubblätter beiderseits glänzend, dünn, fast durchsichtig, gleich breit, mit stumpfen Enden. Pflanze ganz unbewehrt. Deckblätter an den Aehren der Länge nach mehr oder minder flach zusammengedrückt. *Vriesea.*

2. Sippe. *Tussaciae.*

Laubblätter weich, lederartig ganzrandig, stumpf-spitz endend, oft sehr zierlich farbig gefleckt und bemalt. Bracteen, Fruchtknoten und Kelchzipfel gleichmässig trüb grün, oder anders gefärbt, — glänzend glatt. Der ganze Blüthenstand schmächtig. *Tussacia.*

3. Sippe. *Guzmanniae.*

Blüthenstand steif aufrecht, eine walzenförmige, lebhaft mehrfarbige Aehre bildend. Pflanze ganz unbewehrt. Deckblätter schwach gewölbt. *Guzmannia.*

4. Sippe. *Lamprococcae.*

Blüthenspindel fleischig, biegsam, häufig vielästig, mit hin und her gebogenen Spindelchen. Pflanze ganz unbewehrt. Laubblätter glänzend. *Lamprococcus.*

5. Sippe. *Billbergiae.*

Laubblätter kelchbildend, am Grunde dicht zusammen stehend, steif, scharf bewehrt, mit den Enden zierlich ausgebreitet; lebhaft grün, oft mit weisslichten Querbinden versehen. Kelchzipfel fleischig, sammt den Fruchtknoten weiss filzig oder mehlig bestäubt.

Billbergia.

6. Sippe. *Hoplophytae.*

Laubblätter sehr steif, sägezähnig. Fruchtknoten sammt den kurzen Kelchzipfeln eiförmig. Blumenkrone aufrecht, wenig geöffnet. Befruchtungsorgane gar nicht sichtbar. *Hoplophytum.*

Kelch mehrfach schraubenförmig zusammengedreht. Fruchtknoten klein, an langen Stielchen hängend. Blüthenstand stark verzweigt, entschieden überhängend, mit eiförmigen, scharf bewehrten Hochblättern der ganzen Länge nach besetzt. Laubblätter gleich breit, scharf sägezähnig und stachelspitz. Eingedrehter Rand der Kelchzipfel, zart, häutig, glatt. Aeusserer Rand verdickt, vielnervig, in eine Dornspitze auslaufend, — schief. *Streptocalyx.*

7. Sippe. *Puyae.*

Hochblätter hinfällig, schlaff. Pflanze baumartig. Laubblätter bewehrt, schmal, mit langgedehnter, weicher, hellbrauner Spitze endigend, im zierlichen Bogen nach allen Richtungen überhängend. Blüthenschaft steif aufrecht, stark verzweigt. Kronenblätter aufrecht, bauchig, geöffnet. *Puya.*

8. Sippe. *Macrochordiae.*

Blüthenstandspindel sammt Deckblättchen dicht, weiss wollig, ganz unbewehrt. Kelchzipfel rund fleischig, meistens unbewehrt. Kronenblätter gerade, — abstehend. *Macrochordium.*

Blüthenstandspindel sammt Deckblättchen bräunlich filzig, letztere lang und starr gegrant. Kelchzipfel mit aufwärts gebogener Dornspitze. Kronenblätter gerade abstehend. *Echinostachys.*

Blüthenstandspindel sammt Deckblättchen glänzend, — glatt; letztere breit umfassend, — lang und starr gegrant. Kelchzipfel mit aufrechter Dornspitze bewehrt, die Blumenkrone überragend. *Chevaliera.*

Schema der Sippen.

III. Hauptabtheilung.

DIAPHORANTHEMEAE.

Stamm und Aeste herabhängend, verschlungen, fädlich, mit sehr entfernt stehenden Blättchen. Blüthe einzeln aus einer Scheide hervortretend.

1. Sippe. *Tillandsiae.*

Stämme aufrecht, mit am Grunde zusammengedrängten Blättern. Blüthenschaft steif aufrecht, nie constant ein-, sondern mehrblüthig.

2. Sippe. *Diaphorantheneae.*

Sämmtliche Blüthen vollkommen entwickelt. Blumenkrone am Scheitel abgestutzt, entschieden dreieckig.

3. Sippe. *Dyckiae.*

Blüthenstand erscheint am Stamme unter den Laubblättern; er trägt zahlreiche verkümmernde, in lange starre Grane umgewandelte Blüthen. Deckblätter der entwickelten Blüthe mit den Rändern den Fruchtknoten umgreifend, seitlich lang und scharf gegrant.

4. Sippe. *Aechmeae.*

Grundständiger, niederliegender, eine gedrungene eiförmige, stiellose, walzige Aehre bildender Blüthenstand.

5. Sippe. *Disteganthеae.*

Schema der Gattungen.

III. Hauptabtheilung.

DIAPHORANTHEMEAE.

1. Sippe. *Tillandsiae.*

Laubblätter schmal lineal oder fadenförmig. Blüthenblätter länger als die Kelchzipfel, rund und ausgebreitet zurückgebogen. Scheidenblatt bei der Blüthe dütenartig, den Fruchtknoten ganz umhüllend. *Tillandsia.*

2. Sippe. *Diaphoranthemae.*

Blüthenspindel von geschindelten spitzen Bracteen am Blüthenstande, dicht umgeben. Blüthe aufrecht, zwischen den Deckblättern wenig vorstehend. *Diaphoranthema.*

3. Sippe. *Dyckiae.*

Vielblumige, steif aufrechte, lockere, oft verzweigte Aehre. Schaft lang, Stiel rund, sparsam mit kleinen, trockenhäutigen Hochblättern besetzt. *Dyckia.*

4. Sippe *Aechmeae.*

Schaft steif aufrecht, stielrund, mit wenigen abstehenden, scharf bewehrten Blättern besetzt. Kelch und Kronenzipfel unbewehrt, ersterer schraubig gedreht. Deckblätter der entwickelten Blüthen lederartig, die verkümmernden zusammengerollt, die verkümmernde Blüthe dicht umschliessend, — um vieles kleiner und schmäler. Die scharfe Grane jedoch — vollkommen ausgebildet. *Aechmea.*

5. Sippe. *Disteganthae.*

Kronenblätter weit geöffnet, gerade abstehend. Kelchzipfel stachelspitzig. Blüthenstand eingehüllt in geschindelte, bewehrte, herzförmige Deckblätter. Laubblätter deutlich gestielt. *Disteganthus.*

Repräsentanten der Gattungen.

Genus Encholirium. — Encholirium Augustae. K. Preuss. Garten-Verh. 1846. Bd. XVIII.
„ Bromelia. — Brom. longifolia. Rud. Paxt. Fl. Gard. II. t. 65.
„ Agallostachys. — Brom. sylvestris. Bot. Register t. 2392.
„ Anoplophytum — Till. stricta. Sol. Bot. Magazin t. 1529.
„ Phlomostachys. — Puya Allensteinii. Bot. Mag. t. 4309.
„ Quesnelia. — Quesnelia rufa. Gaud. Bonite t. 54.
„ Pitcairnia. — Pitcairnia ringens. Icones pl. II. Berol. t. 25.
„ Cochliopetalum. — Pitcairnia stamminea. Loddiges Bot. Cab. t. 722.
„ Orthopetalum. — Pitcairnia lanuginosa. R. et P. Flora Per. et Chilensis t. 258.
„ Hohenbergia. — Hohenbergia strobilacea (Acanthostachys strob.). Icones pl. H. Berolinensis t 9.
„ Caraguata. Caraguata lingulata. Annales de Gand. III.
„ Pityrophyllum. — Tillandsia ionantha. Pl. Flore van Houtte. t. 1000.
„ Nidularium. — Nidul. fulgens. Jardin Fleuriste IV. t. 411.
„ Cryptanthus. — Tillandsia acaulis. Bot. Reg. t. 1157.
„ Platystachys. — Tillandsia setacea. Bot. Mag. t. 2375.
„ Vriesea. — Vriesea speciosa. Bot. Mag. t. 4382.
„ Guzmannia. — Guzmannia tricolor. Annales de Gaud. III.
„ Tussacia. — Tussacia vittelina. Icones pl. Berolin. t. 40.
„ Billbergia. — Billbergia pyramidalis. Bot. Mag. tab. 1732, auch Billbergia farinosa. Bot. Mag. tab. 2686.
„ Hoplophytum. — Billbergia fasciata. Bot. Reg. t. 1130, auch Aechmea mucroni flora. Bot. Mag. 4832.
„ Streptocalix. — Wien. Mus. Sp. Amazonas, Ega. Poeppig.
„ Puya. — Pourretia coarctata. R. et P. Gaudichaud Bonite t. 41.

Genus Lamprococcus, — Aechmea fulgens dis. Bot. Mag. t. 4293.
„ Macrochordium. — Billb. tinctoria. Annales de Gand. III. 56.
„ Echinostachys. — Echinostachys Pinellianus. Hort.
„ Chevaliera. — Chevaliera ornata. Gaud. Bonite t. 61.
„ Ananassa Lindl.
„ Tillandsia. — Till. usneoides. Lamarque Encyclop. t. 224.
„ Diaphoranthema. — Tillandsia recurvata. R. et P. Flora. P. et Chil. t. 271.
„ Dyckia. — Dyckia rariflora. Bot. Mag. 3449.
„ Aechmea. — Aechmea paniculata. R. et P. Flora Per. et Chilensis t. 264.
„ Disteganthus. — Disteganthus basi-lateralis. Flore van Houtte III.

Beschreibung der Arten.

ENCHOLIRIUM Martius.

Ench. Augustae R. Schomburgk.

Berliner Gartenbau-Verhandlungen vom Jahre 1846 abgebildet.

Die trockenen Exemplare des königl. preuss. Museums No. 1021, welche R. Schomburgk am Roreima im englischen Guiana sammelte, und nach welchen die Benennung und Abbildung geschah, bilden, mit der Zeichnung verglichen, auffallende Unterschiede, indem an den Original-Exemplaren die Laubblätter, welche sich mit dem Blüthenstande erheben, vollkommen jenen gleichen, welche den Stamm umgeben; sie sind nämlich aufrecht spitz zulaufend und stehen fast in gleicher Höhe mit dem ganzen Blüthenstande. Die Abbildung hingegen zeigt Bracteen, welche gestreift, kurz, stumpf spitz erscheinen. Diese irrige Zeichnung der oberen Laubblätter ist auffallend. —

Die Pflanze sammt dem Blüthenstande zwischen 1 und 1½' hoch, die unteren Laubblätter schwach sägezähnig, und zeigen einen Mittelnerv; sie sind bei 8" lang, am Rande etwas wellig und unordentlich auf- und abwärts gerichtet. Der Schaft erhebt sich steif gerade, ist 4''' dick. Die Laubblätter stehen hier in gleicher Entfernung von einander, und zwar steif aufrecht. Hier verlieren sich die Sägezähne allmälig, auch die Blattfläche wird schmal, spitz. Der Blüthenstand bildet eine etwas geneigte Aehre und ist, da die Blüthen am Ende desselben sehr nahe beisammen stehen, gegen oben keulenförmig gebildet. Bei jeder Blüthe steht eine 2" lange lanzett-eiförmige Bractee. Die ganze Pflanze ist bis auf die schön rothbraun gefärbten Blüthen — lebhaft grün und weich behaart. Blüthenstielchen ¾" lang. Kelchzipfel 7''' lang, lanzettförmig, anliegend. Blüthen flatterig, — offen, Kronenblätter am Rande etwas wellig, weich, fiedernervig. Genitalien nur wenig kürzer als die Kronenblätter, in der Blüthe tief hinein sichtbar. Diese herrliche Species ist eine zierliche Erscheinung, welche durch die so seltsame Färbung der Blüthen reizend genannt werden kann.

Ench. Garreli Beer.

Garrelia encholirioides. Gaudichaud. Bonite. Atlas botanique tab. 115.

Pflanze, Laubblätter und Blüthenstand aufrecht; Blätter am Grunde stark umfassend, sehr steif, scharf sägezähnig und stachelspitz; sie sind kaum 1' lang, in der Mitte ½" breit. Die Laubblätter am Schaft sind sparsam vertheilt, mit der Spitze herabgebogen. Der Blüthenstand ist stark verzweigt, jeder Zweig über 1' lang. Blüthen einzeln sparrig stehend, mit einer kleinen anliegenden Bractee versehen. Blüthen fest aufsitzend. Kelchzipfel tief eingeschlitzt, anliegend, 4''' lang. Kronenblätter weit geöffnet. Genitalien sichtbar. Der ganze Blüthenstand, mit Ausnahme der Kronenblätter, mit weichen Haaren bekleidet. Das herrliche, kostbare Werk La Bonite hat ebenfalls gar keine Beschreibung der Pflanzen, obwohl die Abbildungen mit dem grössten Aufwande besorgt wurden. Ueber die Färbung der Pflanze sowie der Blüthen ist nichts bekannt.

BROMELIA Plumier.

Brom. humilis Linné.

Jacquin's Icones plantarum rariorum I. tab. 60.

Stamm kaum 6" hoch, Laubblätter scharf bewehrt, strahlenförmig abstehend, am Grunde holzbraun, sonst lebhaft dunkelgrün, über 1' lang, 1" breit. Seitensprossen am mittleren Theile des Stammes hervorbrechend, anfangs aufstrebend, dann gegen die Erde gesenkt, um sich festzuwurzeln. Wenn die Pflanze den Blüthenstand treibt, färben sich die Herzblätter vom Grunde aus bis zur Hälfte der Länge, oder die innersten selbst ganz — lebhaft blutroth. Blüthenstand sitzend, Blüthe dunkelblau und wie geschlossen, am Grunde in einem weisslichten Filze gebettet. Die Genitalien viel kürzer als die aufrechten Kronenzipfel. Der Stamm erscheint zur Blüthezeit mässig verdickt.

Merkmal der Species: Die rothgefärbten Laubblätter legen sich an den Blüthenstand an und stehen mit gleicher Höhe der Blüthen plötzlich gerade ab.

Die wollig umkleideten, kaum vorragenden Blüthen.

Brom. Karatas Jacquin.

Jacquin. Plant. hort. bot. Vindobonensis t. 31. Jacquin Select. strip. Americanorum Historia tab. 178. Fig. 26 (Caraguata acanga). Kerner. Hortus semper virens tab. 109. Hernandez. Rerum med. n. Hispaniae Thesaurus XV. Seite 272. Mexocotl (Fruchtstand). Morison. Hist. 2. p. 218, s. 4, t. 22. Fig. 7. (Fruchtstand.)

Pflanze stengellos zierlich. Blätter zahlreich, alle wurzelständig, pfriemlich lineal, stachelspitz, dornig gewimpert, aufrecht, weniger starr als bei anderen Species von Bromelia, daher oberhalb meist zurückgebogen, öfter über manneshoch. Blüthen geruchlos, bei 3" lang. Kelch und Fruchtknoten mit rother Wolle bekleidet, die Krone rosenfarbig. Frucht eiförmig, 3" lang, viele (— 2 bis 300) zugleich, in der Mitte der dann etwas mehr abstehenden Blätter sitzend, bilden eine halbkugelförmige Scheibe, mit dem Durchmesser von $\frac{1}{2}'$. Diese enthalten unter einer lederartigen und gelblichen Rinde ein weisses, saftiges Fleisch von süss-sauerem Geschmacke, in welchem sehr viele kahle, fast rundliche und braune Samen liegen. Abgeschält gefällt das Fleisch dem Gaumen nicht übel. Jacquin.

Standort: Bergwälder an Baumstämmen. Cuba, Martinique.

Merkmal der Species: Der flachrunde Blüthenstand.

Die geschlossenen, dunkel weinrothen, alle fast gleich hoch stehenden Blüthen.

Die weit abstehenden, röthlich lederfarbenen, breiten, einen Kranz um den Blüthenstand bildenden, längslinigen Blätter zunächst den Blüthen.

Der knollig verdickte, kurze, reich beblätterte Stamm.

Brom. concentrica Beer.

Tillandsia concentrica Arrab. Flora Fluminensis III, tab. 133.

Da bei den Abbildungen der Flora Fluminensis keine Beschreibung sich findet, ist nur Muthmassliches über Färbung u. s. w. zu sagen.

Der Form des Blüthenstandes nach gleicht dieses Prachtgebilde der Brom. Karatas, obwohl nur hier eine Aehnlichkeit sich findet.

Laubblätter zungenförmig, flach ausgebreitet, 3″ breit, bei 6″ lang, sägezähnig, wahrscheinlich auf grünem Grunde mit unregelmässigen, runden, bis 1″ grossen rothen Flecken geziert. Die sehr regelmässig stehenden Blüthen bilden einen kreisrunden, von den Laubblättern begränzten Blüthenstand. Jede Blüthe trägt ihre Bractee, welche mit derselben gleiche Höhe hat.

Der Stamm dieser herrlichen Pflanze kriecht an den Bäumen hinan, und lässt die entblätterten Strünke zurück. Jedenfalls ist diese Pflanze eines der wünschenswerthesten Gewächse für unsere Sammlungen.

Merkmal der Species: Die platt abstehenden Laubblätter, welche in schöner Vertheilung eine Schüsselform darstellen.

Die — wahrscheinlich — lebhaft roth gefleckten Laubblätter.

Brom. Carolinae Beer.

Billbergia Caroline van Houtte. Nidularium sp. Hort. Guzmannia picta? Hort.

Ich habe diese schöne Pflanze, welche in Berlin und Hamburg sich ziemlich verbreitet findet, als Billb. Caroline von van Houtte erhalten.

Diese schöne Species, so wie alle, welche der Gattung Bromelia angehören, verändern Stellung und Färbung der inneren Laubblätter, so wie die Pflanzen sich zum Blühen vorbereiten. Vor dieser Epoche hat die Pflanze die Laubblätter alle steif aufgerichtet, und gleichfarbig, von der Spitze bis zur halben Länge lebhaft hellgrün. Das Blatt ist am Grunde ganz umfassend, dann bauchig 2½" breit, bis zu 4" der ganzen Länge, mit weichem Rande weisslicht glänzend, grün; von hier an bildet dasselbe eine tiefe Rinne, welche endlich verflacht, und das zungenförmige Blatt endigt mit einer etwas gedrehten 2''' langen weichen Spitze. Die Laubfläche beträgt in der Mitte 2½" und ist 1¼ Schuh lang. Die zahlreichen Laubblätter sind alle ziemlich gleich lang, vor der Blüthezeit steif aufrecht. Endlich, wenn die Blüthezeit herannaht, werden die Spitzen der inneren Laubblätter lebhaft blutroth gefärbt; diese Färbung schreitet rasch vor, — dergestalt, dass im Zeitraume von mehreren Tagen der innere Kranz derselben bis auf den Grund sehr schön roth gefärbt erscheint; in dieser Zeit legen sich aber die Laubblätter wagerecht und es tritt nun in Mitte der Laubblätter der dicht geschlossene, glänzend hellgrüne, kopfförmige Blüthenstand hervor. Dieser erhebt sich nur sehr wenig und ist immer von den Laubblättern weit überragt. Die stumpf pfriemenförmigen Blüthenknospen sind alle gegen das Centrum gerichtet. Die Blüthen entwickeln sich einzeln, aufgerichtet ½" lang, die Zipfel wenig geöffnet, — lebhaft blau. Die Genitalien sind um vieles kürzer als die Kronenblätter. Der Blüthenstand ist 1¼" breit, dicht begränzt von den umfassenden, glänzend rothen Laubblättern. Bei genauerer Untersuchung zeigt sich, dass jede Blüthe eine flattrige, schmutzig hellgrüne, bei 1" lange, fast ½" breite Bractee trägt; der Fruchtknoten ist fast weiss, die Kelchzipfel aber etwas fleischig, weich spitz, von sehr lebhaft grüner Färbung. Im Verblühen krümmen sich die Kronenblätter ganz zusammen und bilden einen blauen Knäuel in Mitte der steif aufrechten Kelchzipfel.

Die Pflanze hat in Blüthe einen Durchmesser von 2½ Schuh; sie ist durch die nun strahlenförmig abstehenden, so verschieden gefärbten Laubblätter eine wahre Zierde jeder Sammlung.

Brom. tristis Beer.

Billbergia purpurea van Houtte.

Diese kleine unscheinbare Pflanze gehört zur Gruppe der Bromelia Karatas. Laubblätter am Grunde etwas bauchig, verschieden an Länge, — die längsten 14" lang, 1' breit, am Rande mit sehr entfernt stehenden, kaum bemerkbaren Sägezähnen besetzt, stumpf spitz endigend. Kehrseite der Laubblätter vom Grunde aus schmutzig purpurfarbig, wie marmorirt; dann der ganzen Länge nach mit schwach sichtbaren Querstreifen geziert. In Mitte der Laubblätter sitzt der runde, wenig erhabene,

1½" Durchmesser haltende Blüthenstand. Blüthen zahlreich, dicht beisammenstehend. Kelchzipfel dunkel purpur, fast schwarz, mit eingerollten Rändern und sehr spitzen, aber nicht scharfen Enden. Jede Blüthe trägt eine schmale aufrechte, kaum ½" lange purpurfarbige Bractee, welche aber am Blüthenstande, umgeben von den Laubblättern, — gar nicht sichtbar sind. Kronenblätter blau, aufrecht ausgebreitet, am Grunde in weiss übergehend.

Aussenseite der Laubblätter trüb grasgrün; jene, zunächst dem Blüthenstande, ziemlich lebhaft purpurfarbig, wie marmorirt und gefleckt.

Brom. cruenta Graham.

Billbergia cruenta Hook. Botanical Magazine t. 2892.

Pflanze lebhaft lichtgrün. Die unteren Laubblätter mit schwach sichtbaren, weisslichten Querbinden geziert. Alle Laubblätter sägezähnig und stachelspitz, am Grunde den Stamm ganz umfassend; jene, welche zunächst am Blüthenstande stehen, sind von der Spitze bis 1" breit in die Blattfläche hinein, rein begränzt, lebhaft blutroth gefärbt. Blüthenstand licht erbsengrün, mit steif aufrechten Bracteen von gleicher Farbe zwischen den Blüthen besetzt. Kelchzipfel aufrecht, schmutzig gelb. Kronenblätter eine aufrechte Röhre bildend. Kronenblattzipfel flach ausgebreitet, hier lebhaft lila, mit lichtem verwaschenem Rande, die Röhre rein weiss. Als Knospe lebhaft weinroth. Genitalien kürzer als die Blumenröhre, Staubbeutel goldgelb.

Merkmal der Species: Der ganz grüne Blüthenstand.
Die weisse Blüthenröhre.
Die blutrothen Enden der Laubblätter.

Brom.: carnea Hort.

Bromelia longifolia Rudge, Paxton Flower Garden II, tab. 65.

Pflanze kaum 1' hoch, hell blau grün gefärbt. Laubblätter 2' lang, scharf sägezähnig und schwach stachelspitz. Blüthenstand fast zwischen den Laubblättern sitzend. Laubblätter an denselben und den aufrechten Bracteen, welche die Blüthen dachziegelförmig reichlich umgeben, — hell schmutzig lila, weinroth gefärbt, im Grunde lebhaft feuerroth. Blüthen sehr nahe, kopfförmig zusammenstehend, alle aufrecht, hell roth-lila gefärbt. Griffel weit vorragend, blau purpurfarbig. Staubfäden aufrecht, wenig vorragend, schmutzig goldgelb. (Die Bromelia carnea der Pariser Gärten ist wahrscheinlich diese von Lindley beschriebene und abgebildete Pflanze.)

Diese Bromelia longifolia ist auffallend verschieden von B. longifolia Rudge. Lindley weist darauf hin, dass er nicht ganz sicher ist, die echte B. long. Rudge vor sich zu haben, indem er die so sehr verschiedene Blattlänge selbst bemerkt. — Die Basis der Laubblätter scheint ebenfalls verschieden, indem bei Rudge jedes Laubblatt breit umfassend endet, was bei der Abbildung von Lindley wenigstens nicht genau sichtbar ist. Es ward daher nöthig, dieser Species den Namen Bromelia carnea Hort. zu geben, um beide Formen auseinander zu halten.

Merkmal der Species: Die dicht kopfförmig zusammenstehenden, ganz lila-farbenen Blüthen. Genitalien vorragend. Laubblätter strahlenförmig abstehend, 2 Fuss lang.

Brom. longifolia Rudge.

Rudge, Plantarum Guianae, tab. 49.

Blätter sehr lang, allmälig verschmälert stachelspitz und sägezähnig. Aehre sitzend zapfenförmig. Blätter alle wurzelständig, sehr dicht reitend, lineal verschmälert, gestreift, zugespitzt, von der Länge von 4 bis 5 Schuhen. Der Schaft viel kürzer als die Blätter. Die Aehre ganz bekleidet mit lanzettförmigen Bracteen, die gekerbt gewimpert, an der Basis breiter und purpurfarbig sind. Aehren einzeln, gedrängt, länglich, der Längendurchmesser 3". Die Aehrchen 5- bis 6 blüthig. Kelch bis zum Fruchtknoten getheilt. Die Blättchen eiförmig, concav, zusammengeneigt, an der Basis und in der Mitte dicker, an der Spitze stachelspitz. Krone: keine. Staubgefässe 6; 3 davon sind länger. Staubbeutel waren bei der hier beschriebenen Species schon abgefallen. Pistil: Fruchtknoten rundlich. Stempel von der Länge der Staubgefässe, Narbe 3 spaltig. Rudge.

Merkmal der Species: Blüthenstand eiförmig. Bracteen zwischen den Blüthen. Laubblätter am Blüthenstande aufrecht, am Grunde stark umfassend, dann kaum ½ Zoll breit, 4 bis 5 Schuh lang.

Brom. lanuginosa Beer.

Pourretia lanuginosa Ruitz et Pavon. Flora Peruviana et Chilensis, tab. 256.

Eine sehr schöne aufrechte Pflanze, deren 8" lange Laubblätter, ½" breit, am Grunde nicht ganz umfassend, mit stark entwickeltem Mittelnerv, kräftigen gleichmässigen Sägezähnen und — am allmälig spitzen Ende — schwach stachelspitz sind. Blattfläche ausgebreitet. Stamm bei 5''' dick, gegen den Blüthenstand nur wenig an Dicke abnehmend. Blüthenstand thyrsusförmig, unverzweigt, 4½" hoch, 3" breit. Blüthen und Bracteen steif aufrecht, letztere dachziegelförmig gestellt. Fruchtknoten und Kelchzipfel 1¼" hoch, letztere stumpf spitz, wenig geschlitzt, dicht an den weit geöffneten, ½‴ breit, über 1″ langen, mit stark entwickeltem Mittelnerv versehenen, am stumpfen Ende etwas zurückgebogenen Kronenblättern, — anliegend. Genitalien länger als die Kronenblätter, steif, gerade, weit vorragend. Griffel um 5‴ länger als die Staubbeutel.

Es folgt hier die Beschreibung von Ruitz et Pavon.

Pflanze: Blüthenstand eine sehr grosse, straussförmige Aehre. Laubblätter sägezähnig, stachelspitzig, schwertförmig. Kelche wollig, Krone dunkel grünlich gefärbt.

Stamm rund aufgerichtet, einfach, von der Höhe von 2 Ellen, an der Basis durch Blattspuren schuppenartig bekleidet und verdickt.

Blätter dicht dachziegelförmig, schwertförmig gerinnt, kahl, am Grunde wollig, mit Stachelspitze, und die unteren Sägezähne zurückgedreht, die übrigen alle eingedreht.

Blüthen eine sehr grosse, straussförmige, endständige Aehre bildend und sich dachziegelförmig deckend, die Bracteen deutlich entfernt von einander. Bracteen eiförmig zugespitzt, ausserhalb wollig, aufgerichtet, an der Spitze endlich zurückgedreht. Kelch 3theilig, ausserhalb wollig, aschfarben, die Zipfel an der Frucht um das Doppelte kürzer. Blumenblätter 3, grünlich, unterhalb in Form einer Röhre zusammengewunden, oberhalb offen zurückgeschlagen, im Verwelken von Purpurfarbe, mit den Staubgefässen und dem Pistil spiralig eingedreht.

Peru u. s. w., an Hügeln und in Hainen, an Felsen, gewöhnlich Carpals genannt. Sept., Oct., Nov. Der Blüthenstand enthält kristallhellen Gummi. Ruitz et Pavon.

Brom. arvensis Arrab.

Flora Fluminensis III, tab. 114.

Eine sehr grosse Pflanze, deren tiefrinnige, stark umfassende, bei 4″ breite, fein sägezähnige und stumpfe Spitze, aufrechte zahlreiche Laubblätter, dem Gewächse ein sehr kräftiges Ansehen verleihen müssen. Schon der Umstand, dass der Blüthenschaft bei 1½″ dick und nur bei 1 Schuh hoch ist, zeigt von dem robusten Baue der ganzen Pflanze. Der Blüthenstand selbst ist 5″ hoch und 3″ breit, stumpf eiförmig von Gestalt. Von den wenig vorstehenden Blüthen trägt jede eine aufrechte, schmal zungenförmige, fein sägezähnige Bractee. Ueber die Färbung des ganzen Gewächses ist nichts bekannt; doch hat der Blüthenstand einige Aehnlichkeit mit Bromelia longifolia.

Brom. sylvestris Arrab.

Flora Fluminensis III, tab. 113.

ist nicht Bromelia sylvestris Willdenow!

Pflanze sammt Blüthenstand ungefähr 1 Schuh hoch. Laubblätter tiefrinnig, am Grunde wenig umfassend, gleichmässig breit und mit scharf hackigen Zähnen bewaffnet. Blüthenschaft über 5" hoch und 3/½" breit, ganz mit aufrecht stehenden schmalen, fein sägezähnigen Bracteen besetzt. Blüthen kaum vorragend. Kelchzipfel etwas gegen aussen gebogen.

Dies ist ebenfalls eine Form, welche dem Blüthenstande nach an Bromelia longifolia erinnert.

Brom. comata Beer.

Tillandsia comata Arrab. Flora Fluminensis III, tab. 140.

Die Laubblätter sind glatt, fast gleich breit, gleichmässig sägezähnig, kaum stachelspitz. Der Wuchs der Pflanze schlank, die unteren Laubblätter nur halb so lang als jene zunächst dem Blüthenstande, welche über 1 Schuh Länge erreichen. Der Blüthenstand ist gedrückt eirund, 3" hoch und 2" breit, durch zahlreiche, steif aufrechte, ¼" breite geschindelte Bracteen gebildet. Blüthen nicht sichtbar. Von der Färbung der Pflanze ist nichts bekannt.

Brom. pyramidata Beer.

Pourretia pyramidata R. et Pav. Flora Peruviana et Chilensis, tab. 257.

Pflanze: Die Aehre pyramidal. Blätter schwertförmig, am Rande purpurfarbig, sägezähnig. Blumenkrone gelblich grün.

Stamm einfach, eine Elle lang, rund, bis zur Mitte mit Blättern bedeckt. Die Blätter dicht, dachziegelförmig, schwertförmig, rinnig, dunkelgrün, am Rande purpurfarbig, kahl, mit Sägezähnen, welche sämmtlich eingedreht sind. Die Blüthe in einer gedrungen pyramidenförmigen Aehre angeordnet, mit ziemlich entfernt stehenden Bracteen besetzt. Die Bracteen eiförmig zugespitzt, concave stachelig, am Rande röthlich. Kelch kahl, grün, 3theilig, die Zipfel eiförmig, spitz, concav, angedrückt, unterständig, bleibend und unmerklich dreiseitig. Blumenblätter 3, eiförmig, länglich, gleich gross, bis über die Mitte in sich selbst eingerollt, von Farbe gelblich grün. Staubfäden pfriemenförmig kahl, beinahe von der Länge der Blumenblätter. Staubbeutel lineal aufsitzend. Peru, Gebirge, bei Chinhao u. s. w. auf Felsen. Blüht Juli bis October.

Ruitz et Pavon.

Pflanze sammt dem Blüthenstande nach Ruitz u. Pavon 3' lang. Die Laubblätter bilden einen dicht gedrängt stehenden, strahlenförmigen Büschel.

Der 3" hohe Blüthenstand trägt aufrecht stehende steife, scharf bewehrte Bracteen, welche vor dem Aufblühen der Blume die Knospe weit überragen. Beim Oeffnen der grossen 2" langen Blüthe senkt sich die

Bractee, welche nur von der Blüthe überragt wird, sammt dieser herab, welche nun hängend erscheint. Die Genitalien sind sichtbar, die Blumenkronenblätterzipfel flach und zurückgeschlagen. Die Kelchlappen sind tief geschlitzt und lanzettförmig spitz.

Brom. ignea Beer.

Trew et Ehret, Plantae selectae, tab. 51. — Lamarque Encyclopädie, tab. 223.

Grösse der Pflanze unbestimmt. Laubblätter wie bei Ananassa sativa, schön grün, steif, gleichmässig gegen die Spitze verschmälert, gleichförmig sägezähnig und derb stachelspitz. Die Laubblätter zunächst dem Blüthenstande sind auf der Aussenfläche schmutzig lilafarbig, die Innenfläche aber prachtvoll feuerroth. Die Blüthen stehen in einem Büschel beisammen. Die Kelche sind lebhaft grün, die ausgebreiteten Blumenkronenblätter schön blau rosa. Genitalien nicht zu sehen. Die gefärbten Laubblätter, welche in bedeutender Anzahl den Schaft zieren, werden gegen das Ende, wo die Blüthen stehen, immer kürzer, so zwar, dass das erste farbige Laubblatt am Schafte über 1 Schuh Länge, das letzte aber nur 1 Zoll Länge erreicht. Die ganze Erscheinung der Pflanze ist prachtvoll, und bei dieser Species dehnt sich die Hauptachse schon bedeutend in die Länge. Leider scheint diese herrliche Species noch nicht lebend in Europa eingeführt zu sein, obwohl unter der Masse von unbenannten Species, welche in den Gärten nun schon gesammelt sind, sich auch diese Pflanze befinden kann.

AGALLOSTACHYS Beer.

Agall. sylvestris Beer.

Bromelia sylvestris Willd. Botanical Magazine tab. 2392. — Sertum botanicum P. C. van Geel.

Diese prachtvolle Pflanze wurde vom botanischen Garten bei Berlin durch den Director F. Otto im Jahre 1823 nach England geschickt, und zwar mit dem obigen Namen. Diese Species sieht vor der Blüthe der Bromelia fastuosa Lindley recht ähnlich. Die sehr grosse Pflanze trägt über 3' lange Laubblätter, welche auf der Kehrseite hellgrün, auf der Oberfläche aber lebhaft dunkelgrün gefärbt sind. Die Laubblätter sind regelmässig scharf sägezähnig und enden ohne Stachelspitze. Wenn die Herzblätter sich mit der Endknospe erheben, färben sie sich lebhaft roth; die Unterfläche dieser Blätter färbt sich aber lebhaft rosenfarbig. Der säulenförmige, pyramidale, steif aufrechte Blüthenstand erreicht eine Höhe von 3' und 2" Durchmesser; er ist der ganzen Länge nach mit hellrothen Laubblättern besetzt, welche gegen das obere Ende, endlich scheidig umfassend, hier mit dunkler rothen Punkten und ohne Zähne an den Blatträndern erscheinen. In den Achseln dieser Laubblätter sitzen die Blüthen büschelförmig beisammen. Kelch, Schaft und Frucht (einzelne eiförmige Früchte) sind hell blau grün und mit dunkler grünem Filze bekleidet. Blumenkronenblätter lebhaft roth, etwas zurückgeschlagen. Genitalien aus der Blumenröhre kaum vorragend, jede Blüthe trägt eine kleine schmale, licht lederbraune Bractee.

Merkmal der Species: Blüthenbüschel in Reihen geordnet.

Agall. fastuosa Beer.

Bromelia fastuosa Lindl. Collectanea tab. I. — Kerner, Hortus sempervirens, tab. 745.

Diese herrliche Pflanze unterscheidet sich im nicht blühenden Zustande von Agallostachys sylvestris durch einen gedrungeneren Wuchs, durch breitere, etwas kurze Laubblätter, welche in eine schwache Stachelspitze endigen; dann in Blüthe aber durch einen mehr verzweigten, freieren, wahrhaft pyramidalen Blüthenstand. Laubblätter längs des ganzen Blüthenstandes gleichförmig, am Grunde nicht scheidig umfassend; über die Hälfte der Länge des prachtvollen, mehr als 1½ Schuh hohen Blüthenstandes finden sich keine Laubblätter mehr, sondern die Zweige desselben tragen nur eine kurze, ebenso wie die Laubblätter lebhaft feurig blutrothe Färbung. Die zahlreichen Blüthenäste sind 4 Zoll lang und so wie der Schaft licht olivengrün. Fruchtknoten und Kelchzipfel ganz frei, lebhaft grün. Kronenblätter weit vorgestreckt, hell rosa, und blutroth bemalt. Genitalien nicht sichtbar. Der Schaft, Zweige und Fruchtknoten schmutzig grün, filzig bekleidet. Eine gut gehaltene Pflanze beschreibt mit ihren abstehenden Laubblättern einen Umkreis von 12′.

Agall. Pinguin Beer.

Bromelia Pinguin Linné. Jacquin. Historia select. pag. 91. — Redouté. Liliacees tab. 396. — Tussac, Flore des Antilles IV, tab. 22. — Dictionnaire de sciences naturelles, tab. 49. — J. Dillenii, Hortus Elthamensis II, tab. 211. (Ananas sauvage. Bromelia pyramidata acaulis nigris Blumier.)

Blätter dornig gewimpert, stachelspitz. Endständige Traube. Kelch einblättrig, tief dreispaltig, ausserhalb fast zottig, an den Fruchtknoten sitzend hinfällig. Die Zipfel lanzettlich lineal, zugespitzt gerinnt, aufrecht sehr lang. Krone dreiblättrig, lineal länglich, spitz, concav, etwas länger als der Kelch, mit dem Grunde der Kelchröhre angewachsen, Spitzen abstehend, sonst aufrecht und umfassend. Nektarium keines. Staubgefässe 6. Staubfäden pfriemlich aufrecht, um die Hälfte kürzer als der Kelch, durch breite Basen unter sich und mit der Kelchröhre und den Kronenblättern verwachsen. Antheren lineal, an der Basis pfeilförmig, aufrecht, von der Länge des Kelches. Pistil: Fruchtknoten länglich, schwach, dreiseitig, gross, filzig, unterständig. Griffel pfriemlich, dreiseitig, dick, von der Länge der Staubfäden, aufrecht. Narbe dreispaltig, stumpf. Beere fast eiförmig, einfächerig, fleischig, mit lederartiger Hülle. Same wenig, fast eiförmig, stumpf, eingebettet.

Laubblätter 5 bis 6' lang, scharf dornzähnig und starr aufrecht; wenn der Blüthenschaft sich zu entwickeln beginnt, selbst auch früher schon, werden die Laubblätter zunächst der Endknospe dunkelroth. Blüthenschaft 2 bis 3' lang, mit weissem Filze bekleidet und mit zahlreichen, bei 2" langen Blüthen besetzt, deren Fruchtknoten und Kelch ebenfalls weiss filzig bekleidet sind. Kronenblätter hellroth. Die gelblichen, über 1" langen Früchte entwickeln sich schnell nach der Blüthezeit, und sind reif von unangenehm saurem Geschmacke; sie enthalten einigen braunen Samen.

Jamaica und Cartagena. Jacquin.

Indem ich auf obige Beschreibung Jacquin's hinweise, erlaube ich mir nur zu sagen, dass die Laubblätter zwischen den zahlreichen Blüthenzweigen bis ans Ende des Blüthenstandes vertheilt sind. Ihre Farbe ist ein mattes, helles Rothbraun. Die Blüthen bilden eine dicht gedrängte Pyramide, welche den Schaft, der am Grunde 2" dick ist, fast gänzlich verdecken. Auch diese Species ist eines der prachtvollsten Gewächse. Als gute Abbildung kann jedoch nur jene des Redouté (Liliacees) angeführt werden, indem bei den anderen hier noch angeführten Abbildungen die Blattbildung nicht getreu gezeichnet ist.

Agall. antiacantha Beer.

Bromelia antiacantha Bertoloni. Novi Comentarii Acad. scient. Instituti Bononiensis Tom VII, tab. 12. — Bromelia sceptrum Fenzl. Paradisus Vindobonensis

Ich habe die Beschreibung obiger Bromelia von Bertoloni genau durchgelesen. Nachdem Dr. Eduard Fenzl mir auch seine Beschreibung gütigst mittheilte, fand ich nach Rücksprache mit demselben nicht mehr nöthig, selbe hier zuzuziehen, indem Bertoloni's Brom. anthiacantha vollkommen mit Bromelia sceptrum Fenzl übereinstimmt.

Diese Pflanze ist wohl die Königin unter den Bromeliaceen! Die herrliche, grosse, kräftige Pflanze hat 2" breite, bei 5' lange, steif aufrechte, wenig überhängende, scharf bewehrte, mit einem schwachen Mittelnerv versehene Laubblätter. Die jungen Sprosse brechen wie lange, schmale Keulen aus dem Mutterstamm hervor. Die Pflanze sammt dem Blüthenschaft erreicht die Höhe von 6'. Der Blüthenstand mit den lebhaft blutroth gefärbten Laubblättern der Endknospe besetzt, beträgt 4' Höhe. Der Schaft ist bei 2" dick. Schon fast 1' unter dem ersten

Blüthenbüschel werden die hellrothen Laubblätter am Grunde bauchig umfassend und hier grünlich weiss, bis endlich bei den Blüthen selbst das Laubblatt nur mehr am spitzen Ende lebhaft roth, dann aber rein begränzt, lebhaft weiss ins Grünliche spielend, am Grunde aber wellig und bauchig gestaltet die Blüthen umgiebt; am obersten Theile verliert sich die rothe Blattfläche gänzlich, und es bleiben nur die weissen umfassenden scheidenartigen Blätter übrig. Kelch, Stielchen, Zweige, Schaft und untere Blatttheile sind weiss filzig bekleidet. Die Blüthenkrone ist blau lila schattirt, die Genitalien nicht sichtbar. Es ist mir keine Pflanze aus irgend einer Familie bekannt, welche einen so grossartigen Effekt hervorbrächte, als diese Species von Agallostachys! Die Farben stehen hier rein und keck beisammen, — aber diese stolze Pflanze lässt lange warten, bis sie zur Blüthe gelangt. Jedenfalls sind die blühbaren Pflanzen mindestens 20 Jahre alt.

Agall. variegata Beer.

Bromelia variegata Arruda da Camara. Dissertat. Plantas que dao linho u. s. w. Rio Janeiro 1810.

Arruda beschreibt die Pflanze wie folgt: „Laubblätter 3 bis 6' lang, scharf sägezähnig, von aussen mit verwaschenen Querbinden geziert, innere Seite grün. Schaft 2' lang, hin und her gebogen, fast spiralig gedreht. Die Aehre einfach, die Stielchen kurz. Bracteen bei den Blüthen klein. Die Blüthen purpurbläulich von Farbe. Blumenblätter aufrecht, länglich mit stumpfen Enden, an der Basis mit Nektarschuppen. Die Staubfäden liegen in einer Rinne des Blumenblattes. Die Frucht ist eine ovale, etwas zugespitzte, wenig kantige, — genabelte Beere, von der Grösse einer Olive. Nach einem lebenden Exemplare im kais. Pflanzengarten zu Schönbrunn zu urtheilen, welches den Namen „Bromelia linifera" trägt und von welchem Herr Direktor Schott mir freundlich mittheilte, dass diese Pflanze vielleicht die Bromelia variegata sein dürfte, — wäre noch zu Arruda's Beschreibung anzuhängen, dass die Pflanze einen bei 4' hohen dünnen Stamm bildet, an dem die Laubblätter in gleicher Entfernung vertheilt stehen. Die Ränder der Blätter haben eine röthliche Färbung; dies giebt der Pflanze ein kränkliches Ansehen. Allein mit Gewissheit lässt sich hier nicht entscheiden, indem es eben so wahrscheinlich ist, dass die Bromelia linifera in Schönbrunn eine gute Species sein kann.

Agall. chrysantha Beer.

Bromelia chrysantha Jacq. Hortus Schoenbrunniensis, tab. 55.

Pflanze sehr gross. Laubblätter zahlreich, in Mitte steif aufrecht, unten übergebogen, hier eine tiefe Rinne bildend, welche sich allmälig verflacht, sehr steif, am Grunde wenig umfassend, auf der Aussenfläche lebhaft gelbgrün, Innenseite mit dünnen Längsstreifen geziert, weisslich grün. Sägezähne sehr scharf, alle gegen aufwärts gebogen, holzbraun, die Blätter enden ohne Stachelspitze; sie sind von verschiedener Länge, die meisten aber 2½' lang und 1½" breit. Der Blüthenstand erhebt sich aus einem dichten Büschel in Mitte aufrechter Laubblätter, welche am Ende holzbraun bemalt sind, er ist von den steif aufrechten Laubblättern um vieles überragt. Derselbe ist 1' lang mit aufrechten, 3" langen Zweigen dicht besetzt und bildet eine Kegelform. Die Laubblätter der Zweige, sowie die Bracteen bei jeder einzelnen Blüthe, sind auf matt schmutzig hellgelbem Grunde mit lederbraunen Längsstreifen geziert; erstere über 2" lang, aufrecht abstehend, scharf sägezähnig, die letzteren verkehrt herzförmig, unbewehrt, weich, anliegend. Stiel, Stielchen, Fruchtknoten und die an den Rändern etwas welligen, tief geschlitzten, bauchig anliegenden Kelchzipfel, — sämmtlich sehr hell gelbgrün, mit Olivengrün reichlich bemalt. Die Frucht wird zur Reifezeit ganz goldgelb, ist geniessbar, sehr süss, ohne einen ananassartigen Geschmack zu besitzen. Kronenblätter lebhaft goldgelb mit röthlichem Anfluge glänzend, glatt, ganz flach ausgebreitet, stumpf spitz endend, ½" breit, ¾" lang, im Verblühen etwas gedreht. Die Knospe eben so gefärbt. Die Blätter sichtbar über einander liegend. Genitalien nicht sichtbar.

Agall. Commeliniana Beer.

Bromelia Commeliniana de Vriese. Description et Figures de Plantes nouvelles et rares 1847.

ANOPLOPHYTUM Beer.

Anopl. strictum Beer.

Tillandsia stricta Soland. Botanical Magazine t. 1529. — Sertum botanicum van Geel. — Rossi Catalogus Modoeliensis, tab. 3.

Pflanze kaum 7" hoch. Laubblätter pfriemenförmig, 3" lang, etwas plattgedrückt, auf hellgrünem Grunde, mit weiss kleiigem Ueberzuge, am Grunde umfassend, die Blattränder aufgebogen, nach allen Richtungen strahlenförmig abstehend. Die Laubblätter am Schafte aufrecht, am Grunde des Blüthenstandes verbreitert, hier schön roth bemalt, gegen die Blattspitze grün gefärbt: bei den oberen Blüthen verliert sich die Laubblattspitze gänzlich und erscheint als dachziegelförmig gestaltete, aufrechte, anliegende, schön roth bemalte Bractee. Der Schaft ist grün purpurfarbig, wie angehaucht, und zwischen den unteren Blüthen sichtbar. Blüthen einzeln aufrecht, wenig geöffnet, dunkelblau. Die Genitalien sind nicht sichtbar. Kelch roth bemalt, die Kelchzipfel fast anliegend. Bis zur halben Entwicklung sind die Blüthen von den Bracteen bedeckt.

Merkmal der Species: Der kleiige Ueberzug der Laubblätter. Die dachziegelförmig gestalteten, hell rosa mit dunkelroth bemalten Bracteen.

Anopl. rubidum Beer.

Tillandsia rubida Lindl. Botanical Register, 1842, tab. 63.

Pflanze lebhaft grün, kaum 4 $^1/_2$" hoch. Laubblätter lederartig, dicklich, am Grunde stark umfassend, hier tief rinnig mit aufwärts gebogenen Rändern, unregelmässig nach allen Richtungen stehend. Schaft und Laubblätter an demselben lebhaft blutroth, letztere mit grünen Blattenden. Blüthenstand 1 $^1/_2$" lang, etwas verlängert halbkugelförmig. Blüthen alle zugleich geöffnet, ganz frei abstehend. Blüthenkronenblätter rund, zurückgeschlagen, lebhaft blutroth. Die Genitalien sind nicht sichtbar. Kelch licht lederfarbig, bis auf den Grund sichtbar.

Die Laubblätter finden sich längs des ganzen Blüthenstandes; sie stehen hier wagerecht ab, sind am Grunde bauchig, umfassend, und tragen bei sonst lebhaft rother Färbung alle grüne Laubblattspitzen. Dieses sehr zierliche Pflänzchen findet sich in mehreren Sammlungen lebend.

Merkmal der Species: Die lederbraunen Kelche.

Anopl. roseum Beer.

Tillandsia rosea Lindley. Botanical Register, tab 1357.

Pflanze 4 $^1/_2$" hoch, sehr hellbläulich grün. Laubblätter 3 $^1/_2$" lang, 3''' breit, an den Rändern behaart. Schaft steif aufrecht, sammt den Laubblättern, welche er trägt, hell gelblich grün gefärbt. Blüthenstand eiförmig, 1 $^1/_2$" hoch, durch regelmässig gestaltete, aufrechte, stumpf spitze, am Grunde herzförmige, hier umfassende, lebhaft blutrothe, ins rosafarbene übergehende Bracteen gebildet. Die Blüthen sind von den Bracteen ganz bedeckt. Dies ist ein sehr zierliches, aber auch seltenes Pflänzchen.

Merkmal der Species: Der eiförmige Blüthenstand. Die ganz bedeckten Blüthen.

Anopl. aëranthos Beer.

Pourretia aëranthos Rossi. Catalogus Mot eticensis tab. 2. — Herbier Général des Amateurs V, tab. 304.

Pflanze sehr klein, kaum von Till. dianthoidea (Anoplophytum dianth.) zu unterscheiden. Laubblätter weisslich grün, mit schwach kleiigem Anfluge. Blüthen blau. Bracteen purpurröthlich. Das aufrechte Pflänzchen 5" hoch. Bracteen kahnförmig, etwas abstehend, 1" lang. Blüthen aufrecht, ausgebreitet, nahe beisammen stehend. Laubblätter am Grunde tiefrinnig, herabgebogen, und aufrecht spitz endend. Die längsten 2 ½" lang, 4''' breit; sie bilden einen kleinen aufrechten Büschel.

Anopl. dianthoideum Beer.

Tillandsia dianthoidea Rossi. Catalogus Motoetiensis, tab 1. — Herbier General des Amateurs, tab. 304. — Gartenflora von Regel, Mai 1854. Academia Neapolitana, 5. t. 1

Pflanze 4" hoch, hell bräunlich grün (wie ein Spross unserer Gartennelke). Die Laubblätter tief rinnig, unregelmässig beisammenstehend. Blüthenstand 1 ½" hoch, durch die lebhaft rosafarben aufrechten, lanzettförmigen Bracteen, deren jede Blüthe eine besitzt, und dann durch die gleichzeitig offenen, schönen dunkelblauen Blüthen ein sehr lieblich erscheinendes Pflänzchen. Die Blumenkronenblätter sind ausgebreitet, die Genitalien nicht sichtbar.

Merkmal der Species: Die gleichzeitig geöffneten, dunkelblauen Blüthen.

Anopl. bicolor Beer.

Tillandsia bicolor Ad. Brong. La Coquille, Voyage par Duperrey, tab. 36

Die beblätterte Pflanze ist 8 ½" hoch. Laubblätter steif aufrecht, sehr spitz endend, am Grunde stark umfassend, 4 ½" lang. Blüthenschaft aufrecht, Blüthenstand armblüthig, Blüthen aufrecht. Die Laubblätter am Blüthenstande scheidenartig umfassend, gestreift, am Ende mit einem Blattzipfel versehen. Da auch bei diesem französischen Prachtwerke „la Coquille" gar keine Beschreibung der Pflanze sich befindet, so ist auch über die Farbe des Blüthenstandes u. s. w. nichts zu sagen.

Anopl. pulchellum Beer.

Tillandsia pulchella Lindl. Exotic Flora, tab. 154.
(Tillandsia pulchra Hoocker?)

Dieses zierliche Pflänzchen ähnelt dem Blüthenstande nach der Tillandsia dianthoidea (Anoplophytum dianthoideum); allein die Laubblätter sind durchaus verschieden. Anoplophytum pulchellum bildet einen dichten Büschel: sehr zahlreiche, bei 6" lange, aber nur 1''' breite Laubblätter, welche alle aufrecht stehend und am Grunde etwas umfassend sind. Blüthenstand aufrecht, und auffallend kräftig gegen die zarten Laubblätter. Bracteenartige Laubblätter bei den Blüthen, lebhaft weinroth, mit grüner Blattspitze. Blüthenkrone aufrecht, rein weiss. Genitalien nicht sichtbar.

Merkmal der Species: Die rein weissen Blüthen.

Anopl. lineare Beer.

Tillandsia linearis Arrab. Flora Fluminensis III, tab. 128.

Laubblätter bei 18" lang und nur 2''' breit, steif aufrecht. Blüthenschaft steif aufrecht, Blüthenstand armblüthig. (Es ist nur eine Blüthe gezeichnet.) Blüthenkronenblätter ganz ausgebreitet, $\frac{1}{2}$" breit, $\frac{3}{4}$" lang, herzförmig. Wahrscheinlich ist die ganze Pflanze mit weich haarigem Filze bekleidet. Beschreibung fehlt.

Anopl. Duratii Beer.

Phytarrhiza Duratii Visiani. Memoire de Visiani, 1854.

Stamm nur 2" hoch. Laubblätter wenige, am Grunde tief rinnig, dann flach pfriemlich verwachsen, stumpfspitz endend, bei 3" lang und auch kürzer, herabgebogen und abstehend, weisslich grün, fleischig. Schaft dünn, aufrecht, mit Blättern dicht besetzt; Blüthenstand sammt ersteren 10" lang, verzweigt, dieser aufrecht, vielblüthig, von einem aufrechten Blatte gestützt. Bracteen bei der Blüthe, kürzer als der Fruchtknoten, schmal spitz endend, hier abstehend. Fruchtknoten und schmale, spitze, tief geschlitzte Kelchzipfel $\frac{3}{4}$" lang, hell grün mit matt hell weinroth reichlich bemalt. Kronenblätter ganz ausgebreitet, sehr wellig flattrig, am Rande fiedernervig, hell bläulich, röthlich, zusammen $\frac{3}{4}$" breit. Genitalien nicht sichtbar.

Anopl. strobilanthum Beer.

Bonapartea strobilantha Ruitz et Pavon. Flora Peruviana et Chilensis, tab. 263.

Pflanze: Schwertförmige Blätter, welche kürzer sind als der Halm, Aehre einfach und zapfenförmig. Der Halm aufrecht, rund, gegliedert, fest, gestreift, kahl, unterhalb beblättert, oberhalb beschuppt, von der Länge von 2 bis 3'. Blätter dachziegelförmig, schwertförmig spitz, dicht gestreift, oberhalb kahl, unterhalb purpurglänzend, mit fahlgelben, wie kleienartigen Punkten besetzt, und mit eingebogenen Rändern, Stengel umfassend, unterhalb dutenförmig, scheidig umfassend, die Schuppen den Stengel bekleidend, länglich lanzettlich, dutenförmig, angedrückt, gestreift, ausserhalb purpurfarbig mit kleienartigen Schüppchen besetzt.

Die Aehre einzeln, endständig, eiförmig, zapfenförmig. Blüthen mehrere, dachziegelförmig, sitzend, überall durch Deckblätter gesondert.

Bracteen eiförmig, mit kurzer Spitze, der obere Rand purpurfarbig, gestreift, einige in der Mitte liegende eingedrückt, die äusseren aber spitz. Kelch länglich, dreiseitig, lederartig trocken, häutig, dreifiedrig. Die Kelchzipfel unter sich zusammengerollt, mit schief stehenden Einschnitten. Blumenblätter drei, weiss länglich, eiförmig abstehend, mit linealen

Nägeln versehen und röhrenförmig zusammengerollt. Staubgefässe 6, pfriemenförmig. Staubbeutel gelb. Kapsel dreiseitig, fahlgelb, durch den Kelch umhüllt.

Standort: Haine, Anden, Peru, auf Bäumen und in Wäldern bei Chicoblaya. Blüthezeit Januar und Februar.

Ruitz und Pavon.

Pflanze sammt Blüthenstand $2\frac{1}{2}'$ hoch. Laubblätter 5, ganz aufrecht, das längste 1' lang, in der Mitte fast 1'' breit. Diese Pflanze hat viele Aehnlichkeit mit Bromelia blanda Schott (Brasilien), obwohl ich nicht vollkommen hiervon überzeugt bin, da im Wiener Herbarium nur Bruchstücke der Pflanze und ganze Blüthenstände sich befinden. Der fast kugelrunde, $1\frac{1}{2}''$ im Durchmesser haltende Blüthenstand zeigt wohl an der Abbildung runde, oben fast eiförmige Bracteen bei den Blüthen, wohingegen bei Schott's Pflanze dieselben lanzettförmig spitz sind; allein die Blumenkronenform hat grosse Aehnlichkeit. Da nicht immer selbst scheinbar guten Abbildungen zu trauen ist, — so bleibt jedenfalls Schott's Pflanze, da hievon keine Beschreibung vorhanden — fraglich.

Merkmal der Species: Der kugelförmige Blüthenstand.

Anopl. flexuosum var. pallidum Beer.

Tillandsia flexuosa var. pallida. Botanical Register tab. 749.

Pflanze sammt Blüthenstand $1\frac{1}{2}'$ hoch. Laubblätter am Grunde bauchig breit, stark umfassend, rinnenförmig, von der Mitte der Länge angefangen kaum 1'' breit, allmälig spitz endend. Laubblätter hell bläulich grün, Blattenden schmutzig weinroth. Blüthenschaft, Blüthenstand, Bracteen und Kelche lebhaft grasgrün, mit Purpurfarbe leicht bemalt. Blumenkrone aufrecht stehend, über 1'' lang, schmutzig weiss, im Verblühen sammt den Genitalien aschgrau werdend. Griffel kürzer als die Blüthenkronenblätter, hellgrün. Staubfäden länger als die Blumenkrone, von Farbe hellgelb. Bracteen bei den einzelnen Blüthen kürzer, wie der Kelch, — anliegend. Blüthenstand verzweigt.

Merkmal der Species: Seitenzweige, welche die Endblüthenknospe weit überragen.

Anopl. vittatum Beer.

Tillandsia vittata. Linden in Brüssel.

Dieser Species wurde von Herrn Linden in Brüssel, dem die Gärten eine Menge der schönsten Orchideen und Bromeliaceen verdanken, der Name „vittata“ gegeben. Einige schmutzig roth braune, unregelmässige Linien an den $\frac{3}{4}''$ langen Bracteen, welche sich bei jeder Blüthe befinden, mögen die Ursache der Benennung sein. Die

Gesammterscheinung ist aber sehr zierlich, und obwohl auch die Kronenblätter nur fahl gelblich von Farbe sind, — ist doch die Pflanze der Kultur werth; allein den Species-Namen verdient sie gewiss nicht. Meinem Vorsatze getreu bleibend, ändere ich auch diesen Special-Namen nicht, obwohl jedenfalls Schade ist, dass dieser so gut bezeichnende Name nun vergeben ist, da in der Folge blühende Bromeliaceen zu benennen sein werden, welche die Benennung „vittata" vollkommen rechtfertigen würden.

Beschreibung der Pflanze: Laubblätter am Grunde umfassend, hier tiefrinnig, dann gleichmässig schmäler werdend bis zum stumpf spitzen Ende, 1½' lang, in Mitte der Laublänge etwas über 1" breit. Die Laubblätter bilden einen zierlich überhängenden Büschel, aus deren Mitte sich ein reichlich gleichartig beblätterter, sammt dem Blüthenstande 2' langer, kräftiger, zierlich geneigter Schaft erhebt. Die Blüthen stehen an fast wagerechten Seitenzweigen dicht beisammen; an jedem Zweige ist nur immer eine Blüthe geöffnet, deren Kronenblätter steif aufrecht, abgerundet, 1¼" lang, die kürzeren gelben Staubbeutel und den etwas längeren grünen Griffel weit überragen. Die Blumenkronenblätter sind gelblich und so durchsichtig, dass die gelben Staubbeutel durchscheinen. Der Blüthenschaft ist selbst zwischen dem Blüthenbüschel noch 3''' dick, rund, glänzend grün. Ueber die Hälfte der Länge des Blüthenschaftes stehen die Laubblätter an demselben weit ab, dann aber sind sie fest anliegend. Zwischen den Verzweigungen des Blüthenstandes wird das Laubblatt aber an dem Blüthenzweige wagrecht herabgebogen. Jede Blüthe trägt eine fest anliegende, bei ¾" lange, glatte, matt rothe, unregelmässig gestreifte Bractee. Der Fruchtknoten sammt den Kelchzipfeln, welche letztere an den Kronenblättern fest anliegen, ist etwas bauchig rund, glänzend, grün, in der Mitte 4''' breit und etwas über 1" lang. Vom Blüthenstielchen ist gar nichts zu sehen. Die Blüthen entwickeln sich eine nach der andern, dauern nur einen Tag und hängen dann missfarbig an den nun ganz geschlossenen Kelchzipfeln, so zwar, dass der Fruchtknoten oben stumpf spitz erscheint. Die noch unentwickelten Blüthen stehen in einem dichten Büschel am Ende des Zweiges, — wie auch an der Hauptachse. Der Zwischenraum von einem Seitenzweige des Blüthenstandes zum nächstfolgenden ist ziemlich gleichmässig, und beträgt ungefähr über 1".

Anopl. guianense Beer.

Cottendorfia Guianensis Klotzsch. Berliner königl. Herbarium No. 1564.

Ich verdanke die Mittheilung dieser seltenen Pflanze dem verehrten Herrn Dr. Klotzsch. Die Aufnahme in die Beschreibungen fand ich um so mehr am Platze, als ich von Cottendorfia wohl in Römer, Schultes die Beschreibung fand, — jedoch die Pflanze selbst nur im Berliner Herbar zu Gesichte bekam. Es dürften aber für die Folge doch lebende Pflanzen in die Sammlungen eingeführt werden, da Cottendorfia florida Schult. fil. von Martius in Brasilien gefunden und diese Form jedenfalls einen grossen Bezirk bewohnt.

Cottendorfia ist eine ganz unbewehrte, aufrechte Form, mit ganzrandigen, steif aufrechten, am Grunde stark umfassenden, dann pfriemlich zusammengerollten, schmalen, bei 1' langen, stumpf endenden, mit wolligem Anfluge bekleideten Laubblättern. Der Schaft erhebt sich steif aufrecht, kaum federkieldick, rund, und ist sammt dem sparrig verästelten, bis 8" langen Blüthenstande über 2' hoch. Die Blüthchen stehen einzeln an 1''' langen Stielchen wagrecht ab. Die Kronenblätter aufrecht, bei 3''' lang. Kelchlappen sehr tief geschlitzt, über 2''' lang. Blüthe wahrscheinlich weiss. Genitalien kürzer als die Kronenblätter. Eine sehr schmächtige Pflanze, deren Stamm im frischen Zustande kaum 4''' dick sein mag.

(Standort: am oberen Corentyn. Englisch-Guyana.

Robr. Schomburgk.)

PHLOMOSTACHYS Beer.

Phlom. Altensteinii Beer.

Puya Altensteinii L. Kl. et Otto. Icones plantarum Berolin., tab. 1. — Annales de Gand. II, tab. 59. — Flore van Houtte II, 1846. — Pitcairnia undulatifolia Hook. Botanical Magazine tab. 4241.

(Pitcairnia Altensteinii. Scheidw.)

Diese schon sehr verbreitete Pflanze findet sich in den Cordilleras Columbiens, zwischen la Gara und Caracas. Die fast zweizeilig stehenden, am Grunde stark umfassenden, bei 3' langen und 3" breiten Laubblätter hängen von der Mitte der Länge an schlaff über. Die Laubblätter am Blüthenstande gehen vom Grasgrün in lebhaftes Roth über, je näher sie dem Blüthenstande stehen. Der Blüthenstand ist über 6" hoch, lebhaft feuerroth; durch die steif aufrechten Bracteen, welche sich dachziegelförmig decken, sind auch die Kelchzipfel ganz bedeckt, und es ist nur die aufrechte, weisse, im Verblühen gelbliche, röhrenförmige, oben etwas unregelmässig ausgebreitete Blumenkrone, welche 1½" zwischen den rothen Bracteen vorsieht, — sichtbar. Griffel weit vorragend. Pistil gedreht, goldgelb. Staubfäden von gleicher Länge wie die Kronenblätter. Der Blüthenstand bildet eine einfache dichte Aehre von grosser Schönheit.

Phlom. Altensteinii var. gigantea Beer.

Puya Altensteinii var. gigantea Hook. Botanical Magazine tab. 4309. — Flore van Houtte III. 253, 254.

Diese prachtvolle Pflanze ist über alle Beschreibung schön! Ich glaube, dass diese und die Agallostachys antiacantha (Brom. Sceptrum Fenzl) wohl die herrlichsten Gebilde dieser an schönen und seltsamen Formen so überreichen Familie sind.

Es ist eine wahrhaft gigante Varietät von Puya Altensteinii, indem hier der Blüthenstand allein bei 1½' Länge erreicht. Aber nebst dem ist die ganze Erscheinung der Pflanze in vieler Hinsicht sehr verschieden. Hauptmerkmale zur Unterscheidung sind einmal das dichte Zusammenstehen der Blüthen, dann die kürzeren, am stumpfen Ende grünlich bemalten Bracteen; ferner, dass die Laubblätter am Rande wenig wellig, die Blattfläche aber platt ausgebreitet erscheint, und schliesslich die wirklich reitenden, wenig umfassenden Laubblätter. Leider ist diese Prachtpflanze noch sehr wenig verbreitet. Da dieses Gewächs in allen seinen Blatttheilen um mindestens zweimal grösser ist, wie Phlomost. Altensteinii, so ist sie auch ohne Blüthe eine sehr schöne Blattpflanze.

Phlom. densiflora Beer.

Puya mäidifolia Planch. et Linden. Flore van Houtte, tab. 915. — Annales de Gand. V, tab. 289. (Pitcairnia mäizaifolia und Pit. mäidifolia Hort.) — Pitc. densiflora Brong.

Der Name „maisblätterartig" ist nicht gut gewählt, da diese Blattform bei allen guten Species von Phlom. einen Hauptcharakter bildet.

Die Pflanze bildet wenige, am Grunde stielrunde, dann umfassende, 1½' lange, 2" breite, etwas gefaltete, mit einem starken Mittelnerv versehene Laubblätter. Der Stamm ist am Grunde etwas zwiebelartig aufgetrieben; aus der Mitte der wenigen Laubblätter erheben sich die Herzblätter, und bei 6" Höhe wird der blass weinrothe, etwas behaarte Schaft sichtbar, welcher den sehr zierlichen, lebhaft blutroth gefärbten Blüthenstand trägt. Schaft und Blüthenstand sind 1½' hoch. Die aufrechten, sich regelmässig deckenden, lebhaft blutrothen, grün spitzen Bracteen stehen mit der Spitze etwas gegen aufwärts. Der Fruchtknoten und die Kelchzipfel, welche letztere etwas abstehen, sind lebhaft glänzend grün und grösstentheils zwischen den Bracteen vorragend. Kronenblätter weiss, 1½" lang, nach aussen abstehend, die Zipfel ausgebreitet. Staubbeutel sichtbar, goldgelb. Narbe etwas vorragend, gedreht, goldgelb.

Phlom. sulphurea Beer.

Puya sulphurea Hort. Herrenhausen. Botanical Magazine tab. 4696.

Diese zierliche Species hat die Gestalt und Grösse der Phlom. Altensteinii, jedoch ist die Gestalt des Blüthenstandes nicht so gedrungen, mehr gedehnt, fast 1' lang. Die Bracteen stehen aufrecht, anliegend, mit den Zipfeln mässig nach innen gebogen, von Farbe lebhaft hellbraun, grün besäumt und mit grüner Spitze. Blüthenkrone anliegend, aufrecht, unregelmässig geöffnet, hell grünlich gelb. Genitalien kürzer, wie die Kronenblätter, aufrecht. Staubbeutel steif aufrecht. Pistil grün, etwas länger, wie die Staubfäden, am Ende gedreht. Blüthen im Verblühen lebhafter gelb werdend.

Phlom. gigantea Beer.

Neumannia gigantea Brong

Laubblätter am Grunde umfassend, reitend, 6' lang, 1¾ bis 2" breit, hell grün, am Rande wellig, überhängend. Blüthenschaft bei 7' hoch, 1" dick. Blüthenstand 1' lang, ersterer hell schmutzig grün, leicht filzig bekleidet. Bracteen am stumpf spitz verlaufenden Blüthenstande, aufrecht, etwas flatterig, sehr licht, schmutzig chocoladefarben. Blüthen weiss, 3" lang, gegen aussen gebogen, sehr schnell verblühend, im Verblühen licht lederfarbig. Genitalien kürzer wie die Blumenkronenblätter. Blumenkrone etwas rachenförmig. Der Species-Name „gigantea" ist hier sehr bezeichnend, indem diese Pflanze, wenn sie genug Raum findet, um sich vollkommen auszubilden, jedenfalls eine schöne Blattpflanze genannt werden muss.

Phlom. imbricata Beer.

Neumannia imbricata, Brong.

Gesammtgestalt der Pflanze der Phlom. Altensteinii sehr ähnlich; nur ist diese Form in allen Theilen kleiner. Ganze Pflanze, mit Ausnahme der schmutzig licht gelben Blumenkrone, — trüb hell grün. Die Bracteen am Blüthenstande etwas flatterig. Blüthen schmutzig weiss grün.

Phlom. Funkiana Beer.

Puya Funkiana. Linden?

Diese schöne Pflanze bildet ihrem Blüthenstande nach eine Uebergangsform zu dem Genus Pitcairnia, indem sie der Pitcairnia bracteata ziemlich nahe steht. Allein die Laubblätter, dann der steif aufrechte, kräftige, sehr gedrungene Blüthenstand stellt sie auch eben so nahe an Phlom., wohin gegen die dem ganzen Blüthenstande entlang dicht stehenden, ganz sichtbaren Blüthenknospen und die kleinen, nur bis zu den Kelchzipfeln reichenden grünen Bracteen, diese Species einer Pitcairnia-Form (Unterabtheilung a.) sehr nahe bringt. Die Pflanze ist nirgend abgebildet; ich fand selbe in Schönbrunn, mit obigem Special-Namen, in kräftiger Vegetation und Blüthe.

Die Tracht der Pflanze ganz wie Phlom. Altensteinii. Laubblätter am Rande stark wellig, über 2" breit und bei 2' lang, lebhaft dunkelgrün. Blüthenstand steif aufrecht. Schaft etwas filzig, — 3''' dick. Ersterer 8" hoch, spitz endend. Blüthenknospen bis zum Gipfel des Blüthenstandes entwickelt, lebhaft goldgelb. Blumenkrone röhrenförmig, 2" lang, an der Spitze wenig geöffnet. Genitalien kürzer, wie die Kronenblätter. Bracteen flatterig, matt grün, lanzettförmig, kaum 1" lang. Beim Verblühen senkt sich der Fruchtknoten sammt der noch fast frischen Blumenkrone nach abwärts; nun sind auch die 2" langen, matt grünen Blüthenstielchen sichtbar.

Phlom. atro-rubens Beer.

Puya sp. Chirique Vulkan (Mejiko) Warszewitz.

Diese sehr schöne Species erhielt ich aus dem Garten des Herrn Nauen in Berlin unter dem Namen Puya sp. Wárszewitz Chirique Vulkan (Mejiko). Diese Pflanze ist so verschieden in Farbe und Bau des Blüthenstandes, dass sie verdient, in jeder guten Pflanzensammlung aufgenommen zu werden.

Laubblätter am Grunde umfassend, dann vertieft sich die Blattspreite dergestalt, dass das Blatt nur eine Rinne bildet; bei 4½" Länge entwickelt sich die Blattspreite schnell, das Blatt ist dann 2" breit, am Rande stark wellig und 1¼' lang; in Mitte des Blattbüschels erhebt sich der Blüthenstand, mit den aufrechten Laubblättern der Endknospe besetzt. Er ist 1' hoch, 2½" breit und fast gleichmässig dick. Die Bracteen sind am Grunde stark umfassend, dann lanzettförmig, sehr spitz endend; am breitesten Theile am Grunde 1½" breit und variiren in der Länge von 2¼ bis 2¾". Die Bracteen sind lebhaft glänzend, sehr dunkel rubinroth und haben alle die langen spitzen Enden zierlich nach aufwärts gebogen, und zwar dergestalt, dass die Hälfte der Länge der Bracteen frei absteht; dieser Theil der Bracteen ist am dunkelsten, — fast schwarz gefärbt. Die lebhaft hellgelben, zwischen den Bracteen vorstehenden aufrechten, rachenförmig geöffneten Blüthen entwickeln sich alle ziemlich gleichzeitig, aber die Blüthen entwickeln sich am oberen Ende des Blüthenstandes zuerst; dann folgen die anderen in Schnelle nach. Die lebhaft orange-gefärbten Staubbeutel stehen aufrecht zwischen den Kronenblättern und werden von diesen überragt. Die seltsam schönen, dunkelfarbigen Bracteen und die zahlreichen, lebhaft hellgelben Blüthen gereichen dieser Species zur grossen Zierde.

Phlom. (?) regularis Beer. (Fossil.)

Palaeoxyris regularis Brong.

Brongniard vergleicht diese Formen mit den lebenden Xyrideen oder Restiaceen. Sternberg reiht selbe den Restiaceen an.

Es sind Palaeoxyris regularis Brong. und Palaeoxyris Münsterii Prssl. u. m. a. bekannt. Die Restiaceen, welche ich besah, zeichnen sich alle durch einzelne Blätter bei jedem Knoten des Stengels aus; diese stehen aber immer so entfernt von einander, dass sie sich nie erreichen; bei Palaeoxyris hingegen sind sie sehr nahe stehend und decken sich gegenseitig. Bemerkenswerth ist auch die noch sichtbare lebhafte rothe Färbung des Blüthenstandes und der Laubblätter am Stengel, wesshalb diese Pflanze grosse Aehnlichkeit mit den bekannten lebenden Formen von Phlom. Altensteinii u. s. w. hat.

Schliesslich mag noch bemerkt sein, dass unter den Restiaceen die Gattung Elegia die meiste Aehnlichkeit mit der fossilen Form bietet.

QUESNELIA Gaudichaud.

Quesn. rufa Gaudichaud.

Bonite, Atlas botanique tab. 54.

Billbergia Quesneliana Brong. Flore van Houtte 1855, tab. 1028.

Diese seltene baumartige Pflanze erreicht eine Höhe von 18 bis 20'; bei 6' Höhe bringt die Pflanze den ersten Blüthenstand, dann folgen die Seitenzweige, wo immer der erst erscheinende die anderen überwächst und hierdurch das Gewächs an Höhe zunimmt. Die abgeblühten Aeste werden endlich dürr und lassen am Stamm deutliche Merkmale zurück. Der ganze Stamm ist mit Wurzeln dicht bekleidet, die wie bei den Baumfarren, aber bei Quesnelia nur theilweise mit dem Stamme selbst verwachsen. Dieses herrliche ornamentale Gewächs befindet sich im Garten zu Schönbrunn in wahrhaft prachtvollen Exemplaren, und dort hatte ich Gelegenheit, die Pflanze zu studiren. Es ist von diesem Genus nur eine Species bekannt; ich fand weder im Wiener noch im Berliner Herbar getrocknete Pflanzen hiervon. Gaudichaud hat eine treffliche Abbildung, welche sehr genau wiedergegeben ist, in dem prachtvollen Werke „La Bonite," das eine Menge neuer, seltsamer Formen dieser Familie enthält. Die Abbildungen sind hier mit vollem Vertrauen zu benützen, so zwar, dass eine Beschreibung der abgebildeten Pflanzen in diesem Falle weniger vermisst wird. Ein Mangel ist es freilich in so ferne, als man dort über die Färbung der Pflanzen gar keine Aufklärung erhält! —

Pflanze baumartig. Stamm von den abfallenden Blättern schuppig, bis 4" dick. Laubblätter am Grunde tief rinnig mit aufrecht stehenden Blatträndern, hier unbewehrt. Die Blattfläche ausgebreitet, allmälig scharf stachelspitz und am Blattende etwas zusammengerollt, der ganzen Länge nach sehr gleichmässig, fein scharf sägezähnig. Länge 2' bis 3' und 2" breit. Obwohl jedes Laubblatt bis auf den Grund sichtbar, ist doch der Stamm ganz von denselben bedeckt. Der starke Blüthenschaft von $^1/_2$" Dicke ist reich beblättert; hier sind die Laubblätter aufrecht, zunächst dem Blüthenstande bei $^1/_2$' lang, schwach stachelspitz und schmutzig lichtroth gefärbt. Der Blüthenstand steckt gewissermassen zwischen den letzten Laubblättern, — er ist bei 9" lang und 3" dick, eine stumpfe Kegelform bildend. Bracteen steif aufrecht, fast holzig, am Rande wie gefältelt, hier scharf sägezähnig; gegen das schwach stachelspitze Ende verlieren sich die Fältchen und auch die Sägezähne. Der Mitteltheil der Bracteen ist mit Längsstreifen geziert. Eine grosse Menge solcher sehr regelmässig gestalteter und sich deckender Bracteen erinnert an einen Tannenzapfen. Die Bracteen sind über 2" lang, $^3/_4$" breit und es stehen bei 16 in einer Reihenfolge; sie sind alle gleichmässig lebhaft blutroth gescheckt, mit weisslichen Rändern; bei der Bracteenspitze ragen die drei aufrechten Blumenkronenblätter nur 4''' vor; sie sind lebhaft blau, am Grunde weiss. Die Genitalien sind kürzer wie die Blumenblätter; Staubbeutel gegen den gedrehten Griffel (Narbe) zusammengeneigt, gelb. Fruchtknoten und die runden, anliegenden Kelchzipfel etwas weiss wollig bekleidet.

Die Abbildung in van H o u t t e's Flore ist nach einer kümmerlichen Pflanze gezeichnet; alle Theile am Blüthenstande sind übrigens getreu wiedergegeben.

PITCAIRNIA Heretier.

I. Unterabtheilung.

Deckblättchen länger als Fruchtknoten und Kelchzipfel.

Pitc. b r a c t e a t a. Ait.

Botanical Magazine tab. 2813. — Pitcairnia latifolia Herbier general des Amateurs. IV ab. 223. — Redouté Liliacees II, tab. 73.

Laubblätter am Grunde löffelförmig umfassend, hier allein sägezähnig, lebhaft grasgrün; auf der Innenseite sehr licht weissgrün, 1$^1/_2$' lang, $^3/_4$" breit, mit stark entwickeltem Mittelnerv, am Rande wenig wellig, der umfassende Blatttheil 2" breit, 1" lang, sägezähnig. Schaft aufrecht, sammt dem 3½" langen Blüthenstande 9" lang. Bracteen bei den Blüthen schmutzig hellgrün, 1½" lang, unten bauchig — dann lanzettförmig stumpf endend, aufrecht, fast keulenförmig zusammenstehend. Kelchzipfel von den Bracteen bedeckt. Blüthen unordentlich beisammenstehend, flatterig, schmutzig weinroth. Staubfäden und Griffel weiss, Staubbeutel goldgelb. Kronenblätter 1" lang. Genitalien kürzer als die Kronenblätter.

Merkmal dieser Species: Die gebogenen, 1" langen, sägezähnigen Blattenden.

Pitc. bracteata var. Gireaudiana Beer.

Pitcairnia Gireaudiana Ditrich.

Vorblätter grünlich hell braun, Widerhacken dunkel holzbraun, scharf. Blattende holzartig. Laubblätter zahlreich, gleichmässig ausgebreitet, am oberen Theile überhängend, bei 2' lang, nahe an 1" breit, am Grunde an den Blatträndern 2 bis 2½" lang, scharf sägezähnig, dann ganz unbewehrt, allmälig sehr spitz, aber weich endend; am Rande etwas wellig; Mittelrinne gut ausgebildet. Oberfläche der Laubblätter lebhaft, glänzend grün. Unterfläche gleichmässig, bedeckt mit weisslichem Filze, der leicht wegzuwischen ist. Laubblätter am Blüthenschaft, Bracteen, Stiel und Stielchen gleichmässig hellgrün. Blüthenknospe rund, lang, stumpf spitz, gegen aussen gebogen. Blüthenkrone sehr flatterig. Das oberste Kronenblatt entschieden und allein aufwärts gebogen. Knospe und geöffnete Blüthe hell, lebhaft, fleischroth, am Grunde grünlich verwaschen. Staubfäden aus der Blüthe unordentlich heraushängend, kürzer als die Kronenblätter. Staubbeutel lebhaft orangengelb. Staubfäden hellgrün. Griffel hellgrün, aufrecht, etwas übergebogen; so lang als die Kronenblätter.

Hauptmerkmal: Ein steif aufgerichtetes Blumenblatt.

Pitc. iridiflora Hort. Lond.

Laubblätter 4''' breit, 2' 10" lang. Vorblätterbüschel am Spross und am Blüthenschaft, am ersteren zahlreich, ½" breit, schwach hackig gezahnt; die vertrockneten Blätter rollen sich ein, letztere schwach hackig gezahnt, wenig steif, aufrecht.

Schaft und Blüthenstand 6" hoch. Die Blüthen stehen dicht beisammen. Bracteen bei jeder Blüthe steif aufrecht, etwas mehlig bestäubt, bei 1½" lang, hellgrün. Fruchtknoten und Kelchzipfel bei 1½" lang. Kronenblätter 2" lang, wenig geöffnet, rachenförmig; diese drei Theile lebhaft ziegelroth. Genitalien so lang wie die Blumenblätter. Staubfäden in einem Büschel zusammenstehend, weiss. Staubbeutel aufrecht, goldgelb. Narbe weinroth, so lang wie die Staubfäden.

Schönbrunn. Mai.

Pitc. sulphurea Andrews.

Botanist's Repository tab. 249. — Pitcairnia bracteata var. sulphurea Hook. Botanical Magazine tab. 1416.

Ich finde mich bewogen, die Pitcairnia bracteata var. sulphurea Hook. einzuziehen, da selbe mit Pitcairnia sulphurea Andrews vollkommen gleich ist.

Stattliche schöne Pflanze, mit wenigen glänzenden glatten, schön grünen, über 1½' langen, 1" breiten gleichrandigen Laubblättern. Schaft und Blüthenstand aufrecht; mit Ausnahme der lebhaft schwefelgelben Kronenblätter — licht blaugrün.

Blüthenstand sehr schön, 9" lang, 3" breit. Blüthen sehr zahlreich, als Knospen etwas nach aussen gebogen. Kronenblätter 2" lang, flatterig, rachenförmig. Genitalien kürzer als die Kronenblätter. Griffel und Pistil lebhaft grün.

Wenn man die beiden oben genannten Abbildungen zusammenhält, so erscheint wohl ein Unterschied in der Tracht, indem bei Hooker's Abbildung die Bracteen die Blüthen mehr dominiren; allein dieses scheint nur daher zu rühren, dass die Pflanze Andrew's, als sie abgebildet wurde, alle Blüthen mehr entwickelt hatte, als jene Pflanze, welche Hooker abbilden liess.

Pitc. macrocalyx Hooker.

Botanical Magazine tab. 4705.

Eine sehr schöne stattliche Pflanze, die einen reichen Büschel lebhaft grün gefärbter Laubblätter treibt. Laubblätter 3½' lang, 2" breit, ganzrandig, vom Grunde aus 7" lang, eine Röhre bildend, im Grunde wenig umfassend, mit schwach entwickeltem Mittelnerv. Schaft, Bracteen und Blüthenstielchen licht gelbgrün, ersterer weiss wollig. Fruchtknoten und Kelchzipfel lebhaft orangefarbig, ganz frei. Blüthen über 2" lang, rein weiss mit Schwefelgelb an der Spitze reichlich bemalt, rachenschildförmig. Genitalien länger als die Kronenblätter. Staubfäden gelb. Pistil schön blaugrün. Die Bractee, welche von der Blüthe wagrecht herabgedrückt wird, ist 1½" lang, schiffförmig, an den Fruchtknoten anliegend; beim Verblühen senkt sich der Fruchtknoten nach abwärts und die Kelchzipfel schliessen sich an die verwelkte Blüthe innig an.

Pitc. asterotricha Poepp et Endl.

Nova Genera Plantarum Poeppig et Endlicher tab. 158.

Blätter schwertförmig, stachelspitz, unterhalb weiss filzig. Stengel rispig mit aufrechten Zweigen; die Blüthen traubig, einseitwendig; die deltoidischen Bracteen überragen die Blüthenstielchen, und die äusseren Zipfel der Blüthenhülle sind dicht filzig kleienartig, die inneren Zipfel an der Basis nackt. Standort in Peru an sehr warmen Abhängen der Vor-Anden beim Landgute Cassapi. Blüthezeit November.

Beschreibung: Stengel zahlreich, steif aufrecht, rund, kahl, purpurfarbig, oft fast 6' lang. Die wurzelständigen Blätter aufstrebend zurückgebogen, abstehend, an der Basis verbreitet, sternförmig gestellt, schwertförmig, allmälig verschmälert, am Rande zurückgebogen, mit vorwärts gerichteten Stacheln besetzt, die rund, sehr spitz, rauh, glänzend und kastanienfarbig sind, 2' lang, in der Mitte schmaler als 1'', unterhalb mit weissem kleienartigen Filze bedeckt, oberhalb glänzend, kahl. Die stengelständigen Blätter, den untersten Theil desselben schmückend, fast abwechselnd stehend und schmaler als die wurzelständigen Blätter: an der Basis verbreitert und Stengel umfassend, mit grösseren Stacheln, flach. Die Rispe von der halben Länge des Stengels, einfach, mit 1' langen Zweigen, die aufstrebend, nur an der Spitze Blüthen tragend, zusammengedrückt oder unmerklich eckig, mit dichtem fahlgelben Filze bekleidet; die Bracteen an der Basis der Zweige Stengel umfassend, breit eiförmig deltoidisch, lang gespitzt, mit dornigen, ungleichen, gebogenen und häutigen Dornen besetzt, ausserhalb mit kurzem kastanienfarbigen Filze bedeckt. Die Blüthen traubig, einseitwendig, schön, und wohl von allen Species dieses Genus am grössten.

Die Blüthenstielchen rund, filzig, fast gleich der halbstengelumfassenden Bractee, die breit eiförmig deltoidisch, spitz, aufrecht, convex und ausserhalb filzig ist; die Deckblättchen des Blüthenkopfes stumpfer und länger als die Blüthenstielchen. Die äussere Blüthenhülle bis zur Basis sechstheilig, mit aufrechten, an der Spitze kaum abstehenden linealen Zipfeln, die zugleich mit convexer Basis eiförmig, am Rücken gerinnt, mit dichtem fahlgelben Filze bekleidet und 18''' lang sind. Die innere Blüthenhülle fast gekrümmt, um das Doppelte länger als die äussere; die Zipfel zusammengeneigt, niemals zurückgebogen, nach dem Aufblühen spiralig eingerollt, lineal, an der äussersten Spitze ein wenig verbreitert, nervig, an der Basis unter sich zusammengerollt und dort nackt, kahl und hell licht purpurn. Staubgefässe 6, kürzer als die innere Blüthenhülle, gleich lang aufrecht, frei, 3 davon an der Basis der inneren Zipfel leicht angewachsen; die 3 anderen den äussern Zipfeln gegenübergestellt. Staubfäden fadenförmig rund, weiss. Staubbeutel lineal, beiderseits stumpf, über dem Grunde angeheftet: 2fächerig, die Fächer cylindrisch der Länge nach aufspringend. Blüthenstaub kugelig glatt, fahlgelb. Eierstock halb oberständig eiförmig, kegelförmig, im Vergleich zur Blüthe klein, 3fächerig, viellinig. Griffel endständig, steif aufrecht, von gleicher Länge mit den Staubgefässen und der Blüthenhülle, fadenförmig rund. Narben 3, in Cylinderform spiralig eingedreht, lineal, auf einer Seite mit einem häutigen, welligen Rande versehen, spitz. Kapsel eiförmig, spitz, 3furchig, papierartig, kahl, unterhalb 3fächerig, an der Spitze wandspaltig, 3klappig, die Klappen einwärts aufspringend, vielsamig. Samen zahlreich, dem randständigen Samenträger eingefügt, gegenläufig, kleingrubig, kastanienbraun, in eine kurze, grannenartige Spitze verlängert. Poepp. et Endlicher.

Pitc. ferruginea Ruitz et Pavon.

Flora Peruviana et Chilensis III, pag. 36.

Pflanze: Schaft rispig, die Rispe weitschweifig sparrig. Blätter schwertförmig, stachelig. Blüthen rückwärts sichelförmig (rachenförmig). Krone schwach purpurfarbig.

Sprossen sehr viele, gehäuft, abstehend.

Schaft einfach, unverzweigt aufstrebend, rund, 2 Ellen (4′) lang. Blätter gegenseitig anliegend, zerstreut, schwertförmig, lang, schmal. Die Ränder mit Stacheln besetzt, die Rispe endständig, sehr gross, zusammengesetzt aus zerstreuten besonderen Rispen. Bracteen halb stengelumfassend, eilanzettförmig, spitz, gestreift, ausserhalb wollig roth. Blüthenstiele rundlich kahl. Blüthenstielchen rund, wollig, am oberen Ende zurückgebogen, einblüthig, unterstützt durch eiförmige concave, dreimal kürzere, gestreifte, halb stengelumfassende und wolligeBracteen. Die Blüthen überhängend, rückwärts sichelförmig (rachenförmig). Kelch ausserhalb wollig, roth, 3theilig, halb unterständig bleibend. Zipfel lanzett-pfriemenförmig, eingedrückt, von der Breite eines Daumens, rückwärts sichelförmig.

Kronenblätter schwach purpurfarbig, an der Basis nackt, d. i. ohne Schuppen, — 2 bis 3″ breit, lineal sichelförmig, unter sich eingerollt, gestreift, aderig, dem Fruchtboden eingefügt, kahl, im Verwelken sich spiralig einrollend.

Staubfäden 6, halb pfriemenförmig, zusammengedrückt, wenig kürzer als die Krone, dem Fruchtboden eingefügt. Staubbeutel lineal pfeilförmig, 2fächerig, lang und fast aufliegend; die abgeblühten spiralig. Die Fruchtknoten mit unterständigem Grunde, oberständig, eiförmig, kahl.

Pistil von der Länge der Staubfäden, fadenförmig und dreiseitig. Narben 3, länglich, lineal, flach; am entgegengesetzten Rande pfriemenförmig gekerbt, unter sich spiralig eingerollt. Kapsel pyramidenförmig, dreiseitig, dreifurchig, mit leicht gefurchten Ecken, dreifächerig und dreiklappig. Die Klappen eiförmig, spitz, innerhalb durch einen zarten Nerv gezeichnet, mit einwärts gekrümmten Rändern, welche die Scheidewände bilden. Samen zahlreich, den Rändern der Klappen beiderseits eingebettet, länglich, an beiden Enden in eine zarte Granne auslaufend. Die Fruchtböden randständig, häutig.

Standort Peru, auf sandigen Hügeln um Lima, am Amancaes u. s. w.

Blüthezeit Mai, Juni.

Abbildung und die ausgezeichnete gesammelte Pflanzenspecies haben wir im Schiffbruche W. Petri Alcantharensis verloren.

Ruitz et Pavon.

Pitc. fulgens Desne.

Eine sehr schöne stattliche Species! — Vorblattbüschel grün, steif, scharf bewehrt. Laubblätter auf der Unterfläche weiss filzig, ganzrandig, hier schwach wellig, über 1'' breit und 2' lang. Schaft aussergewöhnlich stark, steif aufrecht, gleichmässig über $\frac{1}{2}$'' dick, schmutzig weinroth, schwach weiss filzig bekleidet. Laubblätter an demselben am Grunde ganz umfassend, hier einen Wulst bildend, schmutzig weinroth, gegen das Ende hellgrün. Blüthenstand durch Deckblätter verlängert, eiförmig, bei 2'' Durchmesser und 4'' Höhe. Das Ende des Blüthenstandes bilden zahlreiche, dicht über einander liegende Deckblätter. Blüthen aufrecht, um etwas länger als die Deckblätter. Kronenblätter wenig geöffnet, hell scharlachroth. Genitalien kürzer als die Kronenblätter. Staubblätter orangefarbig; Griffel etwas länger als diese; weiss mit etwas rother Bemalung. Die ganze Pflanze sammt Blüthenstand erreicht eine Höhe von 2' und ist jedenfalls ein sehr erfreulicher Zuwachs zu dieser ohnehin so reichen Gattung.

Blüthezeit Herbst und Winter.

II. Unterabtheilung.

Deckblättchen selten länger als die Blüthenstielchen.

Pitc. ringens Klotzsch.

Icones plantarum. Hort. Berolinensis tab. 25. — Pitc. albucaefolia Schrader. Blumenbachia t. 3. — Pitc. latifolia Hort. Herrenhusanus t. 3.

Laubblätter vom Grunde aus aufrecht, hier stark umfassend und sägezähnig, dann schnell schmal werdend, mit tiefer Mittelrinne, glatt, lichtgrün glänzend, der obere Blatttheil zierlich übergebogen, hier schmal stumpf spitz. Blüthenschaft, Bracteen, Blüthenstielchen und Fruchtknoten lebhaft hellgrün, mit Purpur reichlich bemalt. Bracteen bei jeder Blüthe steif aufrecht, lanzettförmig, $^3/_4$" lang, 3''' breit. Kelchzipfel tief geschlitzt, anliegend, spitz endend, bei 1" lang, licht weinroth. Kronenblätter etwas flatterig, rachenförmig zusammenstehend, das hintere Blatt abstehend, alle stumpf spitz und lebhaft blutroth gefärbt. Staubbeutel in eine Reihe geordnet, etwas länger als die herabgeneigten Kronenblattzipfel, — goldgelb. Griffel und Narbe länger als die Staubbeutel, hellroth. Pistil ein Knöpfchen bildend, ebenfalls hellroth. Die Knospen pfriemenförmig spitz endend, gegen aufwärts gebogen.

Pitc. p u n i c e a Hort.

Laubblattbüschel rasenbildend. Laubblätter 1' lang, $^1/_2$" breit, am Grunde eine tiefe Röhre bildend, hier etwas umfassend, dann schmäler werdend, endlich schwach mittelnervig, am unbewehrten Rande etwas wellig, spitz zulaufend. Aussenfläche sehr dunkelgrün mit einigen lichteren ganz feinen Längslinien. Kehrseite mit weisslichem Anfluge und vielen Längsstreifen. Blüthenstand und Schaft 1$^1/_4$' lang. Blüthenstand 11" hoch, unverzweigt. Blüthen alle aufwärts stehend; sie bilden einen obeliskförmigen prachtvollen Blüthenstrauss. Bracteen bei jeder Blüthe abstehend, grün, $^1/_2$" lang. Blüthenschaft und -Stielchen lebhaft dunkelweinroth gefärbt und stark weiss, wie mehlig bestäubt. Fruchtknoten und etwas abstehende, ziemlich tief geschlitzte Kelchzipfel am Grunde schmutzig weinroth, gegen die Lappen hin grünlich verwaschen gefärbt und mehlig bestaubt. Kronenblätter aufrecht, lose zusammenstehend, lebhaft blutroth, 2" lang, am Grunde 4''' breit, am Ende etwas rachenförmig geöffnet. Genitalien länger als die Kronenblätter, nahe zusammenstehend, vorragend hellgelb. Blüthenknospe pfriemlich gegen aufwärts gebogen, bis zur ersten Entwicklung lebhaft blutroth gefärbt.

Blüthen sehr zahlreich, alle gleichförmig nahe zusammenstehend.

Pitc. a l b u c a e f o l i a Schrad.

Blumenbachia. Schrader tab. 2, pag. 24.

Ist eine sehr schöne Pflanze, durch zahlreiche Laubblätter und zierlichen Blüthenstand ausgezeichnet. Laubblätter bis 1$^1/_2$' lang, $^1/_2$" breit, bis zur Hälfte der Länge aufrecht stehend, dann überhängend glattrandig, nur am Grunde mit einigen Sägezähnen besetzt. Auf der Oberfläche lebhaft grün, auf der ganzen Unterfläche weisslich filzig bekleidet. Der Schaft ist dünn, erhebt sich gerade und ist sammt dem nicht verzweigten Blüthenstande 1$^3/_4$' hoch. Letzterer ist 6" lang. Die lichtgrünen, etwas filzigen Bracteen sind abstehend und ³/₄" lang. Die Blüthenstielchen bis auf den Grund sichtbar. Kelchzipfel weit geschlitzt, schmal. Blumenkrone zart, 1" lang, durchsichtig, sehr weit rachenförmig geöffnet, lebhaft scharlachroth. Genitalien so lang wie die Blumenblätter, gelb. Die Endknospen stehen dicht beisammen. Blüthen sehr zahlreich, eine Pyramide bildend. Der ganze Blüthenstand ist leicht filzig bekleidet und mit Rostbraun wie angehaucht.

Pitc. bromeliaefolia Ait.

Botanical Mag. tab. 824.

Eine Pflanze, welche den Namen „bromeliaefolia" trägt, setzt jedenfalls voraus, dass die Laubblätter steif und gleichmässig scharf bewehrt sind. Redouté und Kerner haben ebenfalls Pitcairnien abgebildet, welche den Namen „bromeliaefolia" tragen; aber wenn die drei Abbildungen zusammen verglichen werden, dann zeigt sich, dass hier zwei ganz gut unterscheidbare Formen mit einem Namen belegt wurden. Dieses hat mich veranlasst, Pitc. brom. Redouté und Pitc. brom. Kerners H. semp. zu vereinen und als Pitc. Redoutéana zu beschreiben. Die grossen Unterschiede in den Blattzuständen und dem Blüthenstande sind aus beiden Beschreibungen leicht ersichtlich.

Pitc. bromeliaefolia hat steif aufrechte, schmal spitz endende — scharf und gleichmässig sägezähnige Laubblätter, welche am Grunde stark umfassend sind. Die Aussenfläche ist schmutzig grasgrün; auf der Unterfläche um vieles bleicher. Der ganze Schaft sammt dem Blüthenstande und den Blüthenstielchen ist lebhaft weinroth, glatt, glänzend. Blüthen auf- und abwärts stehend. Kelchzipfel und Fruchtknoten schmutzig weinroth, 1½" lang. Kronenblätter spitz endend, zu einer Röhre vereint, am Ende kaum geöffnet. Genitalien so lang als die Kronenblätter. Blüthenstand reichblumig, nicht verzweigt.

Pitc. Redoutéana Beer.

Pitcairnia bromeliaefolia. Redouté Liliacees II, t. 75. — Pitcairnia bromeliaefolia Kerner, Hortus sempervirens tab. 46.

Laubblätter weich, am Rande wellenförmig, zierlich überhängend, flatterig, mit langen, schlaffen, spitzen Enden; die äusseren am Grunde bis 3" Länge, mit weichen Sägezähnen besetzt, dann aber, wie die inneren Laubblätter, ganz weich und unregelmässig weit abstehend. Schaft von unten auf schmutzig grün, dann in schmutzig weinroth übergehend; eben so gefärbt sind die Stielchen, Fruchtknoten und Kelchzipfel. Kronenblätter lebhaft bläulich roth, weit geöffnet, entschieden rachenförmig; Genitalien um vieles kürzer als jene. Laubblätter und

Stützblättchen bei jeder Blüthe hell grün, mit roth reichlich bemalt. Kelchzipfel und Fruchtknoten kaum 1″ lang, — letzterer ⅓″ Durchmesser. Kronenblätter 2″ lang. Blüthen sparrig am unverzweigten Blüthenstande.

Pitc. distacaia Beer.

Tillandsia distacaia Arrab. Flora Fluminensis tab. 141.

Die Zeichnung dieser Pflanze ist gewiss auffallend willkürlich! Die Kronenblätter und der Fruchtknoten zeigen wohl eine Pitcairnia; es ist aber ein zweizeiliger Blüthenstand gezeichnet, welcher mir bei dieser Gattung noch nicht vorgekommen. Die unteren Laubblätter sind glattrandig, die oberen drei aber bei 1½′ lang und 1″ breit, gleichmässig sägezähnig, wie eine Bromelia. Alle Blätter stehen steif aufrecht. Der Schaft ist etwas überhängend. Da keine Beschreibungen zu den Abbildungen erschienen sind, — ist auch über Färbung u. s. w. nichts bekannt.

Pitc. echinata Hooker.

Botanical Magazine tab. 4709.

Eine seltsam schöne Pflanze, die selbst ohne Blüthe, wegen ihres kräftigen Wuchses und der reichen Beblätterung einer Dracaena gleicht. Pflanze aufrecht mit etwas überhängenden Blättern, diese scharf sägezähnig und schwach stachelspitz, am Grunde rinnenförmig, wenig umfassend, hier schmutzig lederfarbig, dann lebhaft grün. Die Blätter sind 2′ 5″ lang und 2″ breit; sie haben eine schwache Mittelrippe und einige Längsstreifen. Schaft zur Grösse der Pflanze — schwach, schmutzig gelb, etwas filzig bekleidet, zwischen den sparrigen Blüthen in Grün übergehend. Blüthenstielchen frei, 9‴ lang, grünlich von Farbe. Bracteen bei jeder Blüthe über 1″ lang, bauchig lanzettlich, hellgelb. Fruchtknoten und Kelchlappen 2″ lang, ersterer tief weinroth, in goldgelb übergehend, dann rein goldgelb. Dieser Theil der Pflanze ist sehr merkwürdig, indem er überall mit dicken, bis 2‴ langen, keulenförmigen Drüsenhaaren besetzt ist. Kronenblätter 1½″ lang, röhrenförmig, wenig geöffnet, gelblich weiss. Genitalien kaum sichtbar. Staubbeutel kürzer als die Kronenblätter, lebhaft gelb. Die nicht zahlreichen Blüthen stehen unordentlich, bald hinauf-, bald herabgeneigt; sehr schön und eigenthümlich sind die Blüthen bei halber Entwicklung.

Pitc. flammea Lindl.

Botanical Register tab. 1092.

Pflanze ganz unbewehrt. Laubblätter am Grunde stark rinnenförmig, fast reitend, 1½′ lang, 1″ breit, am Grunde etwas fleischig, dann glänzend glatt. Innere Fläche licht blaugrün aussen lebhaft, dunkelgrün.

Diese Pflanze scheint keine scharfhackigen Vorblätterbüschel zu treiben. Schaft steif aufrecht, grün, mit röthlichem Anfluge; Bracteen bei den Blüthen eben so gefärbt und etwas länger als die $^1/_2$" langen, lebhaft rothen Blüthenstielchen. Fruchtknoten und Kelchlappen feurig roth. Blüthen alle aufrecht, zahlreich, nahe zusammenstehend, sehr schön blutroth. Die Kronenblätter stehen, eine Röhre bildend, beisammen, sind am Ende rachenförmig geöffnet. Staubfäden rein weiss, Staubbeutel gelb. Griffel etwas vorragend. Pistil rund, feurig, lichtroth.

Pitc. furfuracea Hort.

Jacquin. Privat-Bibliothek Sr. M. des Kaisers. — Pitcairnia latifolia Bot. Mag. tab. 856. — Bot. Mag. tab. 2657.

Wir haben hier die auffallende Erscheinung, eine Species mit zwei Namen in einem Werke abgebildet zu sehen, nämlich Pitc. furfuracea und Pitc. latifolia, beide in Botanical Magazine. Die Abbildung in der Flore et Pomone ist nicht zu berücksichtigen, indem dieselbe nur einen Umriss der Pflanze darstellt. Hingegen sind die unter Jacquin's persönlicher Leitung und mit seiner eigenhändigen Bestimmung für S. M. den verstorbenen Kaiser Franz durch sehr geschickte Hände in gross Folio — ja selbst auf Pergament gemalten Pflanzen, ein wahrer Schatz, welcher leider so wenig benützt wird! Ich werde noch öfter Gelegenheit haben, dieser werthvollen Sammlung zu gedenken. Da die im kaiserlichen Garten gezeichnete Pitc. furfuracea ein prachtvoll ausgebildetes Exemplar gewesen, — so werde ich diese Pflanze zu meiner Beschreibung wählen, indem dieselbe auch in meiner Sammlung noch nicht so vollkommen blühte.

Pflanze einen kurzen, unten blattlosen Stamm bildend. Laubblätter zierlich überhängend, schwach sägezähnig, am Grunde eine Rinne bildend, hier wenig umfassend, 1' lang, $^3/_4$" breit. Aussenfläche lebhaft grün, Unterfläche hellgrün. Schaft filzig, wie behaart, grün, mit Purpur reichlich bemalt, sammt dem Blüthenstande $2^1/_2$' lang, sehr kräftig. Blüthenstand schwach verzweigt, 10" lang. Blüthen unordentlich zusammenstehend. Blüthenknospen an der Spitze des Blüthenstandes dicht gedrängt zusammenstehend, lebhaft grün mit roth bemalt. Fruchtknoten und Kelchzipfel lebhaft gelb, in blutroth übergehend. Bracteen bei jeder Blüthe, etwas länger als die gelblichen Blüthenstielchen, am Grunde bläulich, dann schmutzig weiss und endlich an der Spitze lederbraun; auch hier zeigt sich die filzige Bekleidung. Kronenblätter stumpf spitz, tief geschlitzt rachenförmig, schmutzig verwaschen weinroth bis blutroth. Genitalien kürzer als die Kronenblätter, etwas vorhängend. Staubbeutel gelb.

Pitc. Jacksonii Hooker.

Botanical Magazine tab. 1510.

Pflanze sammt dem Schaft und Blüthenstande 1 ½ ' hoch. Laubblätter alle nahe zusammenstehend, aufrecht, 1' lang, zierlich am Ende übergebogen, schwach sägezähnig, spitz endend, mit entschieden hervortretendem Mittelnerv. Pflanze lebhaft blaugrün. Schaft etwas filzig bekleidet, hell gelbgrün mit röthlichem Anfluge. Blüthenstielchen, Kelchzipfel, Fruchtknoten und Kronenblätter lebhaft blutroth, theilweise ins Gelbe übergehend. Blüthenstielchen ganz frei, ¼" lang. Fruchtknoten und Kelchzipfel ³/₂" lang. Kronenblätter über 2" lang. Bracteen nur ¼" lang und sehr schmal. Der Blüthenstand trägt bis zur kleinsten Knospe die lebhaft rothe Färbung. Staubfäden so lang wie die Kronenblätter. Staubbeutel nahe zusammenstehend, steif aufrecht, goldgelb. Griffel weit vorragend, goldgelb, roth bemalt.

Pitc. integrifolia Gawl.

Botanical Mag. tab. 1462. Pitcairnia furfuracea, Annales de Flore et Pomone. — Pitcairnia graminifolia Hort. Blumenbachia von Schrader.

Laubblätter weich, schlaff, hell schmutzig grasgrün, auf der Unterfläche hell blaugrün, mit mehreren Längsstreifen versehen; 1 ½ ' lang, 7''' breit, ganz unbewehrt. Blüthenstand aufrecht, verzweigt. Schaft, Blüthenstielchen und Bracteen bei jeder Blüthe haben eine licht braunrothe Färbung. Fruchtknoten und Kelchzipfel verwaschen gelb, in lebhaft blutroth übergehend. Kronenblätter lebhaft blutroth, eine dünne Röhre bildend, am Ende kaum unregelmässig geöffnet, etwas gedreht. Staubbeutel und Griffel gelb gefärbt, letzterer etwas aus der Röhre vorragend. Die Knospen stehen alle aufrecht sehr dicht beisammen und haben gegen die Spitze des Blüthenstandes eine licht grüne Färbung; dieser ist 9" hoch; die Bracteen ¾"; Fruchtknoten und Kelchzipfel 1"; die Blumenröhre ¾".

Pitc. laevis Beer.

Tillandsia laevis. Arrab. Flora Fluminensis tab. 126.

Laubblätter eine tiefe Rinne bildend, unbewehrt, wahrscheinlich über 3" lang und 1" breit. Stamm verdickt, mit den Resten der abgefallenen Laubblätter besetzt. Blätter fast zweizeilig. Blüthenschaft wollig, gerade, sammt dem Blüthenstande bei 2 ½ ' lang. Blüthenstand 6" hoch, durch das nahe Zusammenstehen der wagerecht abstehenden zahlreichen Blüthen pyramidal geformt. Bracteen bei den Blüthen ¾" lang. Fruchtknoten und Kelchzipfel 1" lang. Kronenblätter eine dünne, etwas bauchige Röhre bildend, am Ende rachenförmig geöffnet. Genitalien etwas vorhängend. Färbung nicht bekannt.

Pitc. latifolia Jacquin.

Privat-Bibliothek Sr. M. des Kaisers.

Laubblätter zahlreich, schlaff hängend, 1½′ lang, 1½″ breit, gleichmässig schwach sägezähnig. Blüthenstand und Schaft 1½′ lang, zierlich gebogen, letzterer hell weinroth. Bracteen bei den Blüthen hell grün, schmal, spitz, ½″ lang. Fruchtknoten und Kelchzipfel lebhaft orangefarbig. Kelchzipfel über 1″ lang, spitz zulaufend. Blumenkrone auffallend gross. Einzelnes Blatt ½″ breit, 2½″ lang. Die Blumenblätter stehen sehr unordentlich beisammen und sind bis zu den Kelchzipfeln offen, so zwar, dass man die Staubfäden bis auf den Grund sehen kann. Diese sind so lang wie die Blumenblätter und lehnen sich, in eine Reihe geordnet, an dieselben; letztere sind aussen fleischfarben, innen aber feurig blutroth mit gelb bemalt. Der ganze Blüthenstand hat ein sehr flattriges Ansehen, und es erscheint auch beachtenswerth, dass die Blüthen sich nicht der Reihenfolge nach öffnen, indem in Mitte der abgeblühten Blumen sich auch Blüthenknospen befinden.

Pitc. longifolia Hooker.

Botanical Magazine tab. 4775.

Diese Species bildet einen aufrechten, 3″ hohen, 1″ dicken, braunen, holzigen Stamm. Die Laubblätter sitzen an Scheiden, welche schwach gestreift und stark umfassend den Stamm umgeben. Die Blattspreite ist an der Blattscheide 4‴ breit, verbreitert sich dann aber schnell, so zwar, dass dasselbe bei einer Länge von 3′ im Mitte 1½″ Breite erreicht. Die Blattspreite ist fein sägezähnig. Die Sprossen erscheinen am alten Stamm, und zwar mehrere Zoll ober der Erde. Der Schaft erhebt sich aufrecht, sehr dünn, und ist, so wie die Fruchtknoten, Kelchzipfel, Blüthenstielchen und Bracteen lebhaft grasgrün gefärbt und filzig bekleidet. Der Blüthenstand ist 9″ lang, vielmals verzweigt. Die Blüthen alle, sammt den Stielchen steif aufrecht stehend. Kelchzipfel sehr tief geschlitzt, lanzettförmig, schmal, spitz endend, wesshalb auch die 2″ langen, lebhaft blutrothen Blüthen fast bis auf den Grund sichtbar sind. Die Kronenblätter bilden eine dünne, gedrehte Röhre; die spitzen Zipfel aber stehen alle gleichmässig gegen aussen gebogen; aus den rachenförmigen Blumenblättern stehen die bedeutend kürzeren gelben Staubbeutel steif hervor.

Der ganze Blüthenstand bildet eine eigenthümlich eckige Erscheinung.

Pitc. paniculata Ruitz et Pavon.

Flora Peruviana et Chilensis CCLX.

Pflanze: Der Schaft rispig, die Rispe zusammengesetzt. Blätter sägezähnig und stachelspitz, schwertförmig, bestäubt. Blumenkrone carminroth.

Schaft aufrecht, rund, abwärts geneigt, bestäubt, weiss, etwas länger als die Blätter und einfach.

Blätter an einander liegend, 2 Ellen lang, ausserhalb bestäubt, weisslich grau, von der Mitte bis zur Spitze herabgebogen, abstehend, schwertförmig, schmal; die Ränder der Blätter sägezähnig und unterhalb verdünnt; die Vorblätter waffenlos.

Rispe endständig, sehr gross und doppelt zusammengesetzt. Blüthenstiele abwechselnd, die unteren etwas weiter entfernt, mit lanzett pfriemenförmiger, concaver, gestreifter und immer umstellter (umfassender) Bractee umgeben. Die seitlichen Blüthenstiele zerstreut durch eiförmige, concave und häutige Bracteen unterstützt.

Das Blüthenstielchen einblüthig, unterstützt durch kleine eiförmige und spitze Bracteen.

Der Kelch dreitheilig, die Zipfel angedrückt, dreimal so lang als die Krone, halb unterständig, bestäubt, weiss.

Kronenblätter drei, hochroth, lanzettförmig, aufrecht, oberhalb rückwärts gebogen, abstehend, unterwärts zusammengerollt, verwelkend bleibend.

Sechs Staubfäden, fadenförmig, von der Länge der Kronenblätter, — aufrecht. Staubbeutel pfeilförmig, schmal, gelb. Fruchtknoten pyramidenförmig, schwach dreiseitig, halb oberständig.

Pistil fadenförmig, so lang als die Staubgefässe.

Narben drei, divergirend, abstehend.

Kapsel pyramidenförmig, eingehüllt durch Kelch und Blumenblätter, schwach dreiseitig, dreifurchig, dreifächerig und dreiklappig. Samen zahlreich, länglich, beiderseits mit pfriemenförmiger Spitze.

Anden, Abhänge bei Chinchao u. s. w., auf Felsen. Juli, August.

Ruitz et Pavon.

Wahrscheinlich ist Pitcairnia longifolia Hooker (Botan. Mag. 4775) und diese Pflanze eine Species, obwohl sich einige Unterschiede in der Beschreibung finden.

Pitc. muscosa Martius.

Botanical Magazine tab. 4770. — Pitcairnia leiolema Hort.

Diese Species dürfte wohl die kleinste unter den Pitcarnien sein. Es gibt noch eine Pflanze, welche Pitc. leiolema genannt wird, — die sich aber in so geringem Grade von Pitc. muscosa unterscheidet, dass sie füglich hierher gezogen werden kann. Das Pflänzchen bildet einen dichten Rasen. Die Laubblätter sind 6″ lang und 3‴ breit, lebhaft grün, auf der Unterfläche licht blaugrün, manchmal am Rande gewimpert, aber ganz wehrlos. Schaft, Bracteen und Endknospen hell gelbgrün, mit weiss filzigem Ueberzuge. Fruchtknoten und Kelchzipfel 1″ lang, lebhaft blutroth. Kronenblätter 1½″ lang, hell roth gefärbt mit gelblichem Anfluge. Staubfäden weiss. Staubbeutel gelb. Griffel weiss, beide kürzer als die Blüthenkrone. Der Blüthenstand ist 4″ hoch, die Blüthen alle steif aufrecht.

Pitc. Beyealema Hort.

Schönbrunner Garten.

Diese Species ist in allen Theilen grösser als Pitc. muscosa, aber doch noch eine der kleinsten aus dieser reichen Gattung. Pflanze dichte Rasen bildend. Laubblätter sehr zahlreich, 10″ lang, 4‴ breit; Unterfläche weiss, — Oberfläche hellgrün, vom Grunde aus eine tiefe Röhre bildend, hier am Ende schmutzig weiss, durchsichtig, an den Rändern fein, weich gewimpert. Schaft und Blüthenstand — welch' letzterer für sich 6″ misst — 22″ lang, mit leicht abwischbarem, weisslichem Filze bekleidet. Kronenblätter eine schlanke, dünne, 2″ lange Röhre bildend, von prachtvoll scharlachrother Farbe. Kelchzipfel tief geschlitzt, fast stumpf endend, 1″ lang, matt scharlachroth, an den durchsichtigen Rändern gelblich bemalt. Bracteen bei den Blüthen, etwas länger als die Blüthenstielchen; beide weiss filzig bekleidet. Schaft schmutzig dunkelgrün, auf der Lichtseite purpurfarben bemalt.

Pitc. nubigena Plan. et Linden.

Flore de Serres van Houtte, tab. 847.

Eine sehr gute neue Species, mit pyramidalem Blüthenstande. Laubblätter etwas faltig, gestreift, am Grunde verschmälert, hier 4‴ breit, in der Mitte 1″ breit, wellig spitz endend, ganz unbewehrt, 1½′ lang. Blüthenstielchen ¾″ lang, sammt den abstehenden, über 1‴ breiten und ½″ langen lanzettförmigen Bracteen bei jeder Blüthe, wie auch die nahe zusammenstehenden Endknospen des Blüthenstandes grasgrün mit röthlichem Anfluge. Fruchtknoten und Kelchzipfel, welche sehr tief geschlitzt und abstehend spitz verlaufen, an den Spitzen weinroth, dann schmutzig orangengelb verwachsen gefärbt. Kronenblätter bis auf den Grund gegen vorne offen, rückwärts nahe zusammenstehend, aufrecht, 2″ lang, 5‴ breit, am Rande wellig, rachenförmig, lebhaft hoch rosa, mit blutroth gestreift und breit bemalt. Staubfäden und -Beutel gerade aufrecht zusammenstehend; Griffel etwas länger als erstere, beide hell goldgelb, bis auf den Grund sichtbar, kürzer wie die Kronenblätter.

Blüthen sehr zahlreich, alle aufrecht, rund, pyramidal zusammenstehend. Blüthenstand unverzweigt, über 8'' hoch.

Pitc. angustifolia Willdenow.

Redouté Liliacees II, tab. 76.

Die Pflanze bildet einen Büschel hackiger Vorblätter, aus denen sich die gleich breiten, gleichmässig abstehend sägezähnigen, etwas fleischigen, hellgrünen Laubblätter zierlich aufrecht erheben. Laubblätter am Grunde wenig umfassend, dann ½'' breit, 1¼' lang, gleichmässig rinnenförmig, schlaff spitz endend. Die Sägezähne stehen ziemlich regelmässig, ½'' von einander, sind an der Spitze braun und sehr fest. Die Unterfläche der Blätter ist wie weisslich linirt und selbst etwas filzig. Der Blüthenschaft ist dünn, steif, und mit dem Blüthenstande über 2' lang, lebhaft gelbgrün. Der Blüthenstand einfach verzweigt, gelblich; die grünen Bracteen bei jeder Blüthe ¼'' lang und etwas abstehend. Fruchtknoten rund; Kelchzipfel aufrecht anliegend; Blüthenstielchen ganz sichtbar, sämmtlich gelb-roth gefärbt. Blüthen nach verschiedenen Richtungen stehend. Kronenblätter über 1½'' lang, am Grunde schmal röhrenförmig, dann rachenförmig ausgebreitet, lebhaft gleichmässig blutroth gefärbt. Staubbeutel hell goldgelb, kürzer wie die Kronenblätter. Griffel und Pistil röthlich, über die Blumenkrone weit vorragend. Die Blüthen stehen sparrig vertheilt.

Pitc. tomentosa Dietrich.

Pitcairnia angustifolia B. Aiton. Botanical Magazine tab. 1547.

Diese Pflanze ist dergestalt verschieden von Pitcairnia angustifolia Willd., dass ich mich veranlasst finde, den Species-Namen „Pitcairnia tomentosa“ beizubehalten.

Laubblätter steif aufrecht, wie ein Ananassablatt, gleichförmig mit kleinen aufwärts stehenden Sägezähnen bewaffnet, am Ende stachelspitz, matt grün. Auf der Unterfläche hell filzig weissgrün, mit dunkler grünen Längsmakeln geziert. Mittelrinne nur am Grunde der wenig umfassenden Laubblätter. Blüthenstand unverzweigt. Schaft und Bracteen bei den Blüthen, weisslich filzig. Blüthenstielchen und Fruchtknoten gelblich grün. Kelchzipfel feuerroth tief bemalt. Kronenblätter schön orangengelb mit blutroth bemalt, 2'' lang; Zipfel breit, weit rachenförmig geöffnet. Blüthenknospe etwas gedreht, stumpf spitz. Endknospen am Blüthenstande sehr nahe zusammenstehend, hellgrün gefärbt. Genitalien kürzer wie die Blumenblätter, sichtbar, der Griffel länger, beide lebhaft hellgelb. Die Blüthen werden im Verblühen lederfarbig, die ganze Pflanze hat ein derbes Ansehen.

Pitc. suaveolens Lindl.

Botanical Register, tab. 1069.

Laubblätter mit stark entwickelter, scheinbar doppelter Mittelrippe, 1½' lang, bei 1" breit, ganz unbewehrt, am Grunde tief rinnig mit aufrechten weichen Rändern, hier wenig umfassend, gleichmässig dunkelgrün. Endknospen, Bracteen bei jeder Blüthe und Schaft lebhaft grasgrün, filzig bekleidet, erstere am Grunde gelb bemalt.

Stielchen und Fruchtknoten sammt Kelchzipfel, welche letztere 1" lang, schmal spitz, etwas abstehend sind, lebhaft gelb gefärbt.

Kronenblätter rein weiss, flatterig, von einander abstehend, rachenförmig geöffnet, etwas übergebogen, spitz endend, 2" lang, jedes einzelne ½" breit. Staubfäden aus der Blüthe heraushängend, rein weiss, kürzer als die Kronenblätter. Staubbeutel 5‴ lang, rein goldgelb. Griffel lebhaft grün. Die Blüthen sind sparrig vertheilt, aber sehr zierlich und schön.

Pitc. undulata Hort.

Diese ist die merkwürdigste Form unter allen mir bekannten Species von Pitcairnia. Der Blüthenstand bietet nichts Aussergewöhnliches, allein die Laubblätter sind einzig in ihrer Form, nicht nur in diesem Genus, sondern überhaupt in der ganzen Familie der Bromeliaceen! — Am meisten hat diese Blattform noch Aehnlichkeit mit jener von Phlom., obwohl so breite Blattspreite auch hier sich nicht findet.

Laubblätter 8' lang, am Grunde glänzend schwarz, glatt, schalenförmig umfassend; dann beginnt, rein begränzt, ein brauner Filz, welcher sich auf der ganzen Unterfläche der Blätter findet, gegen oben aber ins weissliche übergeht. Nach der schalenförmigen Ausbreitung, welche 1" lang ist, wird das Blatt plötzlich stielrund, über 2‴ dick, mit tiefer, schmaler Mittelrinne, welche sich endlich bei 1' Länge als Blattspreite auszubreiten beginnt; von hier an wird das Blatt schnell breiter, bis es endlich die grösste Breite nämlich 6½", erlangt. Gegen das Ende nimmt das Laubblatt schnell an Breite ab und endet in eine lang gedehnte stumpfe Spitze. Der Rand ist ganz glatt und tief spitz wellig; der Mittelnerv bildet eine tiefe gleichförmige Rinne, welche sich gegen das Blattende ganz verliert. Von dieser Rinne geht die so schnelle Ausbreitung des Laubblattes aus. Solche Blätter, deren stielrunder Theil steif aufrecht steht, besitzt die Pflanze mehrere, welche dann nach allen Seiten überhängen. Der Blüthenschaft erhebt sich gerade, steif, und ist sammt den sparrig vertheilten Blüthen $2^1/_2{}'$ lang. Der Blüthenstand ist 11″ lang. Die Bracteen bei jeder Blüthe sind schiffförmig spitz, die längsten $1^1/_2{}''$ lang, alle lebhaft grün und etwas roth bemalt. Der 3‴ dicke Schaft ist der ganzen Länge nach lebhaft roth. Fruchtknoten und Kelchzipfel, beide $1^1/_2{}''$ lang, aufrecht, letztere tief geschlitzt und anliegend, lebhaft ziegelroth gefärbt und nur wenig mehlig, wie bestäubt. Blüthenstielchen $^3/_4{}''$ lang, lebhaft roth. Kronenblätter 2″ lang, kräftig aufrecht, am Rande gegen oben wellig, rund, rachenförmig. Griffel und Staubbeutel von gleicher Länge mit den Blüthenblättern, — lebhaft gelb. Narbe tief lilafarbig. Die Blüthen stehen alle aufrecht. — Von dieser ausgezeichneten Pflanze findet sich eine gute Abbildung in der Privat-Bibliothek Sr. M. des Kaisers.

III. Unterabtheilung.

Gesammtblüthenstand ein im Grunde der Laubblätter sitzender Blüthenbüschel.

Pitc. Warszewitziana Klotzsch.

Eine Pitcairnia mit eingeschlossenen Genitalien.

Simplex, erecta, heterophylla; trunco ad basin magis incrasso; foliis inferioribus squamaeformibus brevibus ovatis longissime spinescentibus infra apicem hamato-spinosis, superioribus oblongis setoso-acuminatissimis glabris laevibus, margine integerrimis, evanescente vellere scapo duplo brevioribus; scapo terminali evanescente lanato; bracteis lanceolatis acuminatis adressis; pedicellis brevibus albido-tomentosis; floribus pallide coccineis galeatis; genitalibus inclusis; perigonii foliolis intus ad basin squama incisa, margine libera instructis; filamentis styloque glabris; avario triangulari-pyramidato similibero.

Die ganze Pflanze ist 2′ hoch, an der Basis bis zu einer Höhe von 2″ eiförmig-knollenartig verdickt und an dieser Stelle mit 3″ langen, eiförmigen, lang-gegranten, dicht anliegenden Blättern besetzt, deren lang hervorgezogene Dornenspitzen mit hackenförmigen, zurückgekrümmten, schwarzen Stacheln versehen sind. Die darüber stehenden Blätter sind fusslang, kahl, etwas glänzend, 10 bis 12‴ breit und am Rande, wie der Blüthenschaft, schwindend wollig behaart. Blüthenstiele 3‴ lang, wollig behaart. Aeussere Blüthenhülltheile blassroth, kahl, lanzettförmig, lang zugespitzt, 10‴ lang. Innere Blüthenhülltheile hochroth, rachenförmig, $2^1/_6{}''$ lang. Griffel 2″ lang. Staubgefässe $2^1/_2{}'''$ lang. Von dem

Garten-Inspector Herrn v. Warszewicz in Nord-Peru entdeckt und eingeführt; von dem Handelsgärtner Herrn L. Mathieu in Berlin gezüchtet.

Berlin, 25. August 1855. Dr. Klotzsch.

Pitc. Morrenii Lemaire.

Paxton's Flower-Garden, tab. 68. — Jardin fleuriste III, tab. 291.

Pflanze am Grunde wie eine Knolle verdickt, mit bauchig umfassenden Deckblättern, welche in eine scharf hackige, schmale, bei 3'' lange Granne endigen, hier trocken, meist farbig dunkelbraun, holzig. Die kugelige Stammverdickung beträgt $1\frac{1}{4}$'' Durchmesser. Aus diesem Vorblätterbüschel erheben sich die steif aufrechten, tiefrinnigen, lebhaft grünen, unbewehrten, $\frac{1}{2}$'' langen und nur $2\frac{1}{2}$'' gleich breiten, stumpf endenden Laubblätter, in deren Mitte der Blüthenbüschel sitzt. Blüthen in gleicher Höhe stehend. Bracteen bei jeder Blüthe, Fruchtknoten, Kelchzipfel und Kronenblätter steif aufrecht, gleichmässig feurig ziegelroth, mit blutroth bemalt. Kelchzipfel tief geschlitzt, spitz, etwas abstehend, 1'' lang. Kronenblätter am Ende weit abstehend, rachenförmig, $2\frac{1}{2}$'' lang. Staubfäden und Griffel weiss, viel länger als die Kronenblätter. Staubbeutel aufrecht, goldgelb. Narbe diese überragend, lebhaft blutroth. Knospe pfriemenförmig spitz.

Pitc. exscapa Hooker.

Botanical Magazine, tab. 4591.

Pflanze am Grunde knollig aufgetrieben durch gewimperte Vorblätter, holzbraun. Die Verdickung beträgt 1''. Laubblätter steif aufrecht, lebhaft grün, bis 3' lang und nur $\frac{1}{4}$'' breit, mit stark entwickeltem Mittelnerv, am Grunde umfassend.

Blüthenbüschel sehr kurz gestielt, zwischen den Laubblättern sitzend.

Blüthenstand mit lederbraunen, dann schmutzig grünen, gewimperten, 1'' langen, sehr zahlreichen Vorblättern besetzt. Blüthen alle nach einer Seite (gegen das Licht), selbst die Knospen stark nach abwärts gebogen. Fruchtknoten und tief geschlitzte, abstehende, spitze Kelchzipfel gelblich grün. Kronenblätter am Grunde eine dünne Röhre bildend, dann gleichmässig tief geöffnet, mit zurückgeschlagenen Lappen. Staubbeutel kürzer als die Kronenblätter, in eine Reihe geordnet, überhängend, goldgelb. Griffel zwischen den Blättern versteckt, sehr kurz.

Pitc. longifolia Beer.

Puya longifolia, Annales de Gand. II. — Paxton's Flower-Garden III, tab. 86. (Hierzu fehlt die Beschreibung.)

Vorblätterbüschel sehr stark entwickelt, am Grunde stark umfassend, braun, holzig, lanzettförmig, scharf hackig endend, mit einer scharfen

Granne versehen. Die Pflanze bildet eine mässige Stammverdickung. Die Laubblätter sind schlaff überhängend, bis 2' lang, 4''' breit, mit stark entwickeltem Mittelnerv, spitz endigend, der ganzen Länge nach rinnenförmig. Die ganze Blüthe lebhaft ziegelroth, steif aufrecht. Bractee 3/4" lang, am Grunde umfassend, herzförmig spitz. Fruchtknoten und Kelchzipfel — letztere tief geschlitzt, schmal spitz endend — 3" lang. Kronenblätter aufrecht, fast regelmässig geöffnet, 2" lang. Genitalien nahe beisammenstehend, steif aufrecht. Staubbeutel gelb, kürzer als die Kronenblätter. Griffel 4''' über die Kronenblätter vorragend, lebhaft blutroth.

Pitc. heterophylla Beer.

Puya heterophylla. Botanical Register tab. 71 (1840). — Dietrich, botanische Zeitschrift, 118.

Vorblätterbüschel sehr holzig, lederbraun scharf bewehrt und gegrant, am Grunde stark bauchig, nach allen Seiten gerichtet. Laubblattbüschel wenig blättrig. Blätter aufrecht, vom Grunde aus gleich breit, lang, gestreift, mit Mittelrinne, 8" lang, 1/2" breit, stumpf spitz endend, lebhaft grasgrün. Der Blüthenstand erscheint bei halber Entwicklung der Laubblätter. Die Blüthen bilden einen Büschel in Mitte der kurzen, grünen Laubblätter. Sie stehen sehr nahe beisammen, sind aufrecht und lebhaft schattirt blutroth gefärbt. Blume kurz, kaum 1" lang, flatterig, ein Blatt stark überhängend. Die flatterigen Genitalien sind viel kürzer wie die Blumenblätter und goldgelb. Manche Blüthe steht in gleicher Höhe mit den jungen Laubblättern.

Pitc. monstrosa Beer.

Diese merkwürdige Pflanze gleicht der ganzen Form nach Pitcairnia longifolia. Sie treibt einen zwischen den Laubblättern sitzenden Blüthenbüschel. Die Blumen tragen eine schöne lichte Rosafarbe, bestehen aber aus zwei Blumenblattkränzen, wo sich constant, statt eines der äusseren Blumenblätter, ein Staubfaden mit dem Staubbeutel befindet. Es bildet daher diese bleibende monstrose Erscheinung den so seltenen Fall, die Staubfäden auch ausser den Kronenblättern erscheinen zu sehen. Ich habe diese seltenen Zustände durch drei Jahre beobachtet, aber immer alle Blüthen gleich umgestaltet gefunden. Diese Form lebt in Schönbrunn mit Namen „Pitcairnia iridiflora Hort."

COCHLIOPETALUM Beer.

Cochl. albiflos Beer.

Pitcairnia albiflos Herbert, Bot. Mag. tab. 2642.

Pflanze ohne Vorblätterbüschel am Spross oder am Blüthenschafte. Laubblätter glatt, lebhaft grün; auf der Unterfläche blasser von Farbe, glänzend; ¾" breit, 1' lang, mit deutlichem Mittelnerv, etwas überhängend. Schaft, Blüthenstielchen und Bracteen bei jeder Blüthe, lebhaft hellgrün. Stielchen ¾" lang. Bractee 4''' lang. Fruchtknoten knotig, bauchig, und Kelchzipfel — beide hellgrün, letztere sehr tief geschlitzt und fein spitz endend, ½" lang. Blumenkronenblätter 4''' breit, 2" lang, alle gleichmässig abstehend und die Zipfel stark zurückgerollt, rein milchweiss; hier hat die Blüthe 1" Durchmesser. Griffel so lang wie die Kronenblätter. Narbe dreitheilig. Staubfäden sammt Beutel kürzer als die Kronenblätter, letztere goldgelb, — aufrecht, in Mitte der Blüthe stehend. Knospe stumpf, pfriemenförmig. Blüthen sparrig, an den wagerechten Blüthenstielchen aufrecht stehend. Blüthenstand unverzweigt, 7" lang.

Cochl. flavescens Beer.

Pitcairnia flavescens Hort.

Eine sehr reich blühende, wohlriechende Species, deren Blüthenstand fast einseitwendig erscheint, wenn derselbe nicht durch Einfluss des Standortes sich so bildet. Pflanze auffallend grösser als Cochl. albiflos, glatt, gleichförmig grasgrün. Laubblätter 18" lang und 10''' breit. Blüthen sammt Stielchen steif abstehend; erstere 2" lang. Kronenblätter fast gleich breit (3'''), jedes für sich ganz frei abstehend, an den Enden stark einwärts gerollt, strohgelb. Staubfäden kürzer als die Kronenblätter. Staubbeutel goldgelb, auffallend schmal. Griffel hellgrün, so lang wie die Kronenblätter. Kelchzipfel weit geschlitzt, schwefelgelb mit schwachfarbig grüner Spitze. Fruchtknoten rein gefärbt, lebhaft grasgrün. Stielchen dünn, steif. Bractee kaum ½" lang, lanzettlich — schmal. Blüthen sehr zahlreich, eine sehr lockere unverzweigte Aehre bildend. Blüthenschaft glatt, 2' sammt dem 8" langen Blüthenstande, steif, 2''' dick, mit einzelnen Laubblättern besetzt.

Diese sehr schöne, nach Orangenblüthe duftende Pflanze dürfte nicht sehr bekannt sein.

Cochl. Schüchii Beer.

Tillandsia Schüchii Beer.

Diese schöne Pflanze unterscheidet sich vollkommen von Cochliop. albiflos. Ich habe dieselbe seiner Zeit mit dem Namen „Tillandsia Schüchii", zu Ehren des brasilianischen, damals in Wien weilenden Professor Schüch genannt und an verschiedene Gärten vertheilt. Sie kam auch durch mich in den Deckerschen Garten zu Berlin, wurde von Dr. Dietrich gesehen und damals schon in der Allgemeinen Gartenzeitung darauf hingewiesen, dass diese Pflanze die Pitcairn. albiflos sein dürfte. Dr. Dietrich wies auf dem gebräuchlichen botanischen Wege nach, dass es keine Tillandsia sei, worin er vollkommen recht hat; aber Pitcairnia albiflos ist es auch nicht! Dr. Dietrich hatte auch aus Versehen Beer und Fenzl als Benenner genannt. Ich habe gleich beim Bekanntwerden dieses Irrthums nach Berlin an Herrn Director Otto geschrieben und ihn und Dr. Dietrich mit diesem Irrthume bekannt gemacht, aber auch, wie natürlich, Dr. Fenzl hiervon benachrichtigt, welcher in bekannt liebenswürdiger Weise — seinen hochgeehrten Namen nicht einzog. Nun hat Herr Regel in der Züricher Gartenflora erst kürzlich den Namen Tillandsia Schüchii wieder eingezogen, was schon Dr. Dietrich gethan, und dafür den Namen Pitcairnia albiflos gegeben. Beide Herren haben recht gethan, indem diese Pflanze wirklich zur Gattung Pitcairnia gehört. Die Pflanze wurde in meinem Garten aus brasilianischem Samen gezogen. (Die Beschreibung folgt im Anhange.)

Cochl. stamineum Beer.

Pitcairnia staminea Lodd. Bot. Mag. tab. 2411. — Loddiges Bot. Cabinet tab. 722. Sertum botanicum van Geel.

Pflanze sehr zierlich. Laubblätter ³/₄" breit, über 2' lang, ganz unbewehrt, lebhaft grün, auf der Unterfläche mit fein kleiigem, weisslichen Anfluge. Schaft sammt Blüthenstand steif aufrecht, dünn, bei 2' hoch, letzterer über 1' lang. Schaft, Blüthenstielchen, Fruchtknoten und Bracteen schmutzig grün mit Purpur bemalt. Kelchzipfel sehr weit geschlitzt, fein spitz endend, 1" lang. Kronenblätter 1¹/₄" lang, mehr als die Hälfte zurückgerollt, lebhaft blutroth. Genitalien länger als die Kronenblätter, sämmtlich feurig roth. Sie ragen bei der geöffneten Blüthe um 2" vor und stehen aus der Blumenröhre gleichmässig steif vor. Knospe sehr spitz, pfriemenförmig, bei dem Erscheinen schon lebhaft roth. Blüthenstand pyramidal. Blüthen sparrig, alle gegen aufwärts stehend.

ORTHOPETALUM Beer.

Orth. lanuginosum Beer.

Pitcairnia lanuginosa. Ruitz et Pavon. Flora Peruviana et Chilensis tab. 258. — Kerner, Hortus sempervirens, tab. 247. — Salvi, Flora Italica III, tab. 99.
(Beschreibung von Ruitz et Pavon.)

Pflanze: Schaft traubig ährenförmig, einfach. Blätter nahe an einander, schmal schwertförmig, unterhalb filzig, an der Basis sägezähnig. Blumenkrone violett.

Schaft einfach aufrecht, 2 Ellen lang, rund, an der Basis beblättert, hierauf mit abwechselnden, sichtlich entfernt stehenden Schuppen bekleidet.

Laubblätter sich wechselseitig anliegend, von der Länge des Schaftes, schwertförmig, schmal, sehr zugespitzt, unterhalb filzig, weisslich grau, gestreift, nervig, an der Basis der Blattränder sägezähnig. Die Beiblätter (tenera) von der Basis bis zur Spitze scharf sägezähnig und roth gefärbt. Die Zähne der dünneren Blätter zurückgebogen, die der älteren einwärts gebogen, sehr scharf, kurz und dunkelpurpur.

Die unteren Schuppen dachziegelförmig, fast fusslang, sehr schmal, lineal, pfriemenförmig, an der Basis von der Breite von 1 bis 2''; halbstengelumfassend, gestreift, nervig, an der Basis sägezähnig. Die oberen Schuppen merklich kürzer, entfernter stehend, lanzettlich pfriemenförmig, angedrückt. Blüthen in einer fast ährenförmigen, endständigen und einfachen Traube abwechselnd einzeln stehend, mit kurzen Blüthenstielen und Bracteen überall umstellt. Die Bracteen eiförmig zugespitzt, concav, bedeckt mit einem weisslich grauen Filze. Kelch kaum merklich, dreiseitig, auf grünlichem Grunde weisslich bemalt. Die Blumenblätter lineal, hell violett, dreimal so lang als der Kelch. Die Staubbeutel gelb, fast 3''' lang. Kapsel braun, tief, dreifurchig und über 1'' breit. Same dunkel fahlgelb, beiderseits mit einer langen Granne versehen.

Pozuzo, auf Felsen. August, September, October.

Orth. pulverulentum Beer.

Pitcairnia pulverulenta Ruitz et Pavon. Flora Peruv. et Chil. tab. 259.
(Beschreibung von Ruitz et Pavon.)

Pflanze: Schaft rispig zusammengesetzt. Blätter schwertförmig, unterhalb bestäubt. Die unteren Blätter gestielt. Die Blumenkrone hochroth.

Schaft klafterlang aufrecht, rund, oberhalb bestäubt, unterhalb nur beblättert. Die Blätter lang, von der Breite über einen Daumen, dachziegelförmig gestellt, zahlreich, schwertförmig, die Ränder sägezähnig. Die Zähne einwärts gebogen und schwarz, dicht gestreift, oberhalb ganz kahl, unterhalb bestäubt, weisslich grau, die unteren lang gestielt. Die Blüthenstiele kurz, beiderseits mit zurückgewendeten Zähnen. Die Rispe endständig, sehr gross, aus sehr vielen abwechselnd stehenden Theilen zusammengesetzt, vielblüthig. Die Scheide lanzett — pfriemlich, halbstengelumfassend, gestreift, concav, je einzeln umstellt. Blüthen abwechselnd stehend, gestielt, mit eiförmiger, zugespitzter, concaver und gestreifter Bractee, bleibend unterstützt, nach allen Seiten gerichtet. Die Blüthenstiele kurz, zierlich, und weisslich grau gefärbt. Kelch dreitheilig; die Zipfel lanzettlich eiförmig, 3''' lang, angedrückt, fast lederartig, halb unterständig bleibend. Blumenblätter hochroth, länglich lineal, dreimal länger als der Kelch, schmal, im Verwelken unter sich zusammengerollt. Staubfäden fast von der Länge der Blumenkrone, pfriemenförmig zusammengedrückt. Staubbeutel lineal gelb. Fruchtknoten halb oberständig dreiseitig. Pistil fadenförmig, von der Länge der Staubfäden. Narbe länglich, dreispaltig, die einzelnen Theile angedrückt. Kapsel dreiseitig, klein, umwunden von verwelkten Kelch- und Blumenblättern, dreifächerig und dreiklappig. Samen sehr viel, klein, braun.

Standort in Hainen der Anden, an Wegen und auf Triften des Dorfes Widoc.

Blüthezeit November und December.

Orth. inerme Beer.

Pourretia inermis Pressl. Reliquae Haenkiana, tab. 23.

Laubblätter $\frac{1}{4}$'' breit, bei $1\frac{1}{2}$' lang. Blüthenstand 10'' lang, verzweigt, alle Blüthen aufrecht stehend und gleichzeitig sich entwickelnd. Bractee bei jeder Verzweigung des Blüthenstandes, kahnförmig, — abstehend, 1'' lang. Fruchtknoten und kaum sichtbare Kelchzipfel verkehrt pyramidal. Kronenblätter sehr schmal, 1'' lang, steif aufrecht stehend. Im verblühten Zustande zu einem braunen Faden zusammengedreht, herabhängend.

HOHENBERGIA Schult. fil.

Hohenb. strocilacea Schult. fil.

Acantostachys stobilacea Klotzsch. Icones plant. Hort. Berol. tab. 9. — Paxton, Flower Garden III, pag. 46 (256).

Pflanze klein, mit wenigen, etwas überhängenden Laubblättern; diese 2' lang, 2''' breit, sehr dunkelgrün, vom Grunde an bis zu 3'' Länge ganz umfassend (scheinbar wie verwachsen), dann tief furchig, rinnig, fleischig, an den Rändern spärlich aber scharf sägezähnig, am Ende stumpf, holzig, spitz. Schaft 1' lang, 2''' breit, vollkommen stielrund, am Ende gekrönt mit drei oder vier verschieden langen ($1\frac{1}{4}$'' bis $1\frac{3}{4}$' lang), am Grunde breit scheidig umfassenden Laubblättern, hier purpurfarbig bemalt. Blüthenstand zwischen diesen Laubblättern fest aufsitzend. Bracteen bei jeder Blüthe, stark umfassend, steif, fast holzig, mit zurückgebogenen Enden und aufrechten Rändern; hier scharf sägezähnig und stachelspitz, lebhaft gelbroth gefärbt. Fruchtknoten, Kelchzipfel und aufrechte Kronenblätter lebhaft schwefelgelb. Selbst die kleinste Knospe ist schon vollkommen gelb gefärbt. Blüthenstand 2'' hoch, $1\frac{1}{2}$'' breit, und gleicht der Gesammtform nach einem Tannenzapfen. Fruchtknoten fast ganz sichtbar.

Hohenb. (?) cyanthiformis Beer.

Tillandsia cyanthiformis Arrab. Flora Flum. tab. 141.

Aeussere Laubblätter vom Grunde aus übergebogen. Die folgenden steif aufrecht, gleichmässig sägezähnig, am Grunde bauchig, stark umfassend, hier wahrscheinlich nicht sägezähnig, über 1' lang, 1" breit. Blüthenschaft rund, aufrecht, sammt dem 3 ½" hohen Blüthenstande 1¾' lang; ersterer trägt ein vollkommen stielumfassendes, am spitzen Ende übergebogenes, 6" langes, scharf sägezähniges Laubblatt. Laubblätterkranz beim Blüthenstande aus zahlreichen 4" langen, 1" breiten, spitz zulaufenden, scharf sägezähnigen, steifen, wagerecht abstehenden Laubblättern gebildet. Blüthen dicht beisammenstehend. Bracteen ungezahnt, spitz aufrecht. Blüthenblätter steif aufrecht. Genitalien etwas kürzer als die 1" langen Kronenblätter. Fruchtknoten und schmale, tief eingeschlitzte Kelchzipfel 1" hoch; letztere stachelspitz.

Es ist keine Beschreibung vorhanden, wesshalb auch über die Färbung nichts gesagt werden kann.

Hohenb. (?) terminalis Beer.

Tillandsia terminalis. Arrab. Flora Flum. tab. 143.

Laubblätter am Grunde ganz umfassend, hier begränzt bauchig, dann eine tiefe Rinne bildend, allmälig flach werdend, mit spitzem Ende, im Mittel 1" breit, am Grunde 2 ½" breit, über 1' lang. Sägezähne sehr schief, alle dicht stehend, gegen aufwärts gerichtet. Schaft steif aufrecht, rund, mit ganz umfassenden, steif aufrechten, 2 ½" langen, derb sägezähnigen Laubblättern in halber Höhe geziert, und sammt dem 3" hohen Blüthenstande 1 ¼' hoch, ersterer fast ½" dick. Laubblätter des Blüthenstandes nach allen Richtungen abstehend, zahlreich, bei 3" lang. Nach der Abbildung ist über die Blüthenform und, da keine Beschreibung vorhanden, auch über die Färbung nichts zu sagen.

Hohenb. (?) bracteata Beer.

Tillandsia bracteata Arrab. Flora Flum. tab. 125.

Laubblätter zahlreich, 1 ½' lang, am Grunde ganz umfassend, hier bis zu ¼ der Blattlänge eine tiefe Rinne bildend, dann ganz flach, rinnenförmig, stumpf rund endend; mit Ausnahme des untersten Theiles der Blätter durchaus sehr gleichmässig, selbst über das runde Ende — sägezähnig, steif aufrecht, dann von der Mitte der Länge an schlaff überhängend. Schaft rund, aufrecht, bei halber Länge mit einem ganz umfassenden, steif aufrechten, dütenförmigen, spitz zulaufenden, gleichmässig sägezähnigen Laubblatte geziert. Blüthenstand 3" hoch, dieser mit dem Schaft zusammen bei $1\frac{1}{2}'$, letzterer $\frac{1}{4}''$ dick. Blüthenstand durch umfassende, eine Rinne bildende, spitz zulaufende, gleichförmig sägezähnige, nach allen Richtungen flach abstehende Laubblätter gebildet. Bracteen (?) Blüthen wie bei Hohenb. cyanthiformis.

Von der Färbung ist nichts bekannt.

NIDULARIUM Martius.

Nid. fulgens.

Jardin Fleuriste tab. 411, II. (Guzmannia picta? Hort.)

Diese Pflanze bildet durch ihre ausgebreitet niederliegenden Blätter eine zierliche Blattrosette von $1\frac{1}{4}'$ Durchmesser. Junge Sprossen bilden anfänglich die Blätter wie eine Billbergia, gegen aufwärts gerichtet. Blühbare Pflanzen treiben aus der Endknospe einen Büschel steifer und niederliegender Laubblätter, welche lebhaft weinroth gefärbt und mit schönen grünen Spitzen geziert sind. Zwischen diesen Herzblättern stehen aufrecht die sehr schön blauen, mit weiss verwaschenen, sehr wenig geöffneten Blüthen zu fünf in einer geordneten Reihe zusammen. Die Kelchzipfel sind lebhaft roth gefärbt und zwischen den Herzblättern sichtbar. Laubblätter auf hell lichtem Grunde mit lebhaft dunkelgrünen Fleckchen, welche so ziemlich gleichmässig vertheilt sind, — geziert, über 1″ breit und bei 8″ lang, am Rande sägezähnig, aber nicht stachelspitz. Die Laubblätter der Endknospe $2\frac{1}{2}''$ lang, $1\frac{1}{2}''$ breit, ebenfalls sägezähnig. Alle Blätter haben einen Mittelnerv und ihr stammumfassender Theil ist bauchig schalenförmig.

Nid. discolor Beer.

Tillandsia (Billb.) discolor Hort.

Der Name „Tillandsia discolor" ist bei dieser Species nicht zu verfolgen, indem derselbe jedenfalls ohne Autorität aus einem Garten verbreitet wurde. Römer und Schultes führen den Namen gar nicht an. (Steudel fragt: T. discolor Hort. Quid?)

Pflanze reichlich beblättert, von trüb schmutzig grünem Ansehen, oft mit violettem Anfluge. Laubblätter 15″ lang, 1″ breit, von lederartiger Beschaffenheit, am Rande fein sägezähnig, aber nicht stachelspitz. Am Grunde umfassend, 2″ breit und bei 3″ Höhe in die eigentliche Blattbreite schnell übergehend, hier am Rande sehr dünn, unbewehrt, weich. Die Laubblätter stehen aufrecht zusammen und sind gegen das Ende etwas übergebogen. Die Endknospe erhebt sich mit einem Schopfe von Laubblättern. Der Schaft ist 4″ hoch und steckt zwischen den aufrechten Laubblättern, und wird von diesen auch überragt. Zwischen den Herzblättern, welche ein seltsames Gemisch von Purpur-, blauer, grüner und rother Farbe tragen, und die in eine übergebogene lange Spitze enden, stehen die Blüthen in geordneter Reihe zu dreien beisammen. Die lebhaft rosafarbene, kaum geöffnete Blüthe ragt zwischen den Blättern hervor. Fruchtknoten, Kelchzipfel und Kronenblätter 2½" lang, letztere etwas über 1", erstere gelblich weinroth gefärbt.

Die Blüthen sind nur dann sichtbar, wenn man zwischen die Blätter hineinsieht.

Nid. purpureum Beer.

Tillandsia sp. rubra der Gärten.

Pflanze ziemlich klein. Laubblätter sehr glänzend glatt, innen und aussen lebhaft dunkel purpurroth, über 1' lang und 1½" breit. Zur Blüthezeit werden die Blätter lebhafter roth. Die Blüthenform, Farbe u. s. w. wie bei Nidularium discolor.

CRYPTANTHUS Klotzsch.

Crypt. acaulis Beer.

Tillandsia acaulis Lindl. Bot. Register, tab. 1157. — Bromelia pumila Schott.

Pflanze klein. Laubblätter am Sande wellig, über 1" breit, 5" lang, hell grün, mit schwach weiss kleiigem Anfluge, — am Rande scharf bewehrt, mit fleischigem Mittelwulste; die Seitensprosse entwickeln sich am obern Ende der sehr kurzen Stämmchen. Blüthen in Büscheln zwischen den Laubblättern sitzend. Kronenblätter spitz, fleischig, mit durchsichtig dünnen Rändern, flatterig, sehr hinfällig, im Verblühen hell lederbraun. Genitalien kürzer als die Blumenblätter. Staubblätter hell gelb. Dies ist ein alter Bewohner der Pflanzensammlungen und hat sich nur durch seine Unverwüstlichkeit erhalten.

Crypt. acaulis var. argenteus Beer.

Stämmchen aufrecht, bei 3" hoch. Laubblätter am Rande scharf bewehrt, stark wellig, mit verlängerten schmalen, weichen Enden, steif, in der Mitte mit breitem, fleischigem, flachem Wulste. Aussenfläche glänzend, gleichmässig silberweiss. Innere Blattfläche lebhaft gleichmässig hell grün, die längsten 4". Seitensprosse zahlreich am Grunde der Pflanze erscheinend. Blüthen sehr zahlreich in dichten Büscheln zusammenstehend, weiss, flatterig. Knospe stumpf zugespitzt. Kelchzipfel trockenhäutig, hell lederfarbig. Fruchtknoten rein weiss, ¾" lang, gleich breit, fast dreieckig. Genitalien rein weiss, so lang als die Kronenzipfel. Die Pflanze bildet durch zahlreiche Nebensprossen eine liebliche Erscheinung.

Crypt. acaulis var. ruber. Berl. bot. Garten.

Stämmchen 4½" hoch, am Grunde Sprossen treibend, welche bald gleiche Länge mit dem Hauptstamme erreichen. Blätter tief wellig, die breitesten am Grunde 1" breit, 3" lang, dann gegen oben am Stamme dicht vertheilt, — schmäler werdend. Auf der Ober- und Unterfläche fuchsroth, ins Mattgrüne übergehend, wenig weiss, mehlig, wie bestäubt.

Blüthen wie bei Crypt. undulatus.

Crypt. diversifolius Beer.

Bromelia spec. der Berliner Gärten.

Laubblätter auffallend verschieden an Länge und Breite. — Hauptstämmchen etwas überhängend, 9 bis 10" lang. Am Grunde mit ½" breiten, bis 5" langen Blättern, dann gegen oben, am Stamm, an Länge schnell abnehmend, jedoch an Breite zunehmend, hier 1½ bis 2" lang, 1" breit. Junge Sprossen am Grunde des Hauptstämmchens hervorbrechend, mit fast gleichmässig 5" langen Laubblättern besetzt. Alle Blätter in gleichmässigen Schlangen-Linien tief wellig, am Grunde schmutzig röthlich, dann gelblich schmutzig grün, endlich an den Spitzen schmutzig saftgrün, an den Rändern sehr fein scharf bewehrt, mit weicher Spitze.

Blüthen wie bei Crypt. undulatus.

Crypt. zonatus var. fuscus Visiani.

Pholidophyllum, Visiani. — Tillandsia zonata Hort. — Billbergia acaulis fol. brunneis, et fol. viridis Hort. — Tillandsia zebrina Hort. — Till. acaulis zebrina Hort. — Till. acaulis zonata Hort.

Unterscheidet sich nur durch die lebhaft hell lederbraunen, in das Fuchsrothe übergehenden, mit sehr schön gefärbten Querbinden versehenen Laubblätter von Crypt. undulatus. Jene Varietät der Pariser Gärten, mit Namen Pholidophyllum giganteum, ist nur eine in allen Verhältnissen etwas grössere Varietät von Crypt. zonatus var. fuscus.

Blüthen wie bei Chrypt. undulatus.

Crypt. zonatus var. viridis Beer.

Professor Visiani hat bei Beschreibung von Phytarrhiza Vis. sein Pholidophyllum selbst wieder eingezogen und beide Species zu Cryptanthus gezogen, — wohin dieselben auch gehören; ich habe sie schon seit längerer Zeit umgetauft. Diese prachtvollen Gewächse wurden im Jardin des plantes in Paris aus Samen gezogen und als Tillandsia zonata verbreitet.

Stämmchen kaum 1" hoch, am unteren Ende zwischen den Blättern zahlreiche Sprossen treibend. Laubblätter bis 9" lang, 2" breit, von der Spitze an mit mehreren Längsfalten und einem fleischigen Mittelwulste versehen, am Rande fein scharf bewehrt, gross-wellig mit scharf spitzen Enden. Unterfläche der Laubblätter silberglänzend, am Grunde schmutzig röthlich. Oberfläche sehr schön quer gebändert; diese Streifung ist verschieden breit und unregelmässig, durch eine dicht kleiige Masse von rein weisser und gelblicher Farbe gebildet. Die Blätter sind der ganzen Länge nach mit den zierlichen Querbinden geziert, welche zu der auffallenden Schönheit dieser Pflanze nicht wenig beitragen.

Blüthen wie bei Crypt. undulatus.

CARAGUATA Lindley.

Carag. lingulata Lindl.

Tillandsia lingulata Linné. — Caraguata Plumier.
Jacquin, Select. stirp. Americ. Hist. tab. 62 (164, pag. 92). — Jacquin, Select. Americ. tab. 92. — Annales de Gand., III. — Kerner, Hort. semperv. tab. 274. — Sloane, Nat. Hist. of Jamaica, tab. 120.

Laubblätter auf der Rückseite vom Grunde aus fein roth linirt. Zur Zeit der Blüthe werden die Herzblätter lebhaft blutroth, vom Rande aus breit verwaschen gefärbt und mit rothen Längsstreifen geziert; endlich verkürzen sich die Blätter der Endknospe, werden am Rande schalenartig gegen einwärts gebogen und schmutzig gelb von Farbe. Blüthen einzeln, zwischen den kürzeren Herzblättern sitzend; diese bilden eine zierliche, runde, gleich hohe Rosette, und die gelblichen, kaum geöffneten Kronenblätter sind kaum sichtbar. Laubblätter am Grunde des Stammes 9" lang, hier den sehr dünnen Stamm bauchig umfassend, abstehend, dann von der Mitte der Länge an 1" breit, allmälig stumpf spitz endend.

Es befindet sich in Schönbrunn eine Varietät dieser Species, welche sich durch die gleichfarbig ungestreiften Laubblätter und etwas mehr vorragende Blüthen unterscheidet. —

Es folgt nun die Beschreibung von Jacquin:

Blätter lineal, zungenförmig, ganzrandig, an der Basis bauchig. Blüthendecke einblättrig, mit schwach dreiseitiger Basis. Der Fruchtboden umwachsen, oben dreitheilig und bleibend. Die Zipfel lineal lanzettlich, gerinnt, spitz, aufrecht, gefärbt, zweimal so lang als die Krone. Krone einblättrig, röhrenförmig, aufrecht, halb dreitheilig. Die Zipfel länglich, stumpf, concav und aufrecht. Staubgefässe sechs, etwas länger als die Röhre, und dieser der ganzen Länge nach angewachsen. Staubbeutel länglich, spitz, aufliegend. Pistil: Fruchtknoten länglich und stumpf. Griffel fadenförmig, von der Länge der Staubgefässe. Narbe dreispaltig, stumpf. Kapsel länglich, spitz, stumpf, dreiseitig, glänzend, dreifächrig, dreiklappig. Samen zahlreich, sehr klein, mit haarförmigem, sehr langem Papus.

Stamm beblättert, einfach, aufrecht einzeln, an der Spitze gehäuft stehend.

Wurzelblätter lineal zungenförmig zugespitzt, glänzend, ganzrandig, 1′ hoch, zahlreich, durch den hohlen Grund wasserhaltend. Blüthen gelb, geruchlos, 3‴ lang. Kapsel braun. — Liebt schattige und feuchte Orte; parasitisch auf abgestorbenen Bäumen. Martinique. — Bei den Einwohnern „Ananas de bois" oder „Bromelia sylvatica" genannt.

Carag. splendens Bouché.

Flore des Serres, van Houtte, t. 1091. — Nidularium? splendens Hort.

Pflanze im Ganzen kleiner wie C. lingulata Lindl., jedoch im Baue sehr gleichend. Von C. ling. unterscheidet sich indess C. spl. durch die lebhaft hochroth gefärbten Herzblätter, welche in keine andere Färbung übergehen. Die innersten Herzblätter sind sehr verkürzt, am Rande eingebogen, stumpf rundlich endend und sind lebhaft goldgelb gefärbt. Laubblätter am Grunde bauchig, stark umfassend, auf der Unterfläche auf hellgrünem Grunde mit scharf begränzten, fein dunkelbraun rothen Längslinien geziert, — ganzrandig, weich spitz endend, 9½″ lang, in Mitte 2″ breit. Die sehr lebhaft leuchtend rothe Farbe der Herzblätter bildet diese Species sehr schön. — Von den Blüthen ist gar nichts zu sehen, da sie einzeln am Grunde der Herzblätter sitzen und von diesen weit überragt werden.

Carag. latifolia Beer.

Caragnata, latifolia, clavata etc. Plum. nov. gen., p. 10. — Plum. Plant. Americanorum, t. 74.

Diese prachtvolle Pflanze treibt ihre gleich langen Laubblätter nach allen Richtungen; sie sind etwas überhängend und gleichen der reichen Blätterkrone einer Draccaena.

Laubblätter am Grunde bauchig, dann gleich breit, ganzrandig, schwertförmig, 1¾″ breit und bei 3′ lang. Aus dieser herrlichen Blattkrone erhebt sich der reichbeblätterte Schaft und bildet am Ende eine Rosette aus kurzen Blättern, von 6 bis 7″ Durchmesser. Zwischen diesen Blättern stehen die Blüthen aufrecht, kaum sichtbar; sie sind 3″ lang. Die Kronenblätter stehen röhrenförmig beisammen; die Lappen derselben rund, wenig geöffnet; die Genitalien etwas kürzer als jene.

Obwohl diese Pflanze unverkennbar zu Caraguata gehört, ist sie doch sonst nirgend beschrieben oder abgebildet.

PITYROPHYLLUM Beer.

Pityr. erubescens Beer.

Tillandsia erubescens Hort. Herrenh. — Tillandsia ionantha Planch. Flore van Houtte 1855. tab. 1006.

Diese schöne kleine Pflanze bildet durch die mehreren Seitensprossen zierliche Rasen. Vor der Blüthezeit ist die Pflanze ganz gleichmässig dunkel olivengrün, mit weiss kleiigem Anfluge; die Oberhaut der Laubblätter sehr fein warzig, fast rauh, besonders an den stumpfen Rändern mehr weisslich erscheinend, mit spitzem Ende. Blattfläche dicklich, am Grunde umfassend, 2½" lang, in Mitte ¼" breit. Zur Blüthezeit färben sich die sämmtlichen Herzblätter lebhaft roth an den Spitzen, sonst schmutzig lila roth. Blüthen einzeln, röhrenförmig, mit etwas zurückgeschlagenen Zipfeln, bei 1½" lang, 3''' dick, lebhaft violett gefärbt. Staubblätter aufrecht, etwas vorragend. Griffel aufrecht, am Ende dreitheilig, mehr vorragend als die Staubblätter.

In der Beschreibung, welche der Abbildung folgt, wird bemerkt, dass die Pflanze nach einer Abbildung nachgebildet sei. Ich glaube, dass die ganze Pflanze grösser gezeichnet wurde, als selbe im natürlichen Zustande gebildet ist, da ich in meiner Sammlung mehrere Species dieser niedlichen Form lebend besitze, — aber einen so auffallenden Unterschied zwischen den Seitensprossen und der blühenden Pflanze, in der Grösse, noch nicht bemerkte. Die Sprossen sind immer sehr ausgebildet, wenn die Pflanze reif zur Blüthe ist, daher auch nicht mehr um vieles verschieden an Grösse.

Diese kleinen Formen leben gesellig auf Bäumen.

Pityr. gracile Beer.

Pourretia stricta Hort. — Tillandsia Quesneliana Hort.

Kleines, zierliches Pflänzchen. Laubblätter 1½" lang, fleischig, tiefrinnig, unbewehrt, fein warzig, dunkel schmutzig grün mit weisslich kleiigem Anfluge, am Grunde stark umfassend. Diese Pflanzen bilden einen kleinen Laubbüschel. Die Blüthen entwickeln sich aus den Laubblattachsen; sie sind einzeln, aufrecht, cylindrisch fast geschlossen, lebhaft licht blau, mit dunkelblau feurig und breit bemalt. Griffel und Staubfäden dunkel blau, Narbe goldgelb, beide weit vorragend. Die Spitzen der Herzblätter färben sich zur Blüthezeit roth; diese Färbung schwindet aber nach der Blüthezeit wieder allmälig.

PLATYSTACHYS C. Koch.

Plat. setacea Beer.

Till. setacea Sw. Bot. Magazine, tab. 3275.

Laubblätter über 1 ½' lang, am Grunde wenig umfassend, hier bei 2" breit, an den Rändern etwas eingerollt, dann flach, schlaff, glanzlos, unbewehrt, allmälig spitz zulaufend, lebhaft hellgrün, mit dicht kleiigem Anfluge; Ränder lederartig weich, dicklich. Die Laubblätter sind strahlenförmig abstehend. Der Schaft ist reichlich mit aufrecht stehenden Laubblättern geziert. Der Blüthenstand entwickelt sich aufrecht, ist 8" hoch, 2" breit und durch die dicht zweizeiligen Bracteen schwertförmig gebildet.

Bracteen 2 ½" lang, 2" breit, stumpf spitz endend, breitgedrückt, hell olivenfarbig, am Rande lebhaft, breit, weinroth bemalt. Die Bracteen stehen so regelmässig, dass sie wie ein geflochtener Zopf aussehen. Die Blüthen erscheinen an dem Rande des Blüthenstandes zwischen den Bracteen; es sieht nur die rein weisse, geöffnete Krone vor. Die Staubbeutel, welche fast rund sind, ragen zwischen den Kronenblättern unordentlich und zum Theile selbst überhängend vor; die Blüthen erscheinen sparsam und verblühen in einem Tage. Fruchtknoten und Kronenblätter sind 3" lang. Fruchtknoten und Kelchzipfel schmutzig hellgelb.

Plat. anceps Beer.

Till. anceps Lodd. Loddiges, Bot. Cabinet, tab. 771.

Eine kleine, sehr zierliche Pflanze. Laubblätter am Grunde stark umfassend, hier bauchig, auf grünem Grunde lebhaft weinroth gestreift, dann tief rinnig, nach allen Seiten schlaff überhängend, auf der Unterfläche weiss kleiig, stumpf spitz, 7" lang, in der Mitte ½" breit. Blüthenstand am kurzen Schafte 3" hoch, 1 ½" breit, wie geflochten, breitgedrückt. Bracteen 1 ½" lang, 8''' breit, zusammengedrückt, dicht über einander stehend, hell schmutzig gelb-grün, mit bräunlicher Bemalung.

Kronenblätter flattrig, hell blau, zwischen den Bracteen kaum ½" vorstehend, wenig geöffnet. Genitalien nicht sichtbar.

Plat. heptantha Beer.

Tillandsia heptantha Ruitz et Pavon. Flora Peruviana et Chilensis III, pag. 41.

Ich habe diese sehr gut beschriebene Pflanze ausnahmsweise aufgenommen, indem dieselbe wahrscheinlich schon lebend in den Pflanzensammlungen sich findet. — Es folgt hier die Beschreibung von Ruiz et Pavon:

Pflanze: Aehre siebenblüthig, zweizeilig. Blumenblätter weiss, an der Spitze violett bemalt. Blätter schwertförmig, pfriemlich, sehr spitz.

Schaft fast 1' lang, aufrecht, einfach, mit länglichen, halb stengelumfassenden und spitzen Schuppen bedeckt. Die Blätter wechselseitig anliegend, fast dachziegelförmig, schwert-pfriemenförmig, sehr spitz, gerinnt, beiderseits weisslich grau, schwach filzig, — ganzrandig. Die Aehre endständig, einfach, meist siebenblüthig. Die Blüthen zweizeilig, sitzend; die Bractee lanzett-länglich, concav, — purpur violett. Die Blumenblätter weiss, an der Spitze violett bemalt. Kapsel länglich, unmerklich dreiseitig, mit spitzer Basis und haarförmigen, vielstrahligen und fuchsrothen Papus gekrönt. Same länglich.

Standort: Warme Abhänge in Peru, in den Gefilden der Provinzen Tarma und Huanuca, auf Felsen und Bäumen. Juni, Juli, August.

Plat. viridiflora Beer.

Sp. Mexico Heller, aus dem Garten des Herrn Grafen Attems in Graz.

Stattliche Pflanze, mit lederartigen, dünnen, nach allen Seiten abstehenden, allmälig schmäler werdenden, endlich mit stumpfer Spitze endigenden, hier zurückgebogenen, welligen, manchmal selbst einfach eingerollten Blättern. Oberfläche trüb grün, mit schwach mehligem Anfluge. Unterfläche hellbläulich, bereift wie eine Zwetschge, mit mehligem Anfluge, am Grunde stark umfassend, bauchig, hier 2½" breit, dann allmälig schmäler werdend. Breite der Blätter: in der Mitte 1½", Länge von 1' 3", bis endlich am Blüthenschaft 1" lang, 3''' breit. Blüthenschaft und Blüthenstand 2' 4" hoch, letzterer 1' lang. Die Laubblätter werden endlich am runden Schafte sehr kurz und anliegend und bedecken dann den Schaft gänzlich. Der Blüthenstand ist zweizeilig, bei jeder Blüthe etwas knieförmig gebogen, viereckig, 4''' breit. Die Blüthen stehen 1" entfernt von einander. Die 2" lange Bractee ist licht grün, matt glänzend, und umgibt, wie eine Düte innig anschliessend, den Fruchtknoten; sie ist am Grunde etwas aufgetrieben, sonst platt gedrückt rund, eiförmig, — spitz endend. Die Blüthenknospen drängen sich mit der Spitze durch die Bractee und wachsen rasch zu einer Länge von 2"; sie erscheinen gedreht, pfriemenförmig. Mit einemmale öffnen sich die Blumenblätter und stehen wagrecht ab; es ist jedes Blumenblatt gleich breit (4'''), mit runden Enden, und ½ mal um sich gedreht, von Farbe hell erbsengrün, glänzend und durchsichtig wie von Glas. Die gelblichen Staubfäden und der grüne Griffel ragen 2½" lang und steif aus der

Blumenröhre hervor. Die sehr hinfällige Blüthe dauert nur einen halben Tag und hängt dann sammt den Genitalien schlaff herab; dann umschliesst die Bractee den Fruchtknoten und es hängen nur noch missfarbige, zusammengedrehte Rudimente der Blüthe an der Spitze.

Obwohl nur höchstens zwei Blüthen zu einer Zeit sich öffnen und überhaupt die Färbung dieser Pflanze durchaus nur aus Grün besteht, so ist dieselbe doch wegen ihres zierlichen Wuchses und der langen Blüthen für jede Sammlung eine Zierde. Diese Pflanze wurde in der Gärtnerei des Grafen Attems zu Graz aus Samen gezogen, welchen Herr Carl Heller aus Mexico sendete. Sie blühte das erste Mal im November 1854 und ist jetzt in meinem Besitze.

Plat. glaucophylla Beer.

Vriesia (Vriesea!) glaucophylla Hook. Bot. Mag. tab. 4415. — Flore, van Houtte V, t. 432.

Die Laubblätter bilden eine nach allen Richtungen zierlich überhängende Rosette von 1½′ Durchmesser. Sie sind lederartig, weich filzig bekleidet; hierdurch haben sie eine schöne, sehr hell grünliche Färbung; die Länge beträgt 2′, sie sind am Grunde umfassend, mit steif aufrechten Rändern, der ganzen Länge nach eine tiefe Rinne bildend, allmälig verschmälert, in der Mitte bei 1″ breit, in eine lange stumpfe Spitze endigend. Schaft steif aufrecht; hier nehmen die Blätter, je näher sie dem Blüthenstande stehen, eine lebhaft weinrothe Färbung und endlich eine scheideblattartige Beschaffenheit an, aber auch der Schaft wird hier lebhaft roth gefärbt. Der Blüthenstand ist verzweigt, 9″ lang; von den drei oder vier Zweigen, welche in gleicher Höhe aufrecht stehen, ist jeder einzelne Zweig 6 bis 7″ lang. Die Bracteen stehen hier sich deckend, zweizeilig, schwertförmig, plattgedrückt, aufrecht. Jedes Scheidenblatt liegt mit seinen Rändern auf der nächsten Scheide. Sie sind im Grunde lebhaft grün, alle an den Spitzen lebhaft weinroth und gelb bemalt. Die einzelne Scheide ist 1½″ lang und 1″ breit. Blüthe — eine 1¼″ zwischen den Bracteen vorstehende, kaum geöffnete, purpurfarbene Röhre bildend, aus welcher die eben so gefärbten Staubfäden in ungleicher Länge schlaff heraushängen. Die Staubbeutel sind eiförmig rund und goldgelb. Die Narbe lebhaft gelb.

Plat. inanis Beer.

Tillandsia inanis. — Paxton Flower Garden I, tab. 210.

Dieses kleine Pflänzchen hat Aehnlichkeit mit Till. erythraea Lindl.; es ist sammt dem Blüthenstand bei 8″ hoch. Stämmchen zwiebelartig rund.

Die Laubblätter sind am Grunde stark umfassend und stehen dicht beisammen. Das Blatt ist fast pfriemenförmig, dick und unordentlich hin und her gebogen, in Mitte 3''' dick, die längsten 6'' lang. Die ganze Pflanze hell gelblich grün, mit weisslich kleiigem Ueberzuge. Der Blüthenstand ist kaum 3'' hoch und trägt bei 1'' lange, zweizeilige, weinrothe, zusammengedrückte Bracteen, welche sich gegenseitig mit den Rändern bedecken. Blüthen hell lila, aufrecht, wenig geöffnet, eine Röhre bildend, 1'' lang. Staubfäden schlaff, länger als die Kronenblätter. Staubbeutel länglich rund, goldgelb. Das Pflänzchen hat nur drei oder vier Blüthen.

Plat. bulbosa Beer.

Tillandsia bulbosa Hook. — Exotic Flora, tab. 173.

Blätter am Grunde breit umfassend, hier schalenförmig, 1'' breit, dann bei $^3/_4$'' Länge schon nur noch $^3/_4$'' breit, ganze Länge 6'', eine tiefe Rinne bildend, welche endlich gegen die Blattspitze ganz verwächst und daher das Blatt an der Spitze pfriemenförmig rund erscheint. Laubblätter und Bracteen am Blüthenstande lebhaft licht grasgrün, am Grunde etwas mehlig, weisslich bestäubt. Blüthenstand wenig verzweigt, Bracteen zweizeilig, zusammengedrückt, etwas über einander liegend. Blüthen 3'' lang. Bractee $^3/_4$'' lang, $^1/_2$'' breit, schwertförmig aufrecht. Blüthe sparsam. Kronenblätter $^1/_2$'' vorstehend, eine Röhre bildend. Die Staubbeutel schlaff, vorragend, rund.

Stamm zwiebelartig rund.

Die Laubblätter des fast runden Stämmchens stehen aufrecht, dann unregelmässig am Ende übergebogen und überragen um 3'' den Blüthenstand. Die Laubblätter stehen überhaupt nach verschiedenen Richtungen gebogen, unordentlich an dem Stamme vertheilt.

Plat. erythraea Beer.

(Tillandsia erythraea Lindl.)

Tillandsia bulbosa var. picta Hook. Bot. Mag. tab. 4288. — Annales de Gand. III, tab. 255.

Pflanze sammt dem Blüthenstande 8'' hoch. Stamm am Grunde rund gebildet, hier 2'' dick. Laubblätter am Grunde stark umfassend, wie eine Schale gebildet, dann, bei 1$^1/_2$'' Höhe, ist plötzlich die Blattfläche dergestalt zusammengerollt, dass sie gleichmässig rund und nur 3''' im Durchmesser erreicht, bis sie endlich schmäler werdend stumpf endet. Die Länge eines ganzen Laubblattes beträgt 8''. Solche Laubblätter, nur mit schmälerer Basis, stehen bis zum Gipfel des verzweigten Blüthenstandes. Die untersten Laubblätter sind trüb erdfarbig, mit purpur bemalt und mit weisslich kleiigem Anfluge bekleidet. Die ferneren Laubblätter werden grün, mit röthlicher Spitze, endlich aber jene zunächst dem Schafte und am Blüthenstande vom Grunde aus lebhaft rein blutroth, mit grasgrünen Blattenden. Auch hier überragen einige aufrechte Laubblätter den Blüthenstand. Die meisten stehen aber steif aufrecht und endlich zierlich übergebogen herabhängend. Die Bracteen bei den Blüthen stehen zweizeilig dicht an einander; sie sind zusammengedrückt. Der Blüthenstand schwertförmig, die Bracteen variiren sehr in der Länge, sind aber alle lebhaft blutroth. Die Blüthen, lebhaft lilafarbig, stehen 1" lang aus den Bracteen vor, sie sind röhrenförmig, gerade aufrecht, am Ende wenig geöffnet. Die hellgrünen Kelchzipfel manchmal etwas sichtbar. Genitalien aufrecht, 5''' vorragend. Staubbeutel kugelig gelb. Griffel lebhaft lila.

Diese prachtvolle Pflanze hat Hooker als Varietät von Tillandsia bulbosa bekannt gemacht, allein ich finde mich veranlasst, den Species-Namen von Lindley beizubehalten, weil diese Pflanze gewiss eine gute Species ist.

Plat. digitata Beer.

Viscum cariophylloides, Katesby, Natural History II, tab. 89. — Tabernaemontani, Kräuter-Buch, 1377.

Diese sehr zierliche Pflanze hat zahlreiche, lebhaft grasgrüne Laubblätter, die am Grunde wenig umfassend, dann etwas bauchig, mit einwärts gebogenen Rändern, hier $^3/_4$" breit, dann, bei 3" Länge schon nur noch 3''' breit sind und sich endlich in eine stumpfe Spitze endigen. Sie sind bei 2' 4" lang und bilden die Enden etwas flattrig überhängend. Der 2''' dicke grüne Schaft trägt wenige, 4" lange, 3''' breite grüne Laubblätter; er ist sammt dem stark verzweigten Blüthenstande über 1' hoch. Die Zweige stehen dicht an einander, sind strahlenförmig gestellt. Die Bracteen liegen wie geflochten über einander, sie sind weinroth und am Rande licht grün bemalt, ziemlich stark susammengepresst, $^1/_2$" breit, $^3/_4$" lang. Die sehr schönen, lebhaft hellblauen Blüthen stehen stark gedreht, aufrecht, wenig geöffnet, 1" lang zwischen den Bracteen sparsam vor. Die hellblauen Staubbeutel und der goldgelbe keulenförmige Griffel sind aus der Blüthe ganz vorstehend, und letzterer selbst $^5/_4$" länger als die Kronenblätter. Die Zweige am Blüthenstande sind von 2 bis 5" lang und durchaus gleich breit ($^1/_4$"). Diese Pflanze wird, wenn sie zur Samenreife gelangt ein sehr verändertes Aussehen haben, indem dann die Farbe der Bracteen verschwindet und selbe grün werden, aber auch die grünen schmalen Fruchtknoten gleichmässig 1" lang vorstehen, der plattgedrückte Blüthenstand entwickelt sich hierdurch nur noch auffallender.

Bei der nun folgenden Tillandsia havanensis des Jacquin kann man die Fruchtbildung auch von dieser Art studiren.

Es folgt hier die Beschreibung von Katesky:

Diese Pflanze bildet eine runde, angeschwollene Wurzel, aus welcher eine Menge Faserwurzeln entspringen, mit denen sich selbe an den Aesten der Bäume festhält, wo sie ein wenig in die Rinde eindringen. Aus der runden Wurzel treten mehrere Blätter hervor, welche etwas gefaltet, nach Art der Ananasblätter gestaltet sind. Sie sind von aussen hervorragend und breit, gegen unten sind sie immer verjüngt und enden am oberen Theile in einer geraden, weichen, gegen aussen gebogenen, herabhängenden Spitze. Aus der Mitte dieser Blätter erhebt sich ein runder gerader Stiel, an welchem sich in der Höhe fünf rothe, spitze und muschelartig geformte, bei 5 bis 6" lange Blätter befinden, an deren Seite sehr anliegend (obliquement) mehrere cylindrisch blaue, angeschwollene einblättrige blaue Blüthen mit mehreren Staubfäden und einem gelben Stiele stehen. Die Blüthe ist durch ein einziges Blatt gebildet und eigenthümlich spiralig gedreht. Diese Pflanzen finden sich von verschiedener Höhe, nämlich 1 bis 2' hoch und sind immer ganz aufrecht. Die zusammenstehenden Laubblätter enthalten manchmal zwei Quart reines Trinkwasser. Viele derselben sind für Durstige ein wahres Labsal, indem, wenn auch die Sonne noch so heiss scheint, desshalb doch immer das Wasser, welches diese Pflanzen enthalten, kalt und frisch wie aus einer Quelle ist. Die oben beschriebene Pflanze ist sehr gemein auf Bäumen und bedeckt diese oft dergestalt, dass man sie für Laub und Blüthe der Bäume ansieht, was einen sehr schönen Anblick gewährt.

Findet sich auf mehreren Inseln von Bahama, gewöhnlich auf grossen Bäumen von Mahagony, dem Sapadillo, Mancanel u. s. w.

Plat. havanensis Beer.

Tillandsia havanensis. Jacquin. Select. stirp. americ. histor. tab. 183, pag. 94. Jacq. Select. americ. tab. 94 (in Notta: Tillandsia polystachia).

Die Allardtia cyanea Dietrich, Platystachys Koch steht dieser Pflanze hinsichtlich der Gestalt des Blüthenstandes am nächsten, aber auch Viscum caryophylloides Catesby steht diesen beiden Species ebenfalls sehr nahe. Die zwei Abbildungen unseres grossen Jacquin sind jedoch beide nach abgeblühten, mit den weit vorragenden Samenkapseln versehenen Exemplaren gezeichnet. Dieselbe Fruchtbildung fand sich nach meiner Untersuchung im Berliner botan. Garten im März 1855 an der Allard. cyanea ebenfalls. Koch hat den Namen „Allardtia" eingezogen, indem schon ein (nach General Allard) genanntes Genus „Allardia" von Brongniard besteht.

Dass man wo möglich gleichlautende Namen bei Aufstellung der Genera zu vermindern sucht, hat jedenfalls sehr viel für sich, indem z. B. bei dem kurzen Namen „Schmit" wohl sechs verschiedene Buchstaben sich finden können, aber der Fall sein kann, dass sechs Genera mit den wenigstens gleichlautenden Namen belegt würden. Die Benennung „Platystachys" ist sehr bezeichnend für den Blüthenstand; ich fand mich desshalb auch bewogen, diese Benennung zu benützen. Bei der zweiten Abtheilung, wo die Pflanzen mit ebenfalls zweizeiligem Blüthenstande zusammengebracht sich finden, habe ich den Genus-Namen „Vriesea" (nach Prof. de Vriese), welchen Lindley der Tillandsia splendens Brongniard zuerst beilegte und sie „Vriesia Speciosa" nannte, — beibehalten, da einige schöne Gewächse unter dem Namen „Vriesia" schon sehr verbreitet in den besseren Pflanzen-Sammlungen sind.

Pflanze klein. Laubblätter alle vom Grunde aus einen gleichförmigen Büschel bildend, aufrecht, tiefrinnig, 4''' breit, bei 1' lang. Die Laubblätter am Schafte gehen schnell in anliegende, stumpf spitze Scheidenblattbildungen über. Der Schaft erhebt sich sammt dem platten, verzweigten Blüthenstande aufrecht, ist steif, nur 2''' dick, bis auf den Grund zwischen den umfassenden Laubblättern sichtbar, 1' 3" hoch. Zweige und Hauptachse am Blüthenstande, von gleicher Länge (3½") und Breite (1½"). Bracteen sich gegenseitig nicht deckend, gegen das stumpf spitze Ende etwas nach aussen gebogen, sehr platt gedrückt, 5''' breit. Kelchzipfel zwischen den Bracteen vorragend. Blumenkrone über 1" vorstehend. Genitalien nicht sichtbar.

(Blüthe vermuthlich blau.)

Plat. juncea Beer.

Bonapartia juncea Ruiz et Pav. — Flora Peruviana et Chilensis, tab. 262.

Diese zierliche Pflanze bildet einen nach allen Richtungen strahlenförmigen, bei 10" breiten, 1' hohen, den verzweigten, steif aufrechten Blüthestand weit überragenden zarten Laubbüschel, welcher in allen seinen Theilen mit weisslich mehligem Anfluge reichlich bekleidet ist. Die Laubblätter sind alle (selbst zwischen den Zweigen am Blüthenstande) am Grunde bauchig umfassend, dann eingerollt, pfriemenförmig, tiefrinnig, hier 1''' breit, am bauchigen Ende aber zwischen ¾ und 1" breit. Solche, gegen den Blüthenstand etwas kürzer werdende Laubblätter bedecken den Schaft gänzlich und sind in grosser Anzahl vorhanden. Endlich erscheinen zwischen den bauchigen Enden der Laubblätter die Zweige und die Hauptachse des Blüthenstandes. Diese sind etwas verlängert eiförmig, plattgedrückt, durch die sich deckenden aufrechten, stark umfassenden, über ½" breiten, ¾" langen, plattgedrückten Bracteen gebildet. Blüthe violett, aufrecht, röhrenförmig, 1'' lang, 2''' dick. Die Genitalien weit vorragend. Staubbeutel rund, gelb. Griffel länger als die Staubfäden. Narbe dreitheilig. Kelchzipfel gelb, kaum zwischen den Bracteen sichtbar.

Es folgt hier die Beschreibung von Ruiz et Pavon:

Pflanze: Blätter mit weisslichem Anfluge, halb pfriemenförmig, gerinnt und länger als der Halm.

Der Halm einzeln, 1 ½' lang, aufrecht, fest, rund, einfach, überall beblättert und durch die zusammengerollten Basen der Blätter gänzlich bedeckt. Blätter dachziegelförmig, zahlreich, länger als der Halm, ungleich, halb pfriemenförmig, gerinnt, an der Basis sehr breit; die Wurzelblätter abstehend zurückgebogen, die mittleren Blätter etwas abstehend, die stengelständigen aufrecht. Die Aehre endständig, aus 7 bis 12 in Thyrsusform zusammengehäuften Aehrchen zusammengesetzt. Die Aehrchen länglich, lanzettlich, zusammengedrückt, vielblüthig, die unteren kürzer. Die Blüthen dachziegelförmig, zweizeilig, sitzend, ganz von Bracteen umgeben. Die Bracteen länglich, spitz, kahnförmig und lederartig, trockenhäutiger Beschaffenheit. Kelch lederartig trockenhäutig, lebhaft gelb, zweiblättrig, den äusseren Blättchen ist das innere entgegengesetzt, das um die Hälfte enger ist. Die Blumenblätter violett, von der Basis bis zur Spitze um sich gerollt. Staubbeutel gelb. Kapsel pyramidenförmig, umhüllt durch den Kelch, und braun.

Standort: Haine der Peruv. Anden, gegen das Dorf Muna, auf Bäumen und Felsen, an äusserst warmen Orten. September, October.

Der Saft ist gegen Wundschäden sehr heilsam.

Plat. polystachia Beer.

Renealmia polystachia Jacquin, Historia select., pag. 93.

Schaft mit dachziegelförmig gestellten seitlichen Aehren. Kelch: Blüthendecke einblättrig, flach oder convex, bleibend. Die Röhre sehr kurz, den Fruchtboden umwachsend. Der Saum aufrecht, sehr lang, zusammengeneigt, zweispaltig. Der äussere Zipfel lanzettlich länglich, gerinnt, zugespitzt; der innere länglich zugespitzt, nach hinten an den zusammengeneigten Seiten gerinnt, nach vorne flach, oberhalb zweispaltig. Kronenblätter drei, lineal, concav, gerinnt, spitz, aufrecht, an den Seiten sich gegenseitig anliegend, beiläufig zweimal länger als der Kelch. Staubfäden sechs, fadenförmig, aufrecht, dem Fruchtboden eingefügt, die Krone überragend. Staubbeutel länglich, stumpf aufliegend. Fruchtknoten eiförmig, stumpf, dreiseitig, in einen fadenförmigen, den Staubgefässen an Länge und Lage gleichen Griffel übergehend. Narben drei, rundlich abstehend,

Stengel beblättert, aufrecht, 3' lang. Blätter lineal, pfriemlich, zugespitzt, ganzrandig, gerinnt, am Grunde breit und bauchig, zahlreich, die unteren 2' lang, die Aehren seitenständig, zehn an der Zahl, 1' lang, carminroth, am Halm abwechselnd stehend. Blüthenscheiden carminroth, oberhalb dachziegelförmig, die Aehren ganz bedeckend. Blüthen sitzend, einzeln, geruchlos. Krone blau. Frucht unbekannt.

Standort: Havanna, auf felsigen Hügeln u. s. w., parasitisch auf Bäumen. Blüthezeit: Januar.

Jacquin.

Plat. parviflora Beer.

Till. parviflora R. et P. — Flora Peruv. et Chil., Ruiz et Pav. t. 260.

Pflanze klein, sammt dem Blüthenstande kaum 1' hoch und mit weisslichen Schüppchen bekleidet. Rispe drei- bis siebenährig. Blüthen klein, zweizeilig. Laubblätter am Grunde stark umfassend, dann fast pfriemenförmig, allmälig stumpf spitz endend, alle gerade aufgerichtet. Der steife dünne Blüthenstengel erhebt sich über die 6'' langen Laubblätter. Die Blätter am Stengel sind dütenförmig umfassend, mit eingerollten Rändern und nach aussen gebogenen stumpf spitzen Enden.

Deckblättchen bei jeder Blüthe, 2''' lang, zusammengedrückt — abstehend, grau von Farbe. Blüthenstielchen sehr kurz. Kelchzipfel trockenhäutig, sammt den Fruchtknoten 3''' lang. Kronenzipfel ausgebreitet, rund, weiss.

Es folgt hier die Beschreibung von Ruiz und Pavon:

Pflanze: Rispe einfach, drei- bis siebenährig. Blüthen klein, zweizeilig. Blätter fast pfriemenförmig, mit sehr breiter Basis.

Schaft aufrecht, einzeln, einfach, rund, zierlich, 1' hoch, ein wenig gebogen, purpurroth, kahl, mit abwechselnd stehenden, pfriemenförmigen, gerinnten, scheidenförmig stengelumfassenden, nur wenig entfernten und weichlichen Schuppen bedeckt.

Blätter sich wechselseitig anliegend, fast dachziegelförmig, fast pfriemlich, gerinnt, gegen oben abstehend, zurückgebogen, bei 1' lang, gestreift, weisslich grau, mit sehr dicht gestellten, kleienartigen Schuppen bedeckt. Die Rispe endständig, aus drei bis sieben abwechselnd stehenden zweizeiligen Aehren zusammengesetzt. Die Aehren entfernt stehend, abstehend, vielblüthig, durch eiförmig lanzettliche scharfe, kurze und weisslich graue Bracteen unterstützt, mit kurzem Blüthenstiele verflochten; weisslich graue, hin und her gekrümmte Spindel. Die Blüthen abwechselnd stehend, zweizeilig sitzend, mit eiförmigen, kleinen, spitzen Bracteen besetzt, die concav und um die Hälfte kürzer als der Kelch sind. Der Kelch trockenhäutig, blass, fast dreiseitig. Die Zipfel unter sich etwas gewunden. Drei Blumenblätter, noch einmal so lang als der Kelch, oben etwas abstehend, weiss, nur einen Tag dauernd. Kapsel lineal, achtmal länger als der Kelch, zugespitzt, dreifächerig, dreiklappig. Die inneren Klappen ausserhalb glatt und blass, innerhalb dunkel purpurfarben, glänzend. Die Samen lineal länglich, röthlich, mit behaartem Papus gekrönt.

Standort: Anden, Peru, Umgegend von Muna. August, September, October.

Plat. purpurea Beer.

Till. purpurea R. et P. — Flora Peruviana et Chilensis, Ruiz et Pavon t. 270.

Pflanze klein, sammt dem Blüthenstande bei 10″ hoch, mit weisslichem, auch grauem, kleiigem Anfluge bekleidet, — von unordentlichem Aussehen. Laubblätter am Grunde stark umfassend, 1″ breit, dann allmälig bis zum stumpfen Ende schmäler werdend. Schaft 1‴ dick, mit dütenförmigen, spitz endenden, aufrecht stehenden Laubblättern, welche 1½″ lang sind, sparsam besetzt. Blüthenstand 3″ hoch, verzweigt. Zweige aufrecht stehend. Deckblättchen rosafarb, bei jeder Blüthe ½″ lang, fast anliegend, plattgedrückt, kahnförmig. Fruchtknoten am Grunde stumpf, rund, stiellos. Kelchzipfel rosafarb, tief geschlitzt, spitz. Kronenblattzipfel ausgebreitet von 3‴ Durchmesser, tief purpurfarbig, gegen unten in weiss übergehend.

Es folgt hier die Beschreibung von Ruiz et Pavon:

Pflanze: Rispe vielährig, rosenroth. Blüthen zweizeilig. Die Fläche der Blumenblätter purpurroth. Laubblätter schwert-, pfriemenförmig, zurückgebogen.

Schaft einzeln, 1′ hoch, aufrecht, rund, ganz einfach, kahl, mit abwechselnd stehenden, pfriemlichen, langen und gerinnten Schuppen (Blättern?) bedeckt, die unterhalb breit und scheidenförmig stengelumfassend, zusammengeneigt und von Knoten zu Knoten weisslich grau sind. Blätter sich wechselseitig anliegend, fast scheidenförmig, schwert-pfriemenförmig, gerinnt, stark abstrebend, zurückgebogen, bei 1′ lang, weisslich, mit sehr dicht stehenden kleienartigen Schüppchen bedeckt. Die Rispe endständig, aus 5 bis 9 abwechselnd stehenden Aehren zusammengesetzt. Bracteen eiförmig, spitz, concav, gestreift, weisslich grau. Aehre länglich, lanzettförmig, gestielt, vielblüthig. Blüthen zweizeilig, dachziegelförmig, sitzend, mit länglichen, concaven und rosenfarbigen Deckblättern umstellt. Kelch länglich, rosenfarb. Kelchzipfel etwas gewunden, gestreift. Blumenkrone unterhalb zusammengerollt, oberhalb ausgebreitet, hier dunkel purpurfarbig, gegen unten weiss von Farbe. Die Kapsel länglich cylindrisch, zugespitzt, blass. Die inneren Klappen ausserhalb glatt, innerhalb purpurschwarz glänzend. Samen zahlreich, fahlgelb, mit rauhem Papus gekrönt.

Standort: Peru, auf felsigen, sandigen Orten sehr häufig in Lima, Canta, und Huarocheri auf Hügeln. Juni, Juli.

In Lima nennt man es Cardo de Lomas.

Plat. Kunthiana Beer.

Tillandsia Kunthiana Gaudichaud. Bonite, Atlas botanique, tab. 53.

Leider ist zu diesem Prachtwerke bis jetzt noch keine Beschreibung erschienen, wesshalb über die Färbung der Pflanze auch nichts gesagt werden kann.

Pflanze einen zierlichen aufrechten, bei 6" im Durchmesser haltenden, reich mit kleiigem Anfluge bekleideten Blätterbüschel bildend. Laubblätter am Grunde über 1" breit, fast reitend, stark umfassend, mit stark entwickeltem Mittelnerv und stumpfen, etwas überhängenden Enden von 8" Länge. Schaft und Blüthenstand 1' hoch, letzterer für sich 3½" lang, ersterer mit vollkommen umfassenden Blättern, deren spitze Enden von verschiedener Länge (3½ bis 4") gegen aufwärts stehen. Der Blüthenstand verzweigt. (Vielleicht treibt der Schaft am Grunde schon mehrere Seitenzweige. — Man beliebe, die sehr schöne Abbildung zu besehen.) Zweige und Hauptachse gleich lang, kräftig, 2" lang, 2" breit. Bracteen bei jeder Blüthe, schiffförmig, plattgedrückt, abstehend, ½" breit, ¾" lang. Kelchzipfel zwischen den Bracteen etwas vorragend. Kronenblätter röhrenförmig, etwas bauchig, Zipfel lanzettförmig spitz, ausgebreitet. Genitalien kürzer als die Kronenblattzipfel, nicht sichtbar.

Plat. azurea Beer.

Till. azurea Pressl. — Reliquiae Haenkiana, Pressl. tab. 24.

Pflanze schlank, bei 1½' hoch, durch dicht kleiigen Anflug sehr filzig, silberglänzend bekleidet. Laubblätter am Grunde umfassend die Ränder eingerollt, dann an der Spitze verwachsen, rund endend, am Rande ungleich, dicht filzig. Blüthenstand aufrecht, stark verzweigt, 4½" hoch. Zweige gleich lang (2½"). Bracteen zweizeilig stehend, kahnförmig, offen, an der stumpfen Spitze verwachsen, aufrecht, wenig zusammengedrückt, 1" lang, 4''' breit. Kronenblätter herzförmig, spitz, glatt, ausgebreitet, kaum 3''' breit und etwas länger, lebhaft hellblau. Die Pflanze bildet nur wenige Laubblätter, welche vom Grunde aus, entfernt von einander, bis zum Blüthenstande vertheilt stehen.

Plat. Plumierii Beer.

Caraguata clavata et spicata, foliis serratis. Plumier, nov. Gen., p. 10. — Plumierii, Plantarum Americ., tab. 75. — Tillandsia serrata. Lamarque Encyclopedie, tab. 224.

Laubblätter am Grunde sehr wenig umfassend, fast gleich breit, allmälig spitz endend, sägezähnig, 6" vom Grunde aus glattrandig, 1½' lang, in Mitte 1½" breit. Schaft und Blüthenstand steif aufrecht, letzterer durch dicht stehende, 1½" lange, herabgebogene, zahlreiche Zweige keulenförmig rund. Jeder Zweig ist von einem herabgebogenen, abstehenden, kahnförmigen, 2½" langen, spitz sägezähnigen Blatte bekleidet; ähnliche Blätter umgeben aufrecht, sich gegenseitig deckend, den Schaft. Die Blüthen stehen zweizeilig, deren Bracteen ¾" lang, plattgedrückt; sie lagern dergestalt über einander, dass sie wie geflochten erscheinen. Die Blüthen stehen zwischen der Bractee, gegen abwärts geneigt, 1" lang vor und haben runde gerade Lappen.

Diese schöne Pflanze hat einige Aehnlichkeit mit der Tillandsia longifolia Meyen, jedoch schon der Umstand, dass sie bewehrte Blätter hat, — unterscheidet sie von der gänzlich unbewehrten Tillandsia longifolia hinreichend.

VRIESEA Lindley.

Vries. speciosa Hook.

Bot. Mag. t. 4382. Tillandsia splendens Brong. Flore, van Houtte II, 1846.

Laubblätter glatt, glänzend, lederartig, ganzrandig, kelchbildend, zusammenstehend, prachtvoll auf hellgrünem Grunde, aussen und innen mit lebhaften, breiten rothbraunen Querbinden der ganzen Länge nach geziert; sie sind 1' 4" lang und im Mittel 2" breit, am Grunde tiefrinnig umfassend, hier 3" breit, aufrecht, dann zierlich übergebogen, rund und weich spitzig endend. Da diese herrliche Species, durch Samen vermehrt, wurde und sich schon sehr verbreitet hat, so ist es nicht nöthig, noch ferner auf die Schönheit der Laubblätter hinzuweisen. Schaft und Blüthenstand steif aufrecht, zusammen 18" lang, letzterer 11" lang und 2" breit, durch sich gegenseitig deckende, 1" breite, am Grunde halb umfassende, 3" lange, am spitzen Ende ganz flach zusammengedrückte, dann gegen unten etwas bauchige, prachtvolle blutrothe, zweizeilig stehende Bracteen schwertförmig gebildet; hier ist der Schaft viereckig und bei jeder Scheide schwach knieförmig hin und her gebogen. Unter dem Blüthenstande erscheint der Schaft ganz rund und ist mit dütenförmigen, ganz einhüllenden, 2" langen, sehr schönen, auf gelblichem Grunde roth-braun gefleckten, mit brauner, stumpfer Spitze endenden Bracteen ganz bedeckt; sie stehen im Kreise von 1 — 4, und es zeigt sich bei jeder Scheide am Schafte eine ganz kleine sogenannt schlafende Knospe. Zwischen jeder flachgedrückten rothen Scheide am Blüthenstande steht dicht am Schaft gelehnt die sehr kurz gestielte Blüthe. Der Fruchtknoten ist sehr klein, der Kelchzipfel 1" lang, bis auf den Grund geschlitzt, aber es ragt nur die 1½" lange, 3''' breite, spitz endende gelbliche, am Ende etwas geöffnete Blumenkrone zwischen den Bracteen hervor. Genitalien gleich lang. Staubbeutel länglich, gelb. Griffel eben so gefärbt, beide etwas geneigt aus den Kronenblättern vorragend. Erst nachdem die Pflanze geblüht hat, dehnt sich der Schaft noch dermassen, dass die Bracteen sich nicht mehr decken und besonders von unten gegen oben jede Bractee freisteht und der Schaft hierdurch theilweise sichtbar wird. Der Blüthenstand ist anfänglich grün, dann, bei weiterer Entwicklung, lebhaft roth mit grün bemalt, dann, nach der Blüthezeit, verliert sich die Röthe wieder allmälig, bis derselbe wieder ganz grün gefärbt erscheint.

Vries. incurvata Gaud.

Bonite, Voyage au tour du monde, Gaudichaud, t. 18.

Die Laubblätter sind dünn, glänzend, ganzrandig, weich, aufrecht, sehr zart, mit Längspunkten und Striemchen dicht gezeichnet, von verschiedener Länge (3" bis 1'), gegen den Grund schmäler werdend, hier den nur 2''' dicken Stamm ganz umfassend, dann in der Mitte über 1" breit, stumpf spitz endend. Blüthenstand steif aufrecht, 10" hoch, 2" breit, hier die Bracteen zweizeilig, wie geflochten über einander liegend, zusammengedrückt, gegen innen gebogen, an den Rändern sehr fein wellig, mit Längsstreifen versehen. Von den Blüthen sind nur die Kronenzipfel etwas zwischen den Bracteen vorstehend.

Vries. ensiformis Beer.

Tillandsia ensiformis Arrab. Flora Fluminensis, t. 129.

Laubblätter alle aufrecht, unbewehrt, glatt, einen schlanken Kelch bildend, am Grunde schmäler werdend, hier 3" breit, gegen oben 2" und darüber breit, eine tiefe Rinne bildend, gegen das Ende ganz flach ausgebreitet und wahrscheinlich 1½' lang. Blüthenschaft vom Grunde aus rund, mit Bracteen, welche 1 — 4 im Kreise stehen, dicht besetzt, bis zum Blüthenstande 1½' hoch. Blüthenstand 9" lang, von unten auf mit zweizeiligen, schiffförmigen, wenig plattgedrückten, abstehenden Bracteen besetzt, aus deren oberem zusammengeneigten Ende die Blumenkrone ¾" lang vorsieht. Die Staubbeutel haben gleiche Länge mit den Kronenblättern, der Griffel ist aber um 3''' länger. Da diese Blätter etwas zurückgeschlagen sind, so stehen die Genitalien vor. Hier ist von einer Scheide zur anderen ein Zwischenraum, der sich aber allmälig verliert, und die obere Hälfte des Blüthenstandes erscheint durch die sich deckenden Bracteen wie geflochten, schwertförmig.

Vries. recurvata Gaud.

Gaudichaud, Bonite, Voyage au tour du Monde, tab. 69.

Laubblätter glatt, weich, ganzrandig, sehr dünn, mit Längslinien und Punkten geziert, kelchbildend zusammenstehend, aufrecht, dann schlaff überhängend. Am Grunde schmäler, dann über 2'' breit, endlich schnell schmäler werdend, in Mitte 1'' breit, verschieden lang (1' 9'' und kürzer). Schaft rund, steif aufrecht, bis zum Blüthenstande 1' lang, mit dicht anliegenden Bracteen im Kreise 1 — 4 besetzt. Blüthenstand 7'' hoch. Bracteen zweizeilig, die unteren abstehend, 1'' breit, zusammengedrückt an den Rändern, in Mitte sehr zierlich gleichmässig, aber nur $1\frac{1}{2}'''$ tief, mit runden Fältchen besetzt. Die Blüthe ist von den Bracteen ganz umhüllt und es steht nur ein kleiner Theil der Krone hervor. Am oberen Theile des Blüthenstandes decken sich die Bracteen, welche alle gleichmässig 2'' lang und 1'' breit sind, gegenseitig; es umhüllt daher die Bractee die Blüthe erst dann, wenn sie dieselbe herabbeugt.

Vries. conferta Gaud.

Gaudichaud, Bonite, Voyage au tour du Monde, t. 65.

Laubblätter weich, glänzend, ganzrandig, am Grunde den sehr dünnen Stamm ganz umgebend, hier $\frac{3}{4}''$ breit, dann bauchig 2'' breit, endlich in Mitte $1\frac{1}{4}''$ breit, verschieden lang (über $1\frac{1}{2}'$). Blüthenschaft am Grunde rund, sehr stark, $\frac{1}{2}''$ dick, bei 1' Höhe aber nur noch 3''' dick, mit ganz bedeckenden Scheiden im Kreise 1 — 4 besetzt. Blüthenstand 9'' hoch, zweizeilig. Bracteen alle in gleicher Entfernung von einander abstehend, ganz umfassend, 2'' lang, 1'' breit, wenig zusammengedrückt. Die Entfernung von einer Bractee zur gegenüberstehenden beträgt $\frac{1}{2}''$. Die Kronenblätter stehen ganz geöffnet, aufrecht, allein zwischen den Bracteen hervor.

Vries. platynema Gaud.

Gaudichaud, Bonite, Voyage au tour du Monde, tab. 66.

Laubblätter glatt, weich, ganzrandig, am Grunde sehr dünn, den Stamm ganz umhüllend, dann bauchig breiter werdend, hier $\frac{3}{4}''$ breit, endlich in Mitte 1'' breit, von verschiedener Länge, überalll mit feinen Längs- und unterbrochenen Querlinien dicht besetzt, steif aufrecht, dann schlaff überhängend. Blüthenstand steif aufrecht, zweizeilig. Bracteen in gleicher Entfernung von einander stehend. Hier ist die Bractee nur halb so lang als der 1 $1/2$" lange Fruchtknoten und die Kelchzipfel; beide zusammen haben eine verlängert eiförmige Gestalt, und wenn sich die 1 $1/2$" langen, runden Kronenblätter vordrängen, so senkt sich der Fruchtknoten sammt der Bractee bedeutend herab, wesshalb auch diese Species, durch die gleichmässig herabgeneigten Blüthen, sehr leicht zu erkennen ist. Die Entfernung von einer Blüthe zur andern beträgt $3/4$". Die Scheide ist bauchig, gegen die Spitze stark zusammengedrückt und 1" breit.

Vries. imbricata Beer.

Till. imbricata Arrab. Flora Fluminensis, tab. 131.

Laubblätter weich, glatt, ganzrandig, verschieden lang (1 $1/2$'), in der Mitte 2" breit, stumpf spitz endend, steif aufrecht, dann gegen aussen gebogen. Am Grunde sehr schmal, dann bauchig, 2 $1/2$" breit. Schaft aufrecht. Bracteen am zweizeiligen Blüthenstande in gleicher Entfernung, ohne sich zu decken, von einander stehend, schiffartig gebildet, am spitzen Ende ganz zusammengedrückt, bei 2" breit, 3" lang. Von der Blüthe ist gar nichts sichtbar.

Vries. gigantea Gaud.

Gaudichaud, Bonite, Voyage au tour du monde, tab. 70.

Pflanze vermuthlich sehr gross und umfangreich. Laubblätter glatt, ganzrandig, gleich breit, weich, mit langer Spitze endend, 3' lang und 2 $1/2$" breit. Der Blüthenstand aufrecht, verzweigt, sehr kräftig, die Zweige 15 $1/2$" lang, jeder der Zweige ist wieder verzweigt, aber am oberen Ende und darunter nur mit einzelnen Blüthen besetzt. Bei den Seitenzweigchen, welche in der Abbildung zu sehen sind, ist es merkwürdig, dass die Blüthen, welche einzeln stehen, bedeutend grösser sind, wie jene an den Hauptzweigen; auch scheint es, dass diese Pflanze sehr lange in Blüthe stehen muss, da sich Knospen und am untern Theile aufgesprungene, — also vollkommen reife Kapseln gezeichnet finden. Die Blüthen variiren von 1" bis über 1 $1/2$". Sie stehen überall zweizeilig. Die Seitenästchen sind von 2 $1/2$ bis 3" lang. Die Bracteen sind $3/4$ und 1" breit, zusammengedrückt, am Ende flach spitz abstehend, dann den Fruchtknoten und den Stiel umfassend, eiförmig, etwas gestreift. Fruchtknoten sehr klein. Kelchzipfel lang, bis auf den Grund geschlitzt, spitz, hier etwas abstehend, beide 1 $1/4$" lang und $1/2$" dick. Kronenblätter steif aufrecht, rund, $1/2$" lang, 2''' breit. Jede Verzweigung trägt eine schiffartige, zusammengedrückte Bractee von 2" Länge.

Ich kenne fünf lebende Formen dieser Familie, welche alle den Namen „riesig" verdienen. Die unvergleichlich reiche Pflanzensammlung zu Schönbrunn bei Wien birgt im Parasiten-Hause, im freien Grunde stehend, drei auffallend herrlich grosse Formen, mit Namen Bromelia sceptrum, Bromelia sp. Brasil. und Bromelia sp. Mexico. Diese drei Gewächse sind wahrscheinlich auch drei gute Arten, obwohl ich zweifle, dass die echte Bromelia sceptrum Fenzl (Agallostachys anthiacantha Beer) darunter sich befinde. Wahrscheinlich sind es drei neue Arten zur Gattung Agallostachys. Die steif aufrechten Laubblätter erreichen die auffallende Länge von 20 bis 24'. — Die sehr starken Sprossen erscheinen bei diesen Gewächsen wie dicke beschuppte Schlangen, welche auf der Erde hinkriechen und erst bei 6 bis 8' Länge die aufrechten Blätter treiben. Die vierte Form lebt in der reichen Pflanzensammlung des Herrn Decker in Berlin, als Bromelia sp. Mexico. Diese gigante Form bildet dicht zusammenstehende, steif aufrechte, am Grunde etwas schmäler werdende zahlreiche Laubblätter, welche über 7' lang und fast ganz gleichmässig 2½" breit sind. Sie bilden der ganzen Länge nach eine tiefe Rinne; die Ränder sind fein braun sägezähnig, die Blattenden scharf stachelspitz. Die Innenfläche der Blätter ist lebhaft grau-grün, die Aussenfläche auf schmutzig hellgrünem Grunde matt silberglänzend und mit einigen bräunlichen Querbinden geziert. — Die fünfte gigante Form ist Billbergia Skinneri, aus van Houtte's Garten. Diese Form, welche ich in einem vierjährigen Exemplare besitze, verspricht an Grösse und Zierlichkeit der Formen alle anderen zu überbieten. Diese junge Pflanze hat jetzt schon Laubblätter von 5' Länge und 3" Breite, welche nach allen Richtungen in zierlichen Bogen überhängen.

Vries. aloëfolia Beer.

Till. aloifolia Hook. Exotic Flora, t. 205. — Kerner, Hort semperv. t. 822. (Till. flexuosa Sw.)

Pflanze aufrecht, durch das Anliegen der Laubblätter unter einander am Grunde eiförmig rund, hier 1½" dick. Laubblätter verschieden an Länge, jene am Grunde 2" lang, dann immer länger werdend, bis 1' lang, alle unten bauchig, bei 2" breit, dann allmälig schmal, und spitz endend, weich, glatt, hell olivengrün, mit dunkelgrünen schmalen Querbinden, und am Ende schmutzig weinroth bemalt, die unbewehrten Blattränder manchmal gegen innen eingerollt, sonst steif aufrecht und etwas abstehend. Schaft, Bracteen und Kelchzipfel hell olivengrün und schwach weinroth bemalt. Ersterer sammt dem einfach verzweigten, zweizeiligen Blüthenstande 1½' hoch, dieser für sich 8" lang. Bracteen am Schafte verschieden lang, vollkommen umfassend, schmal, ausgebreitet. Bractee jede Blüthe ganz umhüllend, fast anliegend, kürzer als der 1½" lange Fruchtknoten und Kelchzipfel, wenig plattgedrückt. Kelchzipfel fast geschlossen. Kronenblätter lebhaft rosenfarben, 1½" lang, über 1''' breit, etwas bauchig, spitz endend, hier stark übergebogen, bis auf den Grund frei. Genitalien so lang als die Kronenblätter, von einander entfernt stehend. Staubblätter goldgelb. Griffel rein weiss.

Vries. tenuifolia Beer.

Till. tenuifolia Linné. Jacquin select. Americ. Hist. pag. 92, tab. 63. — Kerner, Hortus semperv., tab. 358. — Till. flexuosa Person.

Es folgt hier die Beschreibung von Jacquin:

Blätter lineal, pfriemlich, ganzrandig, dachziegelförmig gestellt. Aehre einfach, schlaff. Kelch: Blüthendecke einblättrig, am Grunde schwach dreiseitig und den Fruchtboden umwachsend, oberhalb dreitheilig bleibend. Zipfel länglich stumpf, concav, zusammengeneigt, die Krone wenig umfassend und zweimal kürzer als diese. Krone dreiblättrig, lineal, concav, aufrecht, stumpf, an den Seiten sich wechselseitig anliegend und so einer langen, cylindrischen, einblättrigen Röhre täuschend ähnlich, aber den Fruchtknoten einwärts, zusammengeschnürt, die Spitzen flach und zurückgebogen. Staubgefässe sechsfadenförmig, von der Länge der Krone. Staubbeutel länglich aufliegend. Fruchtknoten eiförmig. Griffel fadenförmig, aufrecht, ein wenig länger als die Staubgefässe. Narbe dreispaltig; die Zipfel länglich, stumpf, abstehend. Kapsel länglich, stumpf, dreiseitig, zugespitzt, sehr glänzend, einfächerig, dreiklappig. Samen zahlreich, sehr klein, mit einem sehr langen, fadenförmigen Papus.

Stamm einfach, auch öfters verästelt. Die Aehre sehr schlaff, endständig, mit einblättrigen, concaven, länglichen, stumpfen, eng umfassenden und röthlichen Blüthenscheiden bekleidet.

Blüthen glänzend, geruchlos, zweizeilig, carminroth, innerhalb der Blüthenscheide durch den kürzeren Kelch eingeschlossen. Kapsel braun. Standort: Cartagena, auf Bäumen, besonders an Mimosen, die am Gestade wachsen. Blüthezeit: Juni und Juli.

Vries. psittacina Lindl.

Bot. Register 1843, tab. 10. — Tillandsia psittacina Hook, Bot. Magazine, tab. 2841. — Sertum botanicum van Geel.

Diese schöne Pflanze gleicht dem Blattwuchse nach der Guzmannia tricolor. Ganze Pflanze lebhaft glänzend. Laubblätter weich, schön grün, am bauchigen, etwas umfassenden Grunde schmutzig röthlich gefärbt, von fast gleicher Länge. Am Grunde $1\frac{1}{2}''$ breit, dann bei $1\frac{1}{2}''$ Höhe $\frac{3}{4}''$ breit, $8''$ lang, stumpf spitz, am Rande wellig, unbewehrt, mit dem oberen Theile überhängend. Schaft steif aufrecht, mit aufrecht anliegenden grünen, roth bemalten Bracteen im Kreise von 1 — 4 besetzt. Blüthenstiel lebhaft blutroth glänzend, etwas hin und her gestreift, bei 1½' lang. Blüthenstand für sich 1' lang, unverzweigt, zweizeilig, sparrig. Blüthen 1" weit von einander entfernt stehend. Knospe aufrecht, sobald sich aber die Blüthe verdrängt, fast wagrecht abstehend. Fruchtknoten und Kelchzipfel 2" lang, gelb mit roth bemalt. Bractee bei jeder Blüthe, über 1½" lang, dicht anliegend, lebhaft blutroth. Kronenblätter 4''' lang, grünlich gelb, ausgebreitet. Genitalien länger als jene, flatterig. Staubblätter gelb. Narbe dreilappig, schmutzig grün.

Nach dieser Species hat Prof. Lindley die Gattung Vrisia aufgestellt (nach Prof. W. de Vriese in Amsterdam); der Genus-Name muss aber Vriesea geschrieben werden.

Vries. simplex Beer.

Tillandsia simplex Arrab. — Flora Fluminensis, tab. 130.

Wahrscheinlich der Vriesea psittacina nahe stehend. Laubblätter alle bis auf den Grund sichtbar, aufrecht, verschieden lang (8 bis 12"), 1½", breit unbewehrt. Schaft stark, aufrecht. Blüthen eine von der andern 2" entfernt, zweizeilig stehend. Fruchtknoten und Kelchzipfel 1½" lang, eiförmig spitz. Bractee umhüllend, spitz, 1" lang.

Nach der Abbildung wären die Kronenblätter um vieles kürzer als die Kelchzipfel.

Eine Beschreibung fehlt.

Vries. gracilis Gaud.

Gaudichaud, Bonite, Voyage au tour du monde, tab. 67.

Eine sehr zierliche Pflanze, mit reichlich verzweigtem Blüthenstande. Laubblätter glatt, ganzrandig, von einander abstehend, mit punktirten Längsstreifen geziert, 7" lang, zungenförmig, mit schwacher Spitze, am Grunde stark umfassend, wie eine Tulpe zusammenstehend. Schaft aufrecht, kräftig, mit umfassenden, dütenförmigen, etwas nach aufwärts gebogenen Bracteen besetzt. Die oberen Zweige entwickeln sich hier früher wie die unteren. Der Blüthenstand ist für sich 1½' lang, die längsten Zweige 8". Die Blüthen stehen zweizeilig, sparrig, und 1" von einander entfernt. Die 1¼" langen und 7''' breiten Bracteen bei jeder Blüthe umhüllen den Fruchtknoten dergestalt, dass nur die Kelchzipfel vorstehen. Die Blüthe ist aufrecht, ½" lang. Die Genitalien nicht sichtbar.

Vries. regina Beer.

Tillandsia regina Arrab. — Flora Fluminensis, tab. 142.

Diese Pflanze ist nur ihrem Blüthenstande nach hier anzuführen. Da aber die Zeichnung vollständig unverständlich, auch keine Beschreibung vorhanden ist, begnüge ich mich damit, selbe nur namentlich anzuführen.

Vries. maculata Beer.

Tillandsia maculata, Ruiz et Pav. Flora Peruv. et Chilensis, tab. 267. — Kerner, Hort. semperv. tab. 515.

Es folgt hier die Beschreibung von Ruiz et Pavon:

Pflanze: Rispe zusammengesetzt, röthlich, mit fast getheilten Aehren und lanzett schwertförmigen, gefleckten Blättern. Pflanze kahl, oft ganz röthlich.

Schaft einfach, fast 3' lang, aufrecht, röthlich gegliedert, oberhalb rispig, mit eiförmigen, knieförmig gebogenen, spitzen, gestreiften und stengelumfassenden Schuppen besetzt, von denen die unteren nahestehend und zusammengedreht, die oberen etwas entfernter stehend und auch kürzer sind. Die Blätter, wurzelständig, sich gegenseitig anliegend, lanzettlich, schwertförmig, mit stumpfer Spitze, zurückgerollt, gestreift, beiderseits glänzend, gerinnt, mit rosafarbigen und röthlich purpurfarbenen Flecken reichlich verziert, die äusseren allmälig grösser werdend und etwas mehr abstehend. Die Rispe $1^1/_2$' lang, röthlich, aus abwechselnd stehenden, fast getheilten, mit Bracteen umstellten Aehren zusammengesetzt. Die Aehrchen etwas abstehend, 1" lang, vielblüthig, mit länglich lanzettförmigen, spitzen, halbstengelumfassenden, concaven, angedrückten und gestreiften Bracteen umstellt. Die Blüthen abwechselnd, zweizeilig, dachziegelförmig, sitzend, durch concave, längliche und spitzige Bracteen abgesondert. Die Bracteen und Kelche röthlich. Die Blumenblätter violett, unterhalb zusammengedreht, oberhalb etwas abstehend, einen Tag dauernd, klein, verwelkend, bleibend. Die Kapsel länglich, blass, die inneren Fächer ausserhalb rauh. Die Samen zahlreich, lineal, gelb, mit papusartiger, behaarter Krone.

Standort: Haine in Peru, besonders bei Muna u. s. w., auf Bäumen und Felsen.

Blüthe: Juli, August, September.

Diese Pflanze wird zum Schmucke in den Vorhallen der Tempel gepflanzt und enthält zwischen den Blättern Wasser.

Vries. rubra Beer.

Tillandsia rubra Ruiz et Pavon. — Flora Peruviana et Chilensis, R. et Pav., tab. 266.

Folgt die Beschreibung von Ruiz et Pavon:

Pflanze: Die Rispe einfach, roth, mit unverzweigten Aehren, schwertförmigen und fast zugespitzten Blättern. Pflanze kahl.

Schaft aufrecht, einfach, rund, 3 bis 4' hoch, unterhalb mit abwechselnd stehenden Blüthen, scheidenförmigen — und scheidenförmig zusammengewundenen, zugespitzten, gestreiften, stengelumfassenden und auch 1 ½" langen Schuppen bedeckt, oberhalb rispig. Blätter wurzelständig, sich gegenseitig anliegend, die äusseren allmälig länger, abstehend, zurückgebogen und fast 2' lang, die inneren aufrecht; alle schwertförmig, fast zugespitzt, unterhalb weiss silberglänzend, oberhalb schwach grünlich und gestreift. Die grösseren Blätter unterhalb, gegen die Basis zu, mit kleinen, kaum sichtbaren Punkten gezeichnet.

Die Rispe 1 ½' lang, aufrecht, röthlich, aus vielen Aehren zusammengesetzt, mit abwechselnd stehenden einfachen, länglich lanzettförmigen, abstehenden Bracteen, die zugespitzt, kahnförmig, röthlich und 1" breit sind, umstellt. Die Aehren fast 1' lang, sitzend, verflacht, vielblüthig.

Die Blüthen abwechselnd, zweizeilig, dachziegelförmig sitzend, überall mit Bracteen umgeben. Bracteen länglich, gerinnt, dunkelroth, an der Spitze gelblich. Kelch röthlich gelb, von der Länge der Bracteen. Blumenblätter drei, klein, röthlich, violett, von der Mitte bis zur Spitze abstehend, zurückgebogen, einen Tag nur blühend, verwelkend. Die Kapsel länglich, blass, die inneren Klappen ausserhalb rauh, gerändert, innerhalb schwarz, glänzend. Samen zahlreich, lineal, fahlgelb, papusartig gekrönt.

Standort: Peru, an warmen Abhängen; Tarma.

Blüthe: März, April.

TUSSACIA Willdenow.

Tuss. vitellina Klotzsch.

Tillandsia vitellina Klotzsch. — Jcones plantarum, Hort. Berolinensis tab. 40.

Dieses sehr zierliche lebhaft grasgrüne, glänzend glatte, gänzlich unbewehrte, im Ganzen nur 4" hohe Pflänzchen, hat einen einfach verzweigten, über 6" langen, nur mit einigen fahlgelben, umfassenden anliegenden, schmalen, mit der Spitze abstehenden Bracteen besetzten Schaft. Die Blüthen stehen einzeln, speerig, Fruchtknoten und die sehr kurzen Kelchlappen haben zusammen eine etwas verlängerte, spitze, eiförmige Gestalt, von 7''' Länge und 3''' Breite, ersterer mit einer anliegenden spitzen glatten, etwas kurzen Bractee besetzt. Kronenblätter ganz flach, spitz, ausgebreitet, von hochgelber Farbe, 3''' breit und 3''' lang. Die Laubblätter sind tief rinnenförmig, am Rande wellig und enden allmälig mit weicher Spitze, sie sind am Grunde stark umfassend, die untersten kaum ½" lang, die längsten 5" lang, alle aufrecht, dann gegen die

Mitte zierlich nach aussen übergebogen. Die Genitalien gar nicht sichtbar.

Tuss. fulgens Klotzsch.

Tillandsia fulgens Klotzsch im Berliner Museum, No. 1230, Merida, 1844 und Abbildung von Moritz.

Diese sehr schöne Pflanze hat Moritz aus Merida in getrockneten Exemplaren und eine Abbildung derselben dem Berliner Museum gesendet, diese Mittheilung, sowie viele andere werthvolle Aufschlüsse, verdanke ich dem würdigen Herrn Director Dr. Klotzsch in Berlin. — Die Pflanze hat lederartige glatte Blätter, welche am Grunde stark umfassend und sehr bauchig, endlich schmäler werden, in lange schmale etwas zurückgebogene unbewehrte Zipfel endigen. Hierdurch bekommt die Pflanze am Grunde eine runde Gestalt von über 4" Durchmesser. Die Blätter stehen aus der Mitte gerade in die Höhe, und erreichen fast 1' Länge bei wenigstens 4" Breite am Grunde. Die Farbe der Laubblätter ist ein lebhaftes Colorit (wenigstens zur Blüthezeit) von dunkel olivengrün, mit mattrothen zerstreuten Punkten, bis endlich bei einigen Blättern die reinste Blutfarbe vorherrscht. Der Schaft ist mit dem Blüthenstande überhängend, 1½' lang, über 2''' dick, lebhaft rosenfarb. Die lebhaft blutrothen Bracteen sind umfassend, anliegend, schmal, flatterig, abstehend, spitz endend. Der Blüthenstand stark verzweigt, von einem Zweige zum andern knieförmig gebogen, diese aufrecht stehend, mit einer ebenfalls aufwärts stehenden, nicht umfassenden länglich herzförmigen, in eine flattrige lebhaft blutrothe Spitze endigend. Die Zweige in gleicher Entfernung sparrig am Blüthenstande, fast gleichlang (2½ bis 2"). An diesen aufrechten Zweigen, am stark hängenden Blüthenstande stehen die kleinen Blüthen fast wagrecht ab. Fruchtknoten und Kelchzipfel fast rund, letztere etwas abstehend, von lebhafter Orangefarbe mit einer nach unten stehenden umfassenden spitzen Bractee von licht lederbrauner Farbe besetzt. Blumenkrone goldgelb, die Zipfel ausgebreitet, etwas zurückgebogen. Die Genitalien gar nicht sichtbar. Fruchtknoten und Kelchzipfel kaum ½" lang, ersterer 4''' breit. Kronenblätter 5''' lang.

Tuss. nitida Beer.

Tillandsia nitida Hooker. Exotic Flora, tab. 218.

Die Pflanze bildet 4 Blätter von verschiedener Länge (3 bis 10"), welche ganz unbewehrt, kelchbildend zusammenstehen. Die ganze Pflanze ist bis auf die Kronenblätter dunkel olivengrün, glatt und glänzend. Der sehr dünne Schaft erhebt sich aufrecht (nach der Zeichnung) über 1½', ist stark verzweigt und mit schmalen, umfassenden, anliegenden, spitzen Bracteen spärlich besetzt. Die Blüthen stehen unordentlich und sparrig alle gegen aufwärts gerichtet. Fruchtknoten und Kelchzipfel, welche kaum zu bemerken sind, haben eine eirunde Form, sind 4''' lang und von einer kürzeren, von unten auf fest anliegenden Bractee begleitet. Die Kronenblätter sind ausgebreitet, rund, schmutzig gelb, 1''' breit und etwas länger. Die Genitalien sind gar nicht sichtbar.

Tuss. sessiliflora Beer.

(Tuss. cornucopia Dr. Bertero. Berl. Museum, 1821, Jamaica.)
Tillandsia sessiliflora Ruiz et Pav. Flora Peruv. et Chil., tab. 271.

Folgt die Beschreibung von Ruiz et Pavon:

Pflanze. Schaft einfach, ährig, Blüthen einzeln stehend, sitzend. Die Blätter zungenförmig, tiefrinnig (retusus).

Pflanze zweijährig, kahl.

Schaft 1' lang aufrecht, zierlich, rund, doppelt so lang als die Blätter, gegliedert, mit scheidenförmigen zusammengerollten, entfernt stehenden, länglichen stumpfen und gestreiften Schuppen besetzt. Laubblätter wurzelständig, sich wechselseitig anliegend, zierlich, flach, fast zungenförmig, tiefrinnig, gestreift, bei 1' lang, 1'' breit, die äusseren allmälig kürzer werdend. Die Aehre endständig, einfach, über ½' lang, aufrecht. Blüthen abwechselnd stehend, einzeln sitzend, mit eiförmigen spitzen concaven Bracteen umstellt. Kelchzipfel oval, stumpf gestreift. Kapsel eiförmig, spitz, dreiklappig, die äussern Klappen spreublättrig, die inneren zu innerst violett schwarz. Die Samen fahl gelb, lineallänglich, mit Papus gekrönt und speisgelben Zotten (villis).

Standort: an warmen Orten in Peru in der Provinz Huanuco.

Im November und December fanden die Verfasser diese Species mit Frucht beladen.

GUZMANIA Ruiz et Pavon.

Guzm. erythrolepis Ad. Brongn.

Flore de Serres, van Houtte, tab. 1089.

Laubblätter aufrechtstehend, mit einigen Längsfalten versehen, lang gedehnt, stumpf spitz endend, glattrandig, hellgrün, glänzend, an den Rändern bei einigen Blättern hell lederbraun, verwaschen gefärbt, über 1' lang, 2'' breit, die Herzblätter etwas kürzer. Stamm sehr dünn, von den Blättern ganz bedeckt. Schaft mit licht lederfarbigen Hochblättern (Bracteen) dicht besetzt.

Blüthenstand walzig keulenförmig, durch dicht anliegende, lebhaft blutrothe, eiförmige, in eine grüne Spitze endigende Bracteen gebildet, 4½" hoch, über 1½" breit. Blüthen zwischen den Bracteen einzeln erscheinend, schnell verwelkend, aufrecht, kaum ½" vorragend, rein weiss. Kronenzipfel aufrecht, stumpf spitz endend, an der Bractee anliegend. Knospe ebenso gefärbt, stumpf spitz endend. Der Schaft wird von den Laubblättern weit überragt, und ist überhaupt wenig sichtbar. Der Blüthenstand hingegen ist vollkommen sichtbar. Von den Genitalien ist nichts zu sehen, indem selbe viel kürzer als die aufrechten, eine Röhre bildenden Kronenblätter sind. Diese noch wenig verbreitete Art stammt aus dem Jardin des Plantes zu Paris und wurde von Linden auf der Insel Cuba gefunden und auch lebend eingeführt.

Guzm. tricolor Ruiz et Pav.

Ruiz et Pavon, Flora Peruviana et Chil., tab. 261.
Loddiges, Bot. Cabinet, tab. 462.
Exotic, Flora, tab. 63.
Lindley, Collectanea botanica, tab. 8.
Annales de Gand. III.
Flore de Serres, van Houtte, IX, tab. 918.

Wir haben sechs Abbildungen dieser schönen Pflanze. Jedenfalls ist Guzm. tric. in Exotic Flora eine Pflanze, welche nicht hierher gehört. Nicht minder zu berücksichtigen ist jene Abbildung in Lodd. Bot. Cabinet, indem auch hier Abweichungen in Form und Farbe sich zeigen; allein diese sind doch nicht so auffallend, dass sie Anlass gäben, hier eine andere gute Species vor sich zu haben, indem nur in den matter gestreiften Bracteen und in der fehlenden Purpurfarbe, welche den Uebergang der grünen, violett gestreiften zu den hochrothen Bracteen bilden, Veränderungen sich zeigen. Diese Unterschiede können durch Standort und Cultur herbeigeführt sein, oder der Zeichner hat nicht genau nachgebildet. Es bleibt daher nur Guzm. tricolor der Exotic Flora hier auszuschliessen und für sich als gute Species zu behandeln. —

Pflanze kaum 1' hoch, mit zahlreichen Blättern, welche alle steif aufrecht stehen; sie sind ganz unbewehrt, glatt, glänzend, hellgrün, mit den spitzen Enden manchmal überhängend, in Mitte 1" breit, am Grunde bauchig. Der Blüthenschaft erhebt sich steif aufrecht und ragt mit dem 5" hohen Blüthenstande über die Blätter weit vor. Die Bracteen sind am Schaft und Blüthenstande, steif aufrecht, etwas bauchig, anliegend, 1½" lang und ¾" breit. Erst in der Mitte bekommt der Blüthenstand eine schwach keulenförmige Gestalt. Hier ist derselbe 1¼" dick und endet in eine stumpf runde Spitze. Die Färbung der Bracteen ist auffallend, sehr verschieden.

Wir wollen von der Spitze des Blüthenstandes beginnen. — Hier sind die Bracteen dachziegelförmig über einander liegend und 1½" der Länge des Blüthenstandes lebhaft samtig hochroth, dann folgen zwei Reihen lebhaft hellvioletter Bracteen, und endlich finden sich bis auf den Grund lebhaft hellgrüne, mit breiten, entschieden rein begränzten Längslinien gezierte, am Rande violett verwaschene Bracteen. Diese Streifung mit dem hochrothen Gipfel zeichnet die Guzmania vor allen Bromeliaceen vortheilhaft aus. Die Blüthen erscheinen zwischen den Bracteen; sie sind aufrecht, rein weiss, etwas bauchig, wenig ausgebreitet. Zipfel ¾" lang, über 2''' breit. Manchmal sind die Kelchzipfel sichtbar. Genitalien kürzer als die Kronenblätter, daher nicht sichtbar.

Standort nach Ruiz et Pavon: Peruv. Gebirge bei Pillao und Chicahoassi auf Baumstämmen.

Blüthe: October, November.

Guzm. sympaganthera Beer.

Pourretia sympaganthera Ruiz et Pavon.
Guzmania tricolor. Exotic Flora, tab. 163.

Laubblätter 1" breit, nur gegen unten allmälig an Breite zunehmend, und zwar bis zu 1½", hier etwas an den Rändern eingerollt, bei 2' lang, allmälig spitz endend, lebhaft hell bläulich grün, ganz unbewehrt, glatt, glänzend. Schaft mit fahl gelblich grünen aufrechten, in eine lange schmale Lappe endigenden umfassenden Bracteen besetzt, sammt dem 6" hohen Blüthenstande über 1' hoch. Bracteen am Blüthenstande dachziegelförmig stehend, gegen das Ende eine schwache Keule bildend. Jene am Gipfel hell gleichmässig feuerroth, die übrigen hellgrün, mit einigen dunklen Längsstreifen und am Rande, besonders die Spitze, weinroth bemalt. Die zwischen den Bracteen kaum vorsehenden rein weissen Blüthen sind keulenförmig. Genitalien nicht sichtbar.

LAMPROCOCCUS Beer.

Lampr. fulgens Beer.

Aechmea fulgens Brong. Paxton, Mag. of Botany X, pag. 176. — Annales de Flore et de Pomone. — Flore van Houtte IV, 1846.

Die Abbildung in den Annales scheint nicht nach Aechm. fulgens, sondern nach Aechm. miniata Hort. gemacht zu sein. —

Laubblätter becherförmig zusammenstehend, am Ende ausgebreitet, abstehend, glänzend, fein sägezähnig, gleichmässig lebhaft grün, am

Grunde bauchig, hier 3'' breit und glattrandig, in Mitte 2'' breit, 1' 4'' lang, am Rande wellig, mit sehr kurzer Spitze am stumpf runden Blattende versehen. Der 5''' dicke Schaft und der 8'' hohe verzweigte Blüthenstand erheben sich aufrecht, mit Ausnahme der hellblauen Kelchzipfel und der 3''' langen, etwas flattrigen, hell lilafarbigen Kronenblätter, an allen Theilen glänzend, lebhaft blutroth gefärbt. Die Genitalien sind gar nicht sichtbar. Bracteen am Schafte, flatterig, missfarbig, hängend. Zweige nur 1'' dick, knieförmig hin und her gebogen. Beere eirund, sammt dem fleischigen, hellblauen, steifen, zusammengeneigten Kelchzipfel $\frac{1}{2}$'' lang, 4'' breit, sehr kurz gestielt. Die Beeren entwickeln sich alle zugleich, sind anfänglich hell grün roth, färben sich aber sehr schnell lebhaft blutroth. Die Verbindungs-Organe des jungen Sprosses sind bei 6'' lang, fingerdick, holzig und mit hellbraunen Scheiden umgeben.

Lampr. fulgens var. discolor Brong.

Aechmea discolor Hort. Aechmea fulgens discolor Brong. Bot. Mag., tab. 4293. — Annales de Gand. II, tab. 65.

Der Blüthenstand ist jenem bei Aechm. fulgens gleich, nur die Laubblätter variiren, indem bei Aechm. discolor die Unterflächen der Blätter lebhaft röthlich lila gefärbt sind. Die Kelchzipfel haben an mancher Pflanze eine dunklere Färbung, allein auch hierauf ist kein Werth zu legen, da ich von Aechm. miniata discolor Sämlinge gezogen habe, welche aus einer Beere Aechm. miniata und Aechm. miniata discolor erzeugten.

Lampr. miniatus Beer und
„ „ var. discolor Beer.

Aechmea miniata und Aechmea miniata discolor Hort. — Aechmea fulgens, Annales de Flore et de Pomone.

Laubblätter 2'' breit, 2' lang, lederartig, glatt, glänzend, am Grunde etwas bauchig, umfassend, hier ganzrandig, bei 3'' Länge angefangen, das ganze Blatt sehr fein, gleichmässig sägezähnig, mit ganz kurzer, stumpfer, brauner Spitze endigend. (Bei Lampr. glomeratus ist die Unterfläche der Laubblätter kräftig, hellgrün und mit weisslichem Anfluge wie bestäubt erscheinend; die Varietät „discolor" dagegen hat die Unterblattflächen glänzend, dunkel rubinroth, am Grunde mit grün verwaschen.) Die Laubbblätter bis zur Hälfte der Länge steif aufrecht, abstehend, dann in zierlichen Bogen nach allen Richtungen überhängend. Die Blattflächen haben wenig sichtbare, unregelmässige Längsfalten. Der überaus zierliche Blüthenstand und 4''' dicke Schaft über 2' hoch, steif aufrecht. Ersterer gleichmässig stark verzweigt und hierdurch rund und stumpf pyramidenförmig erscheinend. Zweige alle wagrecht abstehend, bei jeder Blüthe, entschieden knieförmig gebogen, sehr dünn, lebhaft fleischroth gefärbt. Knospe anfänglich hell erbsengrün, dann, bei halber Entwicklung, mit fleischroth reichlich bemalt, endlich hell lebhaft fleischroth, eine eiförmige glänzende Beere bildend. Die Kronenblätter schon bei dem ersten Vordrängen, lieblich himmelblau gefärbt. Diese Färbung zeigt auch die vollendete Blüthe, welche, 3''' lang, ihre stumpf runden Kronenblattzipfel gar nicht öffnet. Endlich, beim Abblühen, drehen sich die Kronenblätter, etwas länger werdend, schwach um sich selbst und zeigen eine reine helle Rosenfarbe. Die Blüthe erreicht die Länge von $^1/_2$''. Der am Grunde lebhaft braune Schaft wird zwischen den Blüthen sehr schön lackroth gefärbt und bleibt in kräftiger Gestalt bis zum Gipfel. Von unten auf ist der Schaft mit umfassenden, fahl hellgelb grünlichen, flattrigen, sehr dünnen und durchsichtigen, weichen, lanzettförmigen Bracteen besetzt, welche sich, obwohl hier nur sehr kurz, selbst zwischen der untersten Blüthenstand-Verzweigung finden. An den eirunden, fleischigen, glänzenden Beeren sind die ganz kleinen anliegenden, wie die Beeren gefärbten weichen Bracteen kaum sichtbar. Die Beere sitzt stiellos fest auf. Lampr. miniatus und Lampr. min. discolor sind wahrscheinlich die zierlichsten Formen dieser Gattung. — Bei allgemeiner Betrachtung erscheint der Blüthenstand von den hellgrünen, sehr zahlreichen Knospen begränzt, dann folgt die lebhafte Fleischfarbe der Beeren, gehoben durch die hell himmelblauen Blüthen, in deren Mitte der kräftige lackrothe Hauptstiel theilweise sichtbar ist.

Lampr. glomeratus Beer und
„ „ var. discolor Beer.

Aechmea glomerata und A. glom. discolor Hort.

Blüthenstand verzweigt, eine sehr dichte, stumpf pyramidale, 3'' hohe, 2$^1/_2$'' breite Aehre bildend. Schaft, Stielchen und Beeren sammt Kelchzipfel feurig zinnoberroth. Stielchen bei jeder Beere sehr stark knieförmig gebogen, die Beere 5''' lang und über 2''' breit. Blüthenkrone nicht geöffnet, bei 4''' lang, schön dunkel lila, mit purpur am Ende bemalt. Kronenblattzipfel mit rein weissem Rande. Im Verblühen verändert sich die Blumenfarbe in hell weinroth und endlich in schmutzig strohgelb. Der Schaft ist bei 5''' dick, vom Grunde aus grün, dann roth gefärbt, mit kurzen, sehr hinfälligen, anfänglich rothen, dann missfarbigen Bracteen sparsam besetzt.

Lampr. ramosus Beer.

Brom. ramosa et racemoso etc. Plumieri Plant. Americ., tab. 64.

Pflanze einen dichten Büschel zungenförmiger, aufrechter, ganz gleich hoher, über 2' langer, in Mitte $1^3/_4$" breiter, selbst über das runde Ende fein sägezähniger Laubblätter bildend, welche am Grunde wenig umfassend, dann beiderseits stark eingebogen sind, desshalb bis zur halben Länge schmäler erscheinen. Der Blätterbüschel ist oben trichterförmig erweitert und umschliesst den aufrechten, vom Grunde aus über 4' langen Schaft sammt Blüthenstand. Der Schaft ist 5''' dick, mit einigen flattrigen, weichen, 2 bis 3" langen, schmalen Bracteen, selbst bei jedem Zweige am Blüthenstande besetzt. Der Blüthenstand trägt mehrere abstehende, etwas aufgerichtete Aeste, welche dicht mit runden, stumpf spitzen, erbsengrossen Beeren besetzt sind. Die Kelchzipfel sind fleischig, stumpf, etwas über 1''' lang, die Blüthenkrone kaum vorstehend. Den Gipfel des über 1' langen Blüthenstandes bilden ebenfalls dicht stehende Beeren. Von Bracteen an den Blüthen ist nichts bemerkbar.

Diese stattliche schöne Pflanze ist ihrem Blattwuchse nach einzig in ihrer Art. Van Houtte's Aechmea surinamensis dürfte wahrscheinlich diese hier beschriebene Prachtpflanze sein.

Lampr. corallinus Beer.

Aechmea corallina Brong.?

Die Pflanze stammt aus der Sammlung des Herrn Morel in Paris; sie ist hellgrün, glänzend. Laubblätter über 1' lang, etwas über 1" breit. Die Blätter bilden eine zierliche schmale Becherform. Blüthenstand verzweigt, von den Laubblättern weit überragt. Hochblätter missfarbig, hinfällig. Schaft und Stielchen schmutzig ochergelb. Beeren tief gefurcht, lebhaft zinnoberroth. Kelchzipfel etwas dunkler gefärbt, zusammen $^1/_2$" lang. Kronenblätter kaum geöffnet, aufrecht, rein weiss.

BILLBERGIA Holm et Thunberg.

Billb. pyramidalis Lindl.

Botanical Magazine tab. 1732.

Professor Lindley zieht auch Billb. nudicaulis Willd. hierher, wir werden aber diese Species sehr verschieden finden von Billb. pyramidalis. Die echte B. pyram. ist in den Sammlungen selten zu treffen, indem die noch schönere B. fastuosa, in den meisten Gärten sich als B. pyram. findet. Lindley war der erste, welcher eine Species Billbergia, die in den Gärten blühte, abbildete, wesshalb ich mich auch bewogen fand, mit dieser Species zu beginnen. Wenn man die Abbildungen der Billbergien, welche hierher gehören, mit einander vergleicht, so findet man, dass die meisten derselben als Varietäten von Billb. pyramidalis zu betrachten sind, allein eine wohlklingend benannte Pflanze ist auch angenehm.

Pflanze mit wenigen auf der Rückseite weisslich gebänderten aufrechten Blättern, diese steif, am Grunde über 1½" breit umfassend, gradlinig, 8" lang, allmälig in eine Spitze endigend. Am Rande gleichförmig, mit kleinen scharfen Sägezähnen besetzt, am Grunde weinroth, dann lebhaft grasgrün, mit mehreren mehr oder minder tiefen Längsstreifen versehen. Blüthenschaft, Fruchtknoten und Kelchzipfel sehr dicht, weiss wollig bekleidet. Bracteen am Schafte lebhaft weinroth, aufrecht, seidenartig, dünn, unbewehrt, mit etwas welligem Rande und stumpf spitzem Ende. Schaft und Blüthenstand steif aufrecht, durch viele aufrechte Blüthen, stumpf pyramidal gebildet. Blüthe sammt Fruchtknoten 2½" lang, erstere für sich über 1" lang. Kronenblätter eine Röhre bildend, deren Zipfel ausgebreitet, wenig übergebogen, gleichmässig leuchtend, glänzend ziegelroth, mit lebhaft blauer breiter Bemalung am Rande eines jeden Kronenblattzipfels. Griffel so lange als die Kronenblätter. Staubbeutel gelb, Fäden weiss, beide kürzer als die Kronenblätter, aber zwischen denselben sichtbar, Blüthen ohne Bracteen.

Hauptmerkmal dieser Species: Blüthenschaft, Fruchtknoten und Kelchzipfel rein weiss, stark wollig bekleidet. Bracteen ganz gleichfärbig, lebhaft weinroth.

Billb. pyramidalis var. bicolor Lindl.

Botanical Register, tab. 1181.

Eine schöne Pflanze mit aufrechten, am Grunde verbreiteten hier stark umfassenden, 2½' langen, 1¾" breiten Laubblättern geziert, welche weich spitz enden, und deren Ränder mit feinen, scharf spitzen braunen Sägezähnen bewaffnet sind, die Aussen- und Innenfläche derselben ist licht saftgrün, auf der Aussenseite sieht man schmale, regelmässige, blass weisse Querbinden.

Blüthenstand steif aufrecht, von den Laubblättern weit überragt, thyrsusförmig. Schaft, Fruchtknoten und Kelchzipfel auf hell fleischfarbem Grunde, weiss wollig bekleidet. Hochblätter hell rosafarbig, in Mitte mit dunkler verwaschener, rein weisser Spitze. Kronenblätter blutroth, gegen unten fast weiss, röhrenförmig zusammenstehend, unten etwas bauchig. Kronenzipfel aussen lebhaft dunkelblau, innen hell lila, ungleichförmig, etwas zurückgeschlagen. Kelchzipfel mit weisser Spitze.

Staubbeutel goldgelb, aufrecht vieles kürzer als die Kronenblätter. Pistil mit schraubig gedrehtem Ende, hier lilafarbig. Staubfäden weiss. Diese Pflanze ist sehr verschieden von B. pyram., durch kräftigen Bau und Blüthenfarbe. Prof. Lindley gibt ihr eine grosse Verbreitung in Südamerika.

Billb. pyramidalis var. minor. Antoine et Beer.

Pitcairnia decora? Linden? — Billbergia decora Hort.

Diese Species ist wohl die kleinste an Gestalt und in den Gärten sehr häufig als B. nudicaulis und B. decora Linden benannt zu finden. Blüthenstand aufrecht, Blüthen wenige, lebhaft blutroth mit blau berandeten Zipfeln, diese fast regelmässig, aber wenig zurückgeschlagen. Schaft und Fruchtknoten weiss gelblich, sehr wenig filzig. Kelchzipfel stumpf spitz, hier hell lederbraun, dann licht fleischfarb gefärbt, weiss filzig bekleidet. Hochblätter (Bracteen) am Schafte hell schmutzig rosa, zunächst den Blüthen mit grüner Spitze, weiter unten aber mit laubblattähnlicher, kaum $^1/_4$" langer Spitze endigend.

Schaft und Blüthenstand 10" lang, Blüthenstand $2^1/_2$" hoch, $1^1/_2$" breit, Schaft überall zwischen den Hochblättern sichtbar. Laubblätter, am Grunde etwas bauchig umfassend hier 3" breit und verwaschen schmutzig weinroth. Blattfläche eine tiefe Rinne bildend, in Mitte $1^3/_4$" breit, an den Rändern ungleichmässig, fein sägezähnig, mit feiner weicher Spitze endigend. Die längsten Blätter sind 10" lang, sie stehen alle steif aufrecht und sind ziemlich zahlreich. Da diese Species im Januar blüht, so erscheint sie doch, trotz der minderen Pracht, wünschenswerth für jene Sammlung.

Billb. nudicaulis Beer.

Bromelia nudicaulis Linné, Bot. Register, t. 203. — Sertum botanicum, van Geel, t. 150.

Laubblätter 2" breit, am Grunde wenig umfassend, steif aufrecht, dann etwas übergebogen, bei 10" lang, lebhaft grün, mit kräftigen Längsstreifen versehen, am spitzen Ende etwas übergebogen, gleichmässig, mit scharfen schmutzig braunen Sägezähnen besetzt.

Blüthenschaft steif aufrecht, zwischen den Laubblättern bei 6" vorragend, hellgrün. Bracteen fahl lederfarb. Blüthen an $^1/_2$" langen Stielchen sitzend, diese und der Fruchtknoten weiss, etwas filzig bekleidet. Kelchzipfel aufrecht, tief geschlitzt, filzig, hell weinroth bemalt, von der Blüthenkrone etwas abstehend. Kronenblätter sehr weit geöffnet, ungleich zurückgeschlagen oder zurückgebogen, $1^1/_2$" lang; geöffnet hat die Blüthe $1^3/_4$" Durchmesser, sie ist von Farbe lebhaft glänzend, blutroth, am Rande schmutzig, bläulich bemalt. Knospe etwas nach aussen gebogen, stumpf endend, lebhaft blutroth mit blau reichlich bemalt.

Die Blüthen stehen alle weit vor, die Bracteen umgeben die Blüthen aufrecht, ohne die Stielchen zu bedecken, an den Blüthen keine Bractee.

Hauptmerkmal dieser Species: Die schmutzig lederfarbigen Bracteen am Schafte.

Billb. bicolor Loddiges.

Bot. Cabinet, tab. 19. — Billbergia Loddigesii Steudel.

Laubblätter den Blüthenstand weit überragend, nach verschiedenen Richtungen unordentlich abstehend, daher die Aussenblätter bis auf dem Grunde sichtbar.

Die Blätter am Rande wellig, sehr fein sägezähnig, mit langgedehnten, übergebogenen spitzen Enden, glänzend hellgrün, mit schönen dunkelgrünen Querbinden geziert, 1' lang, 1'' breit. Schaft steif aufrecht, 4''' dick, hellgrün, weissfilzig bekleidet. Bracteen wenig umfassend, aufrecht, anliegend, schmutzig gelblich, sehr licht weinroth. Fruchtknoten und Kelchzipfel etwas bauchig, fast eirund, letztere tief geschlitzt, beide 7''' lang, 4''' breit, Stielchen 3''' lang, filzig weisslich, mit matt weinrothen Fleckchen geziert.

Blüthenstand 2½'' hoch, 2'' breit. Die flatterigen, 1'' breiten, offenen Blüthen überragen die Knospen. Kronenblätter bläulich blutroth, mit dunkelblau bemalt, weit geöffnet, zungenförmig, etwas zurückgeschlagen. Knospe stumpf, kugelförmig, von Farbe der offenen Blüthe, nur ½'' lang. Staubfäden aufrecht, zusammenstehend, hellroth. Staubbeutel länglich goldgelb, um ¼'' kürzer als die 1½'' langen Kronenblätter. Griffel weiss, Narbe gedreht, lebhaft blau.

Hauptmerkmal dieser Species: Die auf lichtem Grunde dunkelgrün beränderten Laubblätter.

Billb. thyrsoidea Martius.

Botanical Magazine, tab. 4756.

Laubblätter alle am Grunde etwas abstehend, dann steif aufrecht eine tiefe Rinne bildend, am Grunde stark umfassend, hier glattrandig, dann bei 3''' Länge angefangen gleichmässig, klein sägezähnig. Die schwache Stachelspitze etwas zurückgebogen, 1½' lang, in Mitte 2'' breit, am Grunde fast 3'' breit. Schaft und Blüthenstand steif aufrecht, Bracteen am ersteren, Kronenblätter und Knospe ganz gleichfärbig, hell weinroth. Schaft hellgrün, ins röthlich hellgelbe übergehend. Stielchen, Fruchtknoten und tief geschlitzte, anliegende Kelchzipfel weisslich, reichlich gelblich roth bemalt, filzig. Knospe keulenförmig, gebogen, 1¼'' lang, 3'' breit. Kronenblätter 1¾'' lang, vom Grunde auf eine ¾'' lange Röhre bildend, dann flach ausgebreitet, zungenförmig, glänzend, einfach zurückgerollt. Der Blüthenstand 5" hoch, 3 ½" breit, sehr reichblüthig. Die rothen Bracteen am Schafte enden mit erbsengrüner Spitze.

Hauptmerkmal dieser Species: Der ganz gleichfärbig hell weinrothe Blüthenstand, ohne blauen Anflug oder Bemalung.

Billb. Croyiana Lemaire.

Jardin fleuriste, IV, tab. 413.

Laubblätter am Grunde eine Röhre bildend, bauchig tiefrinnig, auf der Unterfläche lebhaft aber sehr schmal, weisslich, der ganzen Länge nach gebändert, am Rande tief sägezähnig, das stumpf spitze wehrlose Ende 1" lang übergebogen. Schaft und Blüthenstand steif aufrecht, sehr kräftig. Ersterer hellgrün, etwas weiss mehlig bestäubt. Bracteen hier sehr zahlreich, aufrecht abstehend, gegen den Blüthenstand einen abstehenden, gleich hohen Kranz bildend. Blüthenstand bei 4" hoch und eben so breit, durch die gleichförmig nach aussen gebogenen, strahlenförmig dicht stehenden, sehr zahlreichen Blüthen und Knospen — halbkugelförmig gebildet. Bracteen und Blüthen lebhaft blutroth, an den Spitzen hier überall blau bemalt. Fruchtknoten gelblich. Kelchzipfel rein weiss, blutroth punktirt, beide filzig bekleidet. Stielchen eben so gefärbt und 1‴ lang. Knospe gegen aussen gebogen, stumpf pfriemenförmig, 1 ½" lang, 3‴ breit. Kronenblätter 1 ¾" lang, bauchig zusammenstehend, dann flach ausgebreitet, am Ende wenig zurückgebogen, glänzend.

Hauptmerkmal dieser Species: Die gleichfarbigen Bracteen und Blüthen, welche beide blau bemalt sind.

Unter obigem Namen befindet sich in den Sammlungen eine der Billb. nudicaulis sehr nahe stehende Form; sie ist jedoch nur als Varietät von Billb. nudicaulis zu betrachten und ist von Billb. Croyiana ganz verschieden.

Billb. fastuosa Beer.

Pitcairnia fastuosa. Morren, Annales de Gand. III, tab 412. — Bromelia pyramidalis, Reichenbach. Hortus botanicus pag. 22, tab. 156.

Laubblätter bei verschiedener Cultur auch verschieden lang und breit. Bei guter Zucht sind die Laubblätter 2" breit, 1' 10" lang, sehr schwach und klein, sägezähnig, ohne Stachelspitze, auf der Oberfläche lebhaft grasgrün, am Grunde dunkelbraun bemalt. Untere Blattfläche dicht weiss kleiig überzogen, mit schmalen grünen Querbinden geziert, am Grunde tiefrinnig, ganzrandig, wenig umfassend, am Rande der ganzen Länge nach wellig. Die ersten Blätter der 2' hohen Pflanze sind von verschiedener Breite und Länge (6" u. s. w.); sie sind an den Rändern etwas eingerollt und, so wie alle Blätter dieser schönen Pflanze, nach allen Richtungen abstehend.

Schaft und Blüthenstand steif, gerade, oft eine sanft gebogene Linie nach aufwärts beschreibend, sehr kräftig, vom Grunde aus 1' 10" lang, ersterer $^{1}/_{2}$" dick, lebhaft licht grün, mit wenigem weiss wolligem Anfluge. Bracteen lebhaft hellroth, weich, anliegend, nicht umfassend, mit laubblattähnlicher, hell weisslich grüner, fein sägezähniger, welliger, stumpf zugespitzter, bei 1" langer Spitze. Die Bracteen verlaufen am Schafte sichtbar in einer langen geraden Narbe; gegen den Blüthenstand zu nehmen dieselben an Länge zu und verlieren die laubblattartige Spitze gänzlich. Sie sind hier 4" lang, etwas schmutzig hellroth, mit sehr geringem Anfluge von weisser Wolle. Blüthenstand 6" hoch, 4" breit; bei den unteren Blüthen findet sich ein Bracteen-Rudiment am Stielchen. Knospen und geöffnete Blüthen feurig, fleischroth, blau bemalt. Fruchtknoten $^{3}/_{4}$" lang, fast stiellos, hellgrün mit stark mehligem Ueberzuge. Kelchzipfel stumpf spitz, tief geschlitzt, $^{3}/_{4}$" lang, lebhaft hellroth, mit weiss mehligem Anfluge. Kronenblätter glänzend, 4''' breit, vom Grunde aus eine etwas bauchige Röhre bildend, 1$^{3}/_{4}$" lang, die Zipfel wenig zurückgebogen. Blüthe weit geöffnet.

Staubfäden dicht beisammenstehend, weiss, Staubbeutel goldgelb. Griffel lebhaft blau, die Staubfäden überragend, — beide aber kürzer als die Kronenblätter. Die nach allen Richtungen strahlenförmig gestellten Blüthen bilden eine halb runde Blüthenmasse von prachtvollem Ansehen.

Hauptmerkmal dieser Species: Die auf der Kehrseite weissen, mit grünen schmalen Querbinden gezierten Laubblätter; die lebhaft rothen Kelchzipfel; der grüne Schaft.

Billb. splendida Lemaire.

Jardin fleuriste II, tab. 180, 181.

Diese herrliche Species unterscheidet sich durch die Laubblätter schon vollkommen von den übrigen Species dieser Gattung.

Die Laubblätter stehen, vom Grunde aus aufstrebend, alle strahlenförmig ab und nehmen an Länge allmälig zu, so zwar, dass die untersten eine stark umfassende bauchige Schale mit kurzem, schmalem Ende, die oberen hingegen, obwohl im Grunde gleich gefärbt, eine bei 2' lange, 1$^{3}/_{4}$" breite, tiefrinnige, scharf sägezähnige, stumpf endende Blattfläche bilden, welche, von lebhaft grüner Farbe und mit einigen dunkleren Querbinden versehen, der Pflanze auch ohne Blüthe zur Zierde gereichen.

Schaft und Blüthenstand sind vom Grunde aus steif aufrecht, und letzterer allein 6" hoch und 5" breit. Der hellgrüne, etwas weiss bereifte

Schaft ist sehr weich und dicht mit nicht umfassenden, steif aufrechten, weichen, gleichfarbig lebhaft rothen, an der Spitze bräunlich endenden, 4'' langen, $\frac{1}{2}$'' breiten Bracteen besetzt, welche endlich den Blüthenstand, gleich hoch, im dichten, lebhaft rothen Kranze umgeben. Blüthenstand durch eine grosse Anzahl sehr dicht beisammenstehender Blüthen und Knospen geziert, welche strahlenförmig abstehend eine prachtvolle, fast kugelrunde Gestalt bilden. Blüthe und Knospe lebhaft scharlachroth. Die Kronenblattzipfel sind nur sehr wenig blau bemalt und etwas zurückgerollt.

Die Knospen sind alle nach aussen gebogen, stumpf pfriemenförmig, am Ende blau bemalt. Fruchtknoten wenig sichtbar, hell gelbgrün. Kelchzipfel stumpf, anliegend, auf weissem Grunde licht weinroth gepunktet, beide weiss filzig bekleidet. Diese Species ist unstreitig die schönste von allen bis jetzt bekannten Billbergien.

Hauptmerkmal dieser Species: Der scharlachrothe Blüthenstand mit den blauen Enden.

Die nur $\frac{1}{2}$'' breiten, steif aufrechten, gleich langen Hochblätter (Bracteen).

Die oben genannte Abbildung erreicht bei weitem die Schönheit dieser Pflanze nicht.

Billb. punicea Beer.

Billb. fasciata splendens Hort.

Pflanze schlank aufrecht, jedes Laubblatt bis auf den Grund frei, die unteren kürzer, die oberen bedeutend länger, alle steif aufrecht, nur einige etwas überhängend. Blüthenstand von den Laubblättern weit überragt. Laubblätter am Grunde den dünnen Stamm ganz umfassend, bauchig, mit schmalem, braunem, unbewehrtem Rande, dann der ganzen Länge mit sehr feinen Sägezähnen bewaffnet, die Blattenden steif, braun, holzig, spitz. Aussenseite bis über die halbe Blattlänge mit gleichmässig 1$\frac{1}{2}$'' breiten weissen Querbinden geziert. Alle Laubblätter in Mitte gleich breit (2''), die unteren 1' 3'', die oberen Laubblätter aber 2$\frac{1}{2}$' lang. Schaft steif aufrecht, auf hell verwaschen weinrothem Grunde stark mehlig bestäubt, von den anliegenden Hochblättern fast ganz bedeckt, 6''' dick. Hochblätter lebhaft gleichmässig scharlachroth, mit dunkelblau rother langgedehnter Spitze, am Grunde verwaschen gelbroth. Fruchtknoten fast stiellos, gefurcht, dunkel rosa, stark, weiss mehlig bestäubt, 3''' dick und 6''' lang. Kelchzipfel am Grunde bauchig, tief geschlitzt, etwas eingebogen, stumpf, — verlängert spitz endend, 9''' lang, am Grunde zusammen verwachsen und hier gleichmässig 4''' dick, auf hell scharlachrothem Grunde fein weiss dicht bestäubt. Kronenzipfel der ganzen Länge nach gleichmässig feurig scharlachroth, nur an den Zipfelrändern — schwach lila verwaschen gefärbt, eine Röhre bildend, dann mit den Enden zurückgebogen, vom Grunde aus 2'' lang und 4''' breit. Staubfäden rein weiss, 1½'' lang. Staubbeutel aufrecht, fast 3''' lang, — hoch goldgelb. Griffel aufrecht, vom Grunde aus rein weiss, gegen die Narbe lebhaft lila bemalt. Narbe gedreht, tannenförmig, lebhaft dunkel lila gefärbt. Griffel und Narbe zusammen 1¾'' lang. Knospe pfriemenförmig, etwas gegen aussen gebogen, an der stumpfen Spitze dunkel lila bemalt. Schaft sammt Blüthenstand 18'' lang, letzterer für sich 5½'' lang und nur 1'' dick. Stamm dieser auffallenden Art 8'' lang und 1'' dick. Diese Gattung besitzt 23 Laubblätter.

Nachdem schon eine Billb. splendida vorhanden, habe ich nöthig gefunden, den Garten-Namen „Billb. fasc. splendens" einzuziehen.

Merkmal dieser Art: Der ganz gleichfarbig lebhaft scharlachrothe Blüthenstand und die ganz gleichfarbigen Hochblätter.

Billb. Paxtonii Beer.

Billbergia thyrsoidea, Martius. Paxton's Flower Garden III, t. 74. — Jardin fleuriste, t. 267.

Nachdem ich nicht herausfinden konnte, welche der zwei Abbildungen mit Namen Billbergia thyrsoidea jene ist, die Herr v. Martius in Brasilien fand und die sich in Römer und Schultes Seite 1260 unter „Billbergia thyrsoidea von Schultes fil." beschrieben findet, — habe ich mich bewogen gefunden, jene Form, welche Paxton abbilden liess, von Billb. thyrsoidea zu trennen, und nun zu benennen, indem diese Form nur allein in Paxton F. G. zu finden ist.

Laubblätter steif aufrecht, glatt, gleichfarbig, lebhaft grasgrün, nur auf der Aussenseite mit einigen wie angehauchten weisslichen schmalen Querbinden geziert, am Rande ganz fein sägezähnig, an der Spitze bei 1'' lang, entschieden übergebogen, 1' lang, 2½'' breit, am Rande etwas wellig. Die Laubblätter stehen am sehr dünnen Stamme sich verschmälernd beisammen und bilden daher eine Becherform.

Blüthenstand eine Keule bildend, von prachtvoll leuchtender Rosafarbe. Der Schaft ist von den vollkommen regelmässig, dachziegelförmig aufrecht stehenden Bracteen ganz bedeckt, und diese bilden bei den Blüthen eine zackige Krone von ganz gleicher Höhe. Die Blüthen stehen alle aufrecht, gegen innen gebogen, und bilden daher eine rein begränzte Keulengestalt. Kelchzipfel auf rosa Grunde, lebhaft hochroth bemalt und rein weiss eingefasst. Kronenblätter alle steif aufrecht, kaum geöffnet, lebhaft fleischfarbig, 1'' lang, 3''' dick. Die aufrechten gelben Staubbeutel stehen zwischen den fast geschlossenen Kronenblättern vor. Knospe unterscheidet sich sehr wenig von der geöffneten Blüthe. Der Blüthenstand erscheint rund und dicht geschlossen, und hat bei 3" Höhe $2\frac{1}{2}$" Durchmesser.

Merkmal dieser Species: Der gleichfarbige, dicht keulenförmige Blüthenstand.

Unterabtheilung: Cremobotrys.

Billb. zebrina Lindl.

Loddiges Botanical Cabinet, tab. 1912. — Botanical Magazine, tab. 2686. — Sertum botanicum van Geel.

Die Billbergia farinosa der Gärten unterscheidet sich von Billb. Zebrina nur dadurch, dass bei ersterer die Laubblätter nicht mit weissen Querbinden geziert sind, allein auch dieses Merkmal ist nicht constant, indem hier sehr viel auf den Standort der Pflanzen ankommt. Ich habe bei jenen Pflanzen von B. Zebrina, welche in sehr schattigen feuchten Stellen des Hauses cultivirt wurden, die wichtige Bemerkung gemacht, dass die Laubblätter hier an Länge (bis $4\frac{1}{2}$' lang) bedeutend zunehmen, aber dass sich dann die Querbinden ganz verlieren, daher die Blätter schön gleichmässig dunkelgrün wurden, wo ich anderseits an B. farinosa die Bemerkung machte, dass diese Pflanze an hellen heissen Standorten kürzere, aber gebänderte Blätter bildete. Diese Erscheinung ist dann sehr auffallend, indem die ersen Sprossen solcher Pflanzen in der ganzen Erscheinung viel robuster, aber auch der Mutterpflanze durch die schön gebänderten Blätter ganz unähnlich werden. Das hier Bemerkte werde ich an seinem Orte zu erklären suchen.

Wir haben hier eine der ältesten Species vor uns, welche unseren Sammlungen zur grossen Zierde gereichen. Im Jahre 1816 erschien schon die erste Abbildung von Billb. Zebrina. Es wird wenige Pflanzenfreunde geben, welche sie nicht schon in Blüthe gesehen, und doch ist dieses herrliche Gewächs noch immer ein Lückenbüsser in den Pflanzensammlungen. Dass sich unter den vielen Formen dieser Species, welche wahrscheinlich schon öfter frisch eingeführt wurden, mehrere Varietäten befinden, ist gewiss, allein die Unterschiede sind nicht erheblich. So zeigt die Abbildung in Lodd. Bot. C. mit jener im Bot. Mag. und ebenso die im Sertum Botanicum, jede eine merklich verschiedene Pflanze, welche nicht durch eine unrichtige Zeichnung entstanden sein dürften.

Die Laubblätter finden sich je nach dem Standorte, ganz steif aufrecht, oder sie hängen bei bedeutenderer Länge schlaff über, aber immer bilden sie eine rein runde, vom Grunde aus gleich dicke Röhre von 2'' Durchmesser, die Breite beträgt 2 ½'' und zwar der ganzen Länge nach gleichmässig. Die Ränder sind schwach sägezähnig, das Blattende zungenförmig ohne Stachelspitze. Das ganze Blatt bildet eine gleichmässige tiefe Rinne. Das röhrenförmige Zusammenstehen der Laubblätter variirt von 1 bis 2' Höhe. Die Farbe ist lebhaft dunkelgrün, mit mehr oder minder starker, gut begränzter weisser Querbänderung, diese besteht aus einer kleiigen Masse, welche sich von der Blüthe wegreiben lässt. Gewöhnlich finden sich diese Bänder nur am untern Theile der Pflanze und zwar meistens auf der Unterfläche der Laubblätter. Aus den röhrenförmig zusammenstehenden, sich gegenseitig anschliessenden Laubblättern, deren gewöhnlich nur 4 sich finden, erhebt sich der stark überhängende Blüthenschaft und wächst sehr schnell bis zu der Länge von 4 ½', er ist der ganzen Länge nach mit etwas flatterigen seidenartig weich und glänzenden prachtvoll hochroth gefärbten, bis ½' langen und über 1'' breiten Bracteen vom Grunde aus besetzt, und diese finden sich auch selbst an dem unverzweigten 1' langen Blüthenstande zwischen den Blüthen. Schaft, Fruchtknoten und Kelchzipfel rein weiss, sehr stark wollig bekleidet. Schaft 3''', ganz gleichmässig dick. Fruchtknoten etwas knotig, so lang als dick. Kelchzipfel anliegend, tief geschlitzt, 4''' lang. Blumenkronenblätter 2'' lang, bis zu dem Kelchzipfel schneckenlienig zurückeingerollt. Staubfäden weiss. Staubbeutel blau, Griffel kaum länger als die Staubfäden, beide nahe beisammenstehend. Knospe hellgrün, glänzend pfriemenförmig, 2'' lang. Die stark überhängende Traube trägt einzelne und etwas abstehende, zahlreiche, ganz freie Blüthen. Die Kronenblätter sind anfangs hellgrün, dann nach dem Zurückrollen, welches sehr schnell geschieht, lebhaft gelbgrün.

Billb. Porteana Brong.?

Diese Pflanze führte Morel in Paris aus Brasilien ein. Obwohl sie gewiss nur eine Varietät der Billb. Zebrina ist, so mag ihr doch der Name bleiben, da sie in den Sammlungen schon stark verbreitet ist.

Sieben Laubblätter, alle sehr steif aufrecht, 3 ½' lang, bei 3'' breit, am Grunde nicht sägezähnig, dann aber scharf sägezähnig, mit weicher Spitze, ganz gleich breit, vom Grunde aus eine 2'' dicke Röhre bildend, dunkel schmutzig grün, mit schwacher weisslichter Bänderung aber nur auf der Aussenseite der Blätter geziert. Der Schaft ist verhältnissmässig dünn (3'''), vom Grunde aus 4 ½' lang, stark überhängend, mit lebhaft fleischrothen, auf der inneren Seite lichteren, stark abstehenden, über ½' langen, an den Rändern eingerollten, weichen, wie Seide glänzenden, mit hell grüner Spitze versehenen Bracteen besetzt.

Blüthenstand sehr loker. Schaft, Fruchtknoten und Kelchzipfel stark weiss wollig bekleidet, letztere mit einigen schmutzig blauen Längsstreifen geziert. Kronenblätter hell gelb grün, über $2\frac{1}{2}''$ lang, dütenförmig, schneckenlinig bis zu den anliegenden Kelchzipfeln sehr stark zurückgerollt. Staubfäden, $2''$ lang, Pistil $2\frac{3}{4}''$ lang, erstere auf graulichtem Grunde blau bemalt, letzterer ganz blau, beide nahe zusammenstehend. Griffel von gleicher Länge mit den Blumenblättern.

Form des Blüthenstandes ganz wie bei Billb. Zebrina.

Billb. violacea Beer.

Brom. sp. Brasil., durch Appun gesammelt.

Ganze Pflanze sehr leicht grüngelb, sparsam mit weissen Querbinden geziert, durch die inneren steif aufrechten Laubblätter eine schlanke nur $1\frac{1}{2}''$ weite, aber über $2'$ lange Röhre bildend, nur die Enden dieser Blätter hängen herab. Aeussere, also untere Laubblätter weit abstehend, schlaff überhängend. Alle gleich breit ($2\frac{1}{2}''$) und bei $4'$ lang, mit ziemlich entfernten scharfen Sägezähnen besetzt. Laubenden stumpf spitz. Blüthenschaft entschieden überhängend, am Grunde glatt, dann reichlich sammt den Fruchtknoten und Kelchzipfel weiss mehlig bestäubt. Blüthenschaft sammt Blüthenstand $4'$ lang, erstere von Grund aus, mit eingerollten umhüllenden, dunkel violetten, etwas steifen, gänzlich unbewehrten, Hochblättern (Bracteen) besetzt. Diese ändern, je näher sie den Blüthen stehen, ihre Farbe, werden endlich rein weiss und lebhaft dunkel weinroth gefärbt. Fruchtknoten eirund, gross, unförmlich hökerig, auf fast schwarzgrünem Grunde, weiss mehlig, der dunkle Grund liegt theilweise bloss. Knospe pfriemlich rund bei $2\frac{1}{2}''$ lang sehr hellgelb. Geöffnete Blüthe, Kronenblätter schneckenlinig der ganzen Länge nach zurückgerollt, hochgelb. Genitalien weit vorgestreckt, an einander anliegend, Griffel vorragend, sämmtlich am Grunde hell, schmutzig grün, am Ende bläulich.

Billb. incarnata Beer.

Brom. incarnata Ruiz et Pavon. Flora Peruv. et Chil., tab. 255.

Es folgt hier die Beschreibung von Ruiz et Pavon:

Pflanze: Laubblätter sägezähnig und stachelspitz, mit einfacher überhängender Traube, die sehr grossen unteren Bracteen lanzettlich. Pflanze perennirend und äusserst schön.

Stengel einzeln aufrecht, $2'$ lang, rund knotig, ganz einfach, unterhalb mit Blättern, oberhalb mit Bracteen besetzt. Laubblätter unten umfassend, von der Mitte an sägezähnig, kleiig, die unteren Blätter länglich, stumpf spitz, $2'$ lang, die oberen Blätter länglich, schwertförmig, die Dornen (Zähne) schwarz-roth. Bracteen abwechselnd, gestreift, hochroth. Blüthenstand endständig, 1' hoch, überhängend (flexuosus), weiss, wellig, vielblüthig. Blüthe spärlich (zerstreut) sitzend, überall mit lanzettförmigen hochrothen Bracteen besetzt. Kelch oberständig, bleibend. Kelchzipfel weisslich mit purpur bemalt, dreitheilig, lappig, lanzettförmig, spitz zulaufend, aufrecht, viermal kürzer als die Blumenblätter. Blumenblätter drei, lanzettförmig, spitz zulaufend, aufgerichtet, röthlich violett, im Verblühen stark schneckenlinig zurückgerollt. Staubfäden purpurfarbig. Staubbeutel gelb. Griffel purpurfarbig, länger als die Krone. Samen sehr viele, klein und braun.

Standort: An den Abhängen der Anden, unter Bäumen bei Pozuzo.

Blüthezeit: September, October. Ruiz et Pavon.

Es ist beachtenswerth, die Abbildung dieser Pflanze mit der trefflichen Beschreibung zusammenzuhalten, um sich zu überzeugen, wie selbst in Werken mit sehr guten Zeichnungen gänzlich verbildete Darstellungen sich finden.

Billb. vittata Morel?

Paxton, Flower Garden III, tab. 77. — Jardin fleuriste III, tab. 271.

Die steif aufrecht stehenden Laubblätter eine $2\frac{1}{2}''$ dicke Röhre bildend, in der Höhe von $1\frac{1}{2}'$, dann ein inneres Laubblatt alle Blätter überragend, 3' lang. Alle Laubblätter zungenförmig, zurückgeschlagen endigend, von Grund auf fest anliegend, dann mit einemmale wagrecht abstehend; Sägezähne schwarz, sehr scharf, glatt, wie aus Blech geschnitten. Laubblätter fast gleichmässig, 3" breit, mit verschieden breiten, ganz scharf begränzten weissen Querbinden, innen und aussen reichlich geziert. Der junge Spross dieser Pflanze hat hingegen eine bedeutend andere Gestalt. — Laubblätter fast schlaff überhängend, 3' lang, $1\frac{1}{4}''$ breit, eine gleichförmige Rinne bildend, — bis auf den Grund frei, endlich ist das jüngste Blatt steif aufrecht, im jungen Zustande schon über 2" breit. (Erst nachdem die Pflanze die blühbare Stärke erreicht hat, bilden sich die Laubblätter nach obiger Beschreibung.) Blüthenstand prächtig, sammt dem Schafte stark überhängend. Bracteen flattrig hängend, weich und glänzend wie Seide, lebhaft licht fleischroth, $\frac{1}{2}'$ lang. Schaft und Stielchen licht schmutzig gelb-grün. Fruchtknoten und Kelchzipfel, welche etwas abstehend und sehr tief geschlitzt sind, eigenthümlich röthlich nanquinfarbig. Kronenblätter $1\frac{1}{2}''$ lang, einfach, gegen innen eingerollt, am Grunde röhrenförmig, hier licht strohgelb, dann in blutroth und endlich an den Zipfeln in dunkelblau übergehend.

Staubfäden am Grunde hell rosa, dann hellgelb. Staubbeutel tief orangefarben; Griffel diese überragend, Narbe hellblau, beide so lang als die Kronenblätter. Genitalien sehr nahe beisammenstehend.

Die Uebergänge der hier so sehr verschiedenen Farben sind nicht zu beschreiben; es bleibt daher nur übrig, die Farben zu nennen.

Der Blüthenstand ist sehr kräftig, bei 1' lang. Die Blüthen stehen in fast stiellosen Büscheln zu zweien oder dreien beisammen und bilden eine reiche Traube von prachtvollem Ansehen.

Billb. amabilis Beer.

Billbergia Moreliana, Hort. Jardin fleuriste II, tab. 148. — Gardener's Magazine of Botany III, tab. 33.

Aus einer Species „Morel Brasil." ist „Billb. Moreliana" entstanden. Im Ganzen ist diese Species der Billb. vitata sehr ähnlich, allein in allen Theilen kleiner u. s. w.

Laubblätter 20" lang, 2" breit, mit schwarzen platten Sägezähnen besetzt, — ganz steif aufrecht, wie von Blech. Die Sägezähne beginnen erst bei der oberen Hälfte der Blattlänge; sie enden breit zungenförmig, mit zurückgebogener weicher Spitze. Durch das nahe Zusammenstehen der Blätter bildet sich eine vollkommen runde Röhre. Die Blätter sind innen und aussen schmutzig dunkelgrün, mit röthlichem Anfluge, und sind mit starken, weissen, verschieden breiten Querbinden geziert. Blüthenschaft stark überhängend, sammt Stielchen, Bracteen und Kelchzipfel lebhaft fleischroth. Fruchtknoten röthlich aschfarbig. Die Kelchblätter $^{3}/_{4}$" lang, die Zipfel wenig gegen aussen gebogen, hier lebhaft dunkelblau. Kronenblätter 1" lang, stumpf spitz endend, zwetschkenblau, eingerollt, am Grunde eine Röhre bildend, von hell gelb in dunkel blutroth übergehend, dann blau. Die orangegelben, nahe beisammenstehenden Staubbeutel und das blaue, letztere etwas überragende Pistil ragen beide weit aus der Blüthenröhre vor.

Diese zierliche Pflanze ist blühend sehr leicht von Billb. vittata zu unterscheiden, indem nicht allein die Farben, welche den Blüthenstand zieren, sehr verschieden sind, sondern hier auch der junge Spross genau so aussieht, wie die ausgebildete Pflanze. Auch hier, wie bei B. vittata, stehen wohl die Blüthen in Büscheln zu zwei bis dreien beisammen, aber die Kelchzipfel, welche bis zum Fruchtknoten geschlitzt sind, wie nicht minder die gekrausten Enden derselben, bilden auffallende Unterscheidungs-Merkmale von B. vittata.

Billb. Wetherellii Hook.

Botanical Magazine, tab. 4835. — Billb. dubia, van Houtte.

Laubblätter saftig grün, mit theilweise hellgelben Rändern, wenig bewehrt, innen und aussen lebhaft grasgrün, glänzend. Blattenden unbewehrt. Durch das dichte Anliegen der Laubblätter unter sich vom Grunde aus eine gegen die Mitte etwas bauchige Röhre bildend, welche an 6" lang und am oberen Ende 1½" breit, hier eine rein runde Oeffnung zeigt, aus welcher der 3‴ dicke, fleischige, weiss filzige Blüthenschaft überhängend sich entwickelt. Hochblätter (Bracteen) glatt, schlaff herabhängend, mit etwas aufwärts gebogener Spitze, zart rosa von innen, von aussen feuriger roth. Kelchzipfel weiss filzig der Länge nach rosa bemalt. Kronenblätter am Grunde gelblich, die Zipfel lebhaft blau. Befruchtungs-Organe kürzer als die Kronenblätter, hoch gelb von Farbe. Die Bracteen sind auch zwischen den Blüthen vertheilt.

Die Abbildung, welche sich von dieser sehr zierlichen Pflanze in oben genanntem Bot. Mag. findet, ist um mehrere Tage zu früh gemacht worden, indem, nach Exemplaren zu urtheilen, welche bei mir blühten, der Blüthenstand bei gänzlicher Entwicklung eine verkehrt pyramidale Form hat, die Blüthen aber alle wagerecht abstehen. Natürlich ist dann der ganze Blüthenstand um mindestens 3" länger und bei weitem schöner.

Jede Blüthe, die Stielchen und der merkwürdig verkümmernde Ansatz zu Seiten-Zweigen als kleine, 1‴ lange Zäpfchen — vollkommen sichtbar.

Billb. Glymiana Hort. Berol.

Diese zierliche Pflanze hat hinsichtlich der Blätter Aehnlichkeit mit Billbergia thyrsoidea Mart. — Laubblätter lebhaft grün, glänzend, aufrecht, zungenförmig, entfernt sägezähnig, mit weicher Stachelspitze, am Grunde umfassend, 10 bis 18" lang, bei 2" breit, auf der Unterfläche mit parallelen weisslichen Linien geziert. Blüthenschaft fein weiss bestäubt, zierlich überhängend, lebhaft hell rosenfarbig, auf weissem Grunde reichlich bemalt. Hochblätter in eine lange weiche Spitze endigend, am Grunde wenig umfassend, bei 3" lang, 1" breit, hell rosenfarbig mit grün an den Rändern bemalt. Blüthen nicht sehr zahlreich. Fruchtknoten kaum gestielt, etwas knotig, — hellgelb. Kelchzipfel bei 1" lang, gelblich weinroth. Kronenblätter am Grunde hochgelb, Zipfel derselben dunkelblau. Genitalien kürzer als die 1½" langen Kronenblätter.

Diese sehr zarte, liebliche Pflanze hat hinsichtlich des Blüthenstandes einige Aehnlichkeit mit Billbergia Wetherelii Hook., ist jedoch in allen Theilen feiner geformt.

Merkmal der Species: Die grünlich berandeten, rosafarbenen Hochblätter.

Billb. Moreliana Hort. (Paris).

Ich habe diese herrliche Pflanze von H. Morel in Paris selbst gekauft und bin daher gewiss, die echte Species vor mir zu haben.

Blüthenstand sammt Schaft stark überhängend; ersterer verkehrt pyramidal, über 1' lang, prachtvoll! Deckblätter lebhaft rosenfarbig, gegen aufwärts abstehend, flattrig, oft einfach eingerollt. Fruchtknoten kaum $^1/_4$" lang, rein weiss. Kelchzipfel $1^1/_4$" lang, am Grunde lebhaft fleischroth, die Enden der stumpfen Zipfel rein weiss. Blüthenblätter 2" vorstehend, abwärts gebogen, röhrig zusammenstehend, am Grunde hell goldgelb, mit violettem Saume; so weit die Zipfel sich öffnen, hell blau lila; der untere Zipfel lippenartig herabgeneigt, die zwei oberen helmartig aufgerichtet. Griffel schmutzig blau, Staubblätter goldgelb, beide kürzer als die Kronenblätter. Knospe pfriemenförmig, etwas übergebogen, stumpf spitz, dunkel purpurblau. Schaft rein weiss. Dieser, wie auch die Fruchtknoten und Kelchzipfel dicht mit rein weissem Flaume bedeckt. Von den sehr zahlreichen Blüthen trägt jede ein langes Deckblatt, erstere gegen aufwärts gerichtet. Pflanze den Blättern nach wie B. Wetherelii, jedoch diese um 4" länger.

Billb. iridifolia Nees et Martius.

Bot. Register, tab. 1069. — Sertum botanicum, van Geel.

Pflanze dunkelgrün. Laubblätter weich, mit tiefer Mittelrinne, am Rande stark wellig und mit weit von einander stehenden Sägezähnen besetzt, auf der Unterfläche mit weiss kleiigem Ueberzuge, am Ende spitz zulaufend, ganz unbewehrt, über $1^1/_2$' lang, in Mitte 1" breit, am Grunde stark umfassend, sechs an der Zahl. Schaft überhängend, mit Bracteen besetzt. Blüthenstand $^1/_2$' lang. Blüthen einzeln, wagerecht abstehend, jede Blüthe mit einer Bractee geziert. Alle Bracteen lebhaft blutroth, weich seidenartig glänzend, abstehend. Blüthen sparrig. Fruchtknoten und Kelchzipfel orangegelb, letztere lebhaft dunkelblau bemalt. Kronenblätter etwas zurückgeschlagen, hier lebhaft dunkelblau, gegen unten in goldgelb übergehend. Staubfäden und Griffel hellgrün. Staubbeutel goldgelb, beide so lang als die Kronenblätter.

Diese schöne Pflanze ist schon lange in den Sammlungen bekannt, und man findet selbe mit dem Species-Namen Billb. iridiflora und iridifolia, welche beide gleich wenig bezeichnend für diese Pflanze sind.

Billb. viridiflora H. Wendland.

Flore van Houtte, tab. 1019, 1020.

Wir haben hier eine eigenthümliche Form vor uns, welche der Kronenblattform nach an Pitcairnia erinnert. Aber nicht diese allein sind es, welche Unterschiede bieten, die bei anderen Arten von Billbergia, die mir bekannt sind, nicht vorkommen. Bei obiger Form sind die Kelchzipfel sehr lang geschlitzt, lebhaft hellgrün, spitz, — die Fruchtknoten aber schmutzig braun und glatt. Die Kronenblätter $2\frac{1}{2}''$ lang, lanzettlich spitz endend, rachenförmig, lebhaft grün. Griffel so lang wie die Kronenblätter, hellgrün. Staubbeutel sammt Fäden um vieles kürzer als der Griffel, erstere goldgelb. Hochblätter am stark hängenden Schafte, fein sägezähnig, aufrecht, bei 3'' lang, blutroth. Schaft sammt Blüthenstand 3' lang, ersterer schmutzig purpurfarbig, dünn. Die Blüthen haben $2\frac{1}{2}''$ lange Stielchen.

Diese Pflanze dürfte jedoch im lebenden Zustande mit der Zeichnung der Flore nicht ganz übereinstimmen, indem selbst hier sich mehrere verschieden gestaltete Fruchtknoten gezeichnet finden, von welchen sich nicht klar herausstellt, welche die eigentlich richtige Form ist.

Billb. pallida Beer.

Bromelia pallida. Reichenbach. Magazin der Aest. Botanik, tab. 94.

Laubblätter am Grunde einen bauchigen Bogen bildend, welcher über $1\frac{1}{2}''$ breit, bei 2'' Höhe sich schnell bis auf $\frac{1}{2}''$ breit verschmälert, dann gegen die Mitte der Länge des Laubblattes wieder 1'' breit wird und endlich bei seiner ganzen Länge von 1' stumpf spitz endet; an den Seitenrändern befinden sich sparsame Sägezähne. Alle Laubblätter stehen vom Grunde aus ab. Der Schaft erscheint aufrecht, schwach herabgebogen; er ist, so wie die Zweige am Blüthenstande, schön purpurfarbig. Alle Bracteen lebhaft blutroth, fast wagerecht abstehend. Der hellgrüne Fruchtknoten hat mehrere tiefe Längsfurchen. Die Kelchzipfel sind etwas bauchig, tief geschlitzt, 1'' lang, fast durchsichtig, hellgelb, mit lebhaft blauer Bemalung an den Zipfeln. Die Kronenblätter ganz ähnlich gefärbt, beide gleich lang. Bei jeder einzelnen Blüthe befindet sich eine ganz kleine herzförmige, lebhaft hochrothe Bractee; diese allein unterscheidet schon Billb. pallida von Billb. amoena. Reichenbach hat diese wichtigen kleinen Bracteen auch am oberen Theile des Blüthenstandes gezeichnet, wo hingegen bei den anderen Blüthen an den Zweigen nichts zu sehen ist; aber an lebenden Pflanzen wird man sie stets beobachten können.

Billb. discolor Beer.

Pitcairnia discolor? Herbier General des Amateurs. V. tab. 345.

Laubblätter unregelmässig zusammenstehend, lebhaft grün, auf der Kehrseite streifig. Blüthenstand überhängend, $1\frac{1}{2}'$ lang. Schaft und Stielchen selbst zwischen den unteren Bracteen stark sichtbar. Bracteen am Schafte und bei jeder Verzweigung am Blüthenstande, — lebhaft roth, seidenartig weich. Jede einzelne Blüthe trägt eine grüne kleine Bractee. Fruchtknoten und Kelchzipfel hellgrün mit purpurnem Anfluge, letztere, wie auch die gelben Kronenblätter lebhaft dunkelblau, breit bemalt. Kronenblätter ausgebreitet, sehr wenig zurückgebogen. Genitalien weit vorragend. Staubblätter goldgelb. Griffel grün.

Diese Species gleicht wohl der Billb. amoena, allein sie ist durch Grösse und die grünen Bracteen bei den Blüthen, wie auch in der Färbung sehr gut unterschieden.

Billb. amoena Lindl.

Jacquin, Privat-Bibliothek Sr. M. des Kaisers. — Tillandsia amoena Loddiges, Bot. Cabinet tab. 76. — Pourretia magnis patha Acad. Re di Torino, tom 31, tab. 19.

Pflanze: mit glatten, glänzenden Blättern.

Laubblätter verschieden lang, kelchbildend zusammenstehend, die unteren etwas übergebogen, kurz, die oberen aufrecht, 10" lang, mittlere Breite 1½". Am Grunde bauchig, stark umfassend, hier nicht sägezähnig, dann gleichförmig sägezähnig, stumpf spitz endend. Schaft aufrecht, auch überhängend, grün, mit rothen, aufrechten, anliegenden, umfassenden, schön rothen Scheiden sparsam bekleidet. Blüthenstand wenig blumig. Blüthen einzeln stehend, aufrecht. Fruchtknoten schmutzig, sehr hellgrün, tief gerieft, ½" lang und 2''' dick. Kelchzipfel bauchig, tief geschlitzt, 3''' dick, 1" lang. Kronenblätter am Grunde eine tiefe Röhre bildend, dann zurückgeschlagen, nicht eingerollt, stumpf spitz, beide hell gelbgrün und an den Enden lebhaft dunkelblau bemalt. Genitalien etwas länger als die Kronenblätter, gerade, dicht beisammenstehend. Staubfäden licht grün. Staubbeutel länglich, lebhaft orangenfarbig; Griffel etwas länger. Narbe dreitheilig, hellgrün.

Billb. variegata Beer.

Tillandsia variegata. Arrab, Flora Fluminensis tab. 132.

Schon mehrere Male darauf hingewiesen, dass das oben genannte, so kostbare Werk ohne Beschreibung und nicht ganz zuverlässiger Zeichnungen sei, erlaube ich mir nur zu bemerken, dass diese Species gewiss einen überhängenden Blüthenstand haben dürfte, indem schon der dünne Schaft darauf hinweist. Weiter ist über diese schöne Pflanze nichts bekannt.

Billb. marmorata Lemaire.

L'Illustration Horticule, tab. 48.

Diese kräftige schöne Species hat einige Aehnlichkeit mit der eben erwähnten Till. variegata Arrab.

Laubblätter verschieden lang, alle aufrecht, abstehend, eine gleichmässig tiefe Rinne bildend, am Ende fast zweilappig, mit stumpf spitzem Ende, vollkommen gleichmässig sägezähnig und besonders die inneren, längsten Laubblätter sehr zierlich auf grünem Grunde braun gefleckt. Diese Fleckchen reihen sich gleich Querbinden an einander, stehen sehr dicht beisammen, und gereichen diese Species zur besonderen Zierde. Die Oberfläche der Blätter ist lebhaft grasgrün, ihre Länge variirt von 2 bis 2 ½'. Blüthenschaft, Bracteen, sowie die Zweige am Blüthenstande sind lebhaft hellroth, mit tief blutroth, reichlich bemalt. Der stark verzweigte Blüthenstand ist über 1' hoch und 7" breit von pyramidaler Gestalt, jeden Zweig begleitet eine abstehende, bauchige, stumpf spitz endende, umfassende Bractee. Nur die Endblüthen der Zweige, sowie auch jene der Hauptachse tragen eine kurze rothe Bractee, welche wahrscheinlich auf eine Verkümmerung der Endknospen schliessen lässt. Die Fruchtknoten sind eiförmig, glänzend, grün. Die Kelchlappen anliegend, fleischig, hell violett, ersterer ½" lang, 4''' dick, letzterer 4''' lang. Kronenblätter steif aufrecht, rund endend, sehr wenig geöffnet, fast 1" lang, 3''' Durchmesser, am Grunde hell bläulich, dann in lebhaft dunkelblau übergehend. Knospe hell violett.

Billb. Liboniana de Jonghe?

Jardin Fleuriste II, tab. 2. — Flore, van Houtte. tab. 1018.

Diese Pflanze hat sehr eigenthümliche Merkmale, welche sich unter den vielen Billbergien nur bei dieser finden. Hierher gehören vor Allem, die sehr kleinen farblosen Bracteen. Doch in der Gesammtform ist selbe als eine gute Species von Billbergia, unverkennbar.

Pflanze klein, der Form nach, der Billb. iridifolia sehr ähnlich. Blüthenschaft etwas überhängend, dünn, glatt, stielrund, grün. Bracteen schmal schmutzig lederbraun. Blüthen sparrig, abstehend. Fruchtknoten und Kelchzipfel 1 ¼" lang, ⅓" breit, lebhaft zinnoberroth. Kronenblätter röhrenförmig, am Grunde weisslicht, gegen die Zipfelenden lebhaft dunkel, Zwetschkenblau, die Kronenzipfel etwas zurückgeschlagen. Befruchtungsorgane kürzer als die Blumenblätter. Laubblätter röhrenförmig, am Grunde zusammenstehend, dann abstehend, aufrecht, mit schlaffen Enden, lebhaft grasgrün, Aussenfläche etwas lichter bläulich grün. An den Rändern wenig, aber scharf bewehrt. Sprosse sehr zahlreich, anfänglich wagrecht, dann knieförmig steif aufgerichtet.

Billb. pyramidata Beer.

Bromelia pyramidata etc. Plumierii Plant. Americae, tab. 62.

Wenn man die vielen Abbildungen dieses älteren Werkes genau studirt, so findet man, dass die Pflanzen mit einer grossen Gewandtheit und Naturtreue wiedergegeben sind. Diess veranlasste mich, auf die mehreren Bromeliaceen, welche das Werk enthält, besonders achtsam zu sein, da hier einige Formen vorkommen, welche sich sonst nirgends, weder beschrieben, noch abgebildet wieder finden, wie z. B. tab. LXIII und LXIV. Vergleicht man dagegen die Flora Flumiensis unserer Zeit, mit den manierirten, zum Theile förmlich unkenntlichen Abbildungen, so muss man die höchste Achtung vor jener Epoche bekommen, in welche die Herausgabe des Werkes von Plumier fällt.

Pflanze sehr kräftig, mit steifen, am Grunde stark umfassenden hier eine Rinne bildenden, dann allmälich flach werdenden, mit einer schmalen Lappe spitz endenden, tief sägezähnigen, 1½' langen, 1½'' breiten Laubblättern, wie bei Ananassa sativa. Schaft und Blüthenstand steif aufrecht? 1¼' hoch, ersterer mit weichen, etwas flatterigen, aufrechten, wenig umfassenden, 1½'' langen, sparsam besetzten, letzterer für sich 4'' hoch, mit unregelmässig zusammenstehenden, sparrigen, aufrechten, sitzenden Blüthen besetzt. Fruchtknoten und spitze, schmale Kelchzipfel über 1'' lang, ersterer 5''' dick, eiförmig. Kronenblätter aufrecht, 1'' lang, zungenförmig. Genitalien in gleicher Höhe mit den Kronenblättern.

Billb. decora Poeppig et Endl.

Poeppig et Endlicher. Nova genera plantarum, tab. 157.

Obwohl der Blüthenstand dieser sehr schönen Pflanze steif, aufrecht gezeichnet ist, auch in der Beschreibung durch Poeppig und Endlicher im Eingange auf einen einfachen, aufrechten Blüthenstand hingewiesen, dann aber ferner gesagt wird. „Schaft aus dem Grunde der Blätter aufstrebend, einfach, einzeln, am Grunde wenig gebogen — schwach, schlaff u. s. w.“ — bin ich doch überzeugt, dass dem ganzen Baue des Blüthenstandes und der Kronenzipfel nach, der Blüthenstand dieser Pflanze entschieden überhängend ist.

Laubblätter sägezähnig und stachelspitz, spitz zulaufend, gleichfärbig, am Grunde scheidig umfassend, bei 3' lang und 3'' breit. Schaft überhängend kahl, grün, mit Purpurpünktchen besetzt. Unterhalb von abwechselnd stehenden Bracteen (Hochblättern) eingeschlossen, welche gegen die Blüthen wenig von einander abstehend, blassroth, kahl, etwas bestäubt, 4—5'' lang, 12—15''' breit, flatterig, weich ganzrandig sind. Blüthen locker stehend, 3'' lang, durch kurze anliegende Bracteen gestützt. Kronenzipfel nach dem Eröffnen schneckenlinig zurückgerollt, hell gelb, ins grüne spielend. Fruchtknoten furchig, Kelchzipfel fast fleischig, beide weiss mehlig bestäubt. Genitalien aus der Blüthe weit vorragend, nach dem Aufblühen spiralig gedreht.

Diese sehr schöne Pflanze dürfte wahrscheinlich eine Varietät der Billbergia rosea sein.

Es folgt hier die Beschreibung von Poeppig et Endlicher:

Blätter sägezähnig und stachelspitz, spitz, flach, gleichfarbig, die Bracteen der einfachen und aufrechten Traube sehr gross, lanzettlich; die Zipfel der äusseren Blüthenhülle gleich und spitz, die der inneren an der Basis mit doppeltem Kamme versehen.

Wächst als Parasit auf Bäumen in den Provinzen Yuyurimagna und Mayna. Blüthezeit im Mai.

Die Pflanze schön, doch selten zu finden. Stamm sehr kurz, kriechend, hie und da Blätterbüschel und blühende Schafte tragend. Die Blätter wechselseitig, am Grunde scheidig, aufrecht, an der Spitze schlaff, flach, zungenförmig, in der Mitte ein wenig verbreitert, spitz, sägezähnig, die Zähne vorwärts schauend, gebogen, lederartig, flach, stechend, etwas verdickt, 1‴ lang, nervig gestreift, unterhalb schilderig und nicht verschiedenfarbig, 3′ lang und 3″ breit. Schaft aus dem Winkel der Blätter aufstrebend, einfach, einzeln, am Grunde wenig gebogen, rund, kahl, grün, mit purpurnen Pünktchen besetzt, schwach, schlaff, unterhalb von abwechselnd stehenden Bracteen eingeschlossen, die angedrückt, zusammengerollt, scheidig, in der Mitte bauchig, zugespitzt, nervig gestreift, blassroth oder weisslich und 3 bis 4″ lang sind. Die oberen Bracteen, welche die Traube stützen — acht bis zehn an der Zahl — stehen von einander wenig ab, sind fast stengelumfassend, abstehend oder wagerecht an der Spitze schlaff, lanzettlich, zugespitzt, nervig gestreift, kahl, die jüngeren unterhalb bestäubt, alle rosenfarbig purpur, sehr schön, 4 bis 5″ lang, 12 bis 15‴ breit, zart häutig und schlaff. Die Traube, oder vielmehr die Aehre endständig, einfach, fünfzehn- bis zwanzigblüthig, beiläufig $^1/_2$′ lang, so wie die äusseren Blüthenhüllen mit einem weissen, kleiigen Staube dicht bestreut. Die Blüthen abwechselnd oder auch zerstreut, fast 3″ lang, abstehend, jede einzelne durch anliegende Bracteen gestützt, länglich, sehr stumpf, kahnförmig, um die Hälfte kürzer als der Eierstock. Blüthenhülle oberständig, die äussere cylindrisch aufrecht, dreitheilig, mit gleichen Zipfeln, die länglich lanzettlich, spitz, 6‴ lang, 2$^1/_2$‴ breit sind. Die Zipfel der inneren Blüthenhülle viermal länger als die äusseren, mit diesen abwechselnd stehend, lanzettlich lineal, etwas zugespitzt, ober der breiten Basis verschmälert, schlaff abstehend und weitschweifig, bald nach dem Aufblühen spiralig zusammengerollt, dann gelb ins Grüne spielend, an der Basis mit zwei Schuppen versehen, die einen gewimperten Kamm tragen, lineal und sehr klein sind. Staubgefässe sechs, länger als die innere

Blüthenhülle. Staubfäden fadenförmig, ganz an der Basis spiralig zusammengerollt, sonst frei, dem Grunde der inneren Zipfel angewachsen. Die Staubbeutel in der Mitte angewachsen, aufrecht, lineal, beiderseits stumpf, zweifächerig, aufwärts aufspringend, nach dem Aufblühen oft spiralig gedreht. Eierstock glockenförmig, ausserhalb von zahlreichen Furchen regelmässig durchzogen, an der Spitze flach, dicht bestäubt, innerhalb dreifächerig und viellinig; die Eichen kugelförmig, von zarten, zweitheiligen Samenträgern, an einem Faden hängend. Der Griffel einfach, aufrecht, fadenförmig, dreifurchig, länger als die Blüthenhülle. Narben drei, spiralig eingedreht, lineal, begränzt durch zweizeilige Reihen von fleischigen Wimpern. Die Frucht ist nicht bekannt.

Billb. purpurea Beer.

Bromelia pyramidata purpurea etc. Plumierii, Plant. Americanorum, tab. 63.

Diese ausgezeichnete Form ist mir auch nicht annäherungsweise, weder in Herbarien noch in der Literatur vorgekommen. Jedenfalls wird dieselbe, wenn einmal lebend in den Sammlungen, ein wahrscheinlich fest begränztes Genus bilden. Einstweilen mag sie bei Billbergia, in deren Nähe sie jedenfalls gehört, ihren Platz finden.

Pflanze ohne Blüthenstand 8″ hoch, durch zahlreiche, verschieden lange (1½ bis 9″), aufrechte, anliegende Laubblätter tulpenförmig gebildet. Die untersten Blätter sind kurz, wenig umfassend, allmälig spitzendend, gleichmässig scharf sägezähnig, in Mitte ½″, am Grunde 1½″ breit. Die inneren Laubblätter stehen in fast gleicher Höhe steif aufrecht und enden in einer ¾″ langen, ungezahnten, schmalen Spitze; diese Blätter sind in Mitte über 1″ breit, am Grunde aber wahrscheinlich 1½ bis 2″ breit. Aus diesen kelchartig dicht zusammenstehenden Blättern erhebt sich der 7‴ dicke (sammt dem über 1′ hohen Blüthenstande), 2¼′ hohe Schaft. Dieser trägt drei bis vier Bracteen, welche 1′ 7″ lang und nur 1″ breit, sich am Schafte 4″ hoch anschliessen, dann aber gleich einem allmälig stumpf spitz endenden, wenig welligen, ganzrandigen, weichen Bande herabhängen. Der Blüthenstand ist der ganzen Länge nach mit bei 2″ langen, 4‴ breiten, aufrechten, sich deckenden, ganzrandigen, weichen, stumpf spitzen Bracteen dicht umstellt. Dieses macht, dass derselbe ziemlich gleichmässig 1½″ dick (mit Anschluss der Blüthen) erscheint und dem Blüthenstande von Pitcairnia bracteata einigermassen ähnlich ist. Die Kronenblätter sind über 1″ lang, 4‴ breit, steif aufrecht, die Genitalien stehen weit vor.

Wahrscheinlich hat der Autor diese herrliche Pflanze nach der Färbung der Bracteen „purpurea“ benannt.

Billb. tetrantha Beer.

Tillandsia tetrantha. Ruiz et Pavon. Flora Peruv. et Chil., tab. 265.

Es folgt hier die Beschreibung von Ruiz et Pavon:

Pflanze aufrecht, Blüthenstiele vierblüthig, zurückgebogen. Schaft einfach, wenig länger als die Blätter, mit vielen Scheiden bekleidet, rund und hin und her gebogen. Die Wurzelblätter unterhalb (flexuosus), unter sich wechselseitig in einer Schlauchform zusammenstehend, von der Mitte bis zur Spitze auseinandergehend, abstehend, lanzett schwertförmig, breit, mit zurückgebogenen Spitzen und mit purpurrothen Punkten bezeichnet. Die Blüthenscheiden wechselständig, fast dachziegelförmig gestellt, lanzett eiförmig, spitz, rosenroth mit hochroth bemalt die unteren aufrecht, concav, mit zurückgerollter Spitze. Die Blumenblüthenscheiden abwärts gebogen, fast kahnförmig, ein einziger Blüthenstiel, aus der Achse einer einzelnen Scheide hervorgehend, vierblüthig. Die Blüthen fast sitzend, in Reihenfolge aufblühend. Kelch gelb, trockenhäutig, dreitheilig; die Zipfel länglich, unter sich um sich gedreht, unterständig, bleibend. Blumenblätter drei, violett, unterhalb zusammengedreht, oberhalb abstehend, länglich keulenförmig, spitz, verwelkend, nur einen Tag blühend. Sechs Staubfäden, dem Fruchtboden eingefügt, kürzer als die Blumenblätter und ziemlich flach. Staubbeutel aufliegend, gelb. Pistil kurz, dreifurchig. Narben drei. Kapsel dreiseitig dreifurchig, pyramidenförmig, dreifächerig.

Standort: Anden, auf Bäumen und Felsen bei Muna.

Blüthezeit: Juli, August.

Wenn es regnet, wird die Kelchform, welche die Blätter bilden, mit Wasser erfüllt, welches durch mehrere Tage bleibt und dann verdunstet.

Billb. saxatilis Beer.

Tillandsia saxatilis Arrab. Flora Fluminensis, tab. 139.

Von dieser schönen Pflanze weiss man nur durch die Special-Benennung, dass sie auf Steinen wächst. Wahrscheinlich sind die Laubblätter tigerfellartig, roth gefleckt, was dieser Pflanze zur grössten Zierde gereichen muss. Dem Wuchse nach gleicht sie Lamprococcus fulgens. Der dünne Schaft erhebt sich, reichlich mit aufrechten, lanzettförmigen Bracteen besetzt. Der Blüthenstand ist kaum 2″ hoch, die Blüthen sehr klein, aufrecht. Kelchzipfel und Fruchtknoten fast rund, diese zwei Theile zusammen etwa nur über ½″ lang.

Leider ist gar nichts Bestimmtes über diese herrliche Pflanze zu sagen, deren Einführung ein wahrer Schatz für unsere Pflanzensammlungen wäre.

Billb.? Beer.

Caragnata variae species etc. (Caragnata, Yuaca) Marggrawti, Plantae Brasilianae III, t. 37

Diese Abbildung habe ich hier zugezogen, um wo möglich alle Abbildungen, welche sich in den botanischen Werken finden, in Betrachtung zu ziehen und einzureihen. Ich glaube nicht zu irren, wenn ich annehme, dass die hier gezeichnete Pflanze einen überhängenden Blüthenstand hat. Bei Ruiz und Pavon, bei Endlicher und Poeppig kommen auffallende Beispiele dieser Art vor, welche am gehörigen Platze sich besprochen finden. Diese Pflanze wird daher der Billbergia farinosa sehr ähnlich sein. Ich enthalte mich jedoch, diese unbestimmte Form zu benennen.

Billb. rosea Hort. (Linden?)

Aeussere Laubblätter 2½' lang, abstehend, innere 3' 2" lang, aufrecht, eine lange Röhre bildend. Auf der Aussenfläche auf trüb grünem Grunde unten röthlich, der ganzen Länge nach reichlich weiss gebändert und zierlich gefleckt. Die Oberfläche schwach weisslich gebändert. Die äusseren Blätter gut 1" breit, gleich breit, bandartig überhängend, bei 2½" breit, die Spitze zurückgebogen. Blattränder vom Grunde aus unbewehrt, dann mit unregelmässig entfernt stehenden steifen, geraden Sägezähnen bewaffnet. Blattspitze unbewehrt. Blüthenschaft entschieden überhängend, sammt dem 9" langen Blüthenstande vom Grunde an 4' lang, bei 4''' dick, stielrund, der ganzen Länge nach mit anliegenden aufrechten, weichen, ganzrandigen, nächst dem Blüthenstande aber abstehenden, schön rosafarbenen, nur schwach mehlig bestäubten Hochblättern besetzt. Zwischen den Laubblättern vertrocknen die Bracteen sehr schnell und werden dann missfarbig. Schaft, Fruchtknoten und Kelchzipfel auf sehr hellgrünem Grunde dicht wie mit weissem Mehl bestäubt. Knospe pfriemenförmig, 2½" lang, glänzend hellgrün. Die Kronenblätter rollen sich beim Oeffnen schnell und vollständig und schneckenlinig sehr zierlich zurück, aber beim Verblühen rollen sich die Blätter wieder auseinander und hängen endlich einzeln fadenförmig und missfarbig herab. Genitalien so lang als die Kronenblätter, gerade ausgestreckt. Griffel etwas länger als die Staubblätter, dick, bläulich, dreilappig endend. Staubfäden und die sehr dünnen Staubblätter am Griffel dicht anliegend, erstere dick, mit bläulicher, stumpfer Spitze. Fruchtknoten bauchig gefurcht, sammt dem Kelchzipfel 1" lang, stiellos. Jeder Fruchtknoten trägt eine anliegende, herzförmige, 3''' lange Bracteole, welche bei jenen Fruchtknoten, die zunächst den Bracteen stehen, schwach rosa gefärbt erscheinen. Beim Vordrängen des Blüthenstandes sind die geschlossenen Bracteen fast lederfarbig; erst bei der Ausbreitung desselben gewinnen sie die zarte Rosenfarbe. — Diese sehr schöne Pflanze habe ich als letzte Species gewählt, da selbe den Uebergang zu Hoplophytum bildet, indem hier die Kelchzipfel eine schwache Neigung zu stachelspitzen Enden zeigen.

HOPLOPHYTUM Beer.

Hopl. fasciatum Beer.

Billbergia fasciata, Lindl., Bot. Register tab. 1130. Billbergia rhodo-cyanea Lemaire. Flora van Houtte III, tab. 207. — Bot. Mag. tab. 4883.

Wenn man lebende Pflanzen von Billb. fasciata und Billb. rhodocyanea vor sich hat, so findet sich nur, dass die erstere Pflanze kleiner und schmächtiger als die zweite. Wenn man aber die Blüthenstände und die beiden oben genannten Abbildungen zu Rathe zieht, dann sieht man, dass gar kein Grund vorliegt, welcher die neue Benennung rechtfertigt, wesshalb ich die Benennung „rhodo-cyana“ einziehe und den alten Special-Namen „fasciatum“ beibehalte.

Ich fing mit dieser Species die Sippe an, weil selbe schon sehr verbreitet ist und auch sehr willig blüht, was bei mehreren der hier zugezogenen Species eben nicht der Fall ist. Auch mag hier bemerkt sein, dass bei geeigneter Cultur der Blüthenstand bedeutend kräftiger wird, ohne aber an Höhe zuzunehmen. —

Pflanze kräftig, schön, auf dunkel blau-grünem Grunde lebhaft, aber schmal gebändert und gefleckt. Laubblätter steif aufrecht, am Ende etwas übergebogen, vom Grunde aus alle frei, hier wenig umfassend, glatt, weichrandig, dann mit unregelmässigen scharfen Sägezähnen bewaffnet, mit schwach spitzem Stachel endigend, in Mitte über 2½" breit, 20" lang. Die inneren Blätter sind breiter als die äusseren, und stehen in gleicher Höhe ausgebreitet. Schaft holzig, sehr steif, längs gefurcht, matt röthlich grün und mit stark weiss wolligem Anfluge. Bracteen sowohl am Schaft als auch am verzweigten pyramidalen, 5" hohen, 4" breiten Blüthenstande lebhaft, rosenfarben. Bracteen alle steif, eigenthümlich trocken, mit scharfen Sägezähnen besetzt, stachelspitz endend; sie bilden den Blüthenstand, indem sie überall weit die Blüthen überragen und mit ihren nach aufwärts gebogenen spitzen Enden eine herrliche rosenfarbene Pyramide bilden. Am Schafte sind sie sparsam vertheilt, derselbe desshalb sichtbar. Sie sind nur halb schaftumfassend, 3" lang, ½" breit, anliegend, mit gegen aufwärts gebogener Spitze. Die Blüthen, welche in Knospe hell himmelblau, endlich sehr wenig geöffnet sind, verändern die Farbe in ein schönes Purpur. Die Kronenblätter stehen aufrecht und sind $1\frac{1}{2}$" lang. Fruchtknoten und Kelchzipfel, die mit einer Stachelspitze versehen sind, haben eine dichte, weiss wollige Bekleidung; aber nur die Kelchzipfel sind manchmal zwischen den Bracteen sichtbar. Schaft und Blüthenstand erreichen eine Höhe von 17", sind aber nur wenig über die Laubblätter erhoben.

Hopl. paniculatum Beer.

Bromelia exudans, Loddiges, Bot. Cabinet tab. 801.
Bromelia bracteata Sw., Kerner, Hortus semperv. tab. 401.
Bromelia paniculigera Sw., Reichenbach, Hortus tab. 139, 140.
Jacquin, Privat-Bibliothek Sr. M. des Kaisers (ohne Benennung).

Diese Pflanze hat einige Mühe verursacht, indem fünf Abbildungen copirt werden mussten. Lindley weist darauf hin, dass diese Pflanze zwischen den Laubblättern, welche kelchbildend und dicht zusammenstehend, eine bedeutende Masse trinkbares Wasser besitze, das dem durstigen Reisenden eine grosse Wohlthat bereite; — aber dieser Umstand allein weist schon darauf hin, dass wir es mit keiner Bromelia zu thun haben, indem hier gar keine Species vorkommen kann, welche Wasser in bedeutender Menge durch die Stellung der Laubblätter aufzuhalten vermag, hingegen die meisten Pflanzen dieser ganzen II. Unterabtheilung wirklich an ihren natürlichen Standorten — Wasser zurückzuhalten vermögen, welches sich bei ihnen gewöhnlich auch findet. Der Standort der Pflanzen wird wohl hier Alles dazu beitragen, ob das zwischen den Laubblättern enthaltene Wasser zum Genusse tauglich sei oder nicht.

Reichenbach spricht die Meinung aus, dass diese Species besser „B. capituligera" benannt sei. Um aber passende Special-Benennungen in der Pflanzen-Beschreibung einzuführen, müsste ein guter Theil dieser Benennungen umgearbeitet werden, da die Pflanzen nur zu oft Species-Namen tragen, welche geradezu der Erkenntniss mehr schaden als nützen.

Unter den fünf hier genannten Abbildungen fand ich jene in Reichenbach's Hortus am ausführlichsten, indem hier in zwei Abbildungen, einmal die ganze Pflanze und dann der Blüthenstand gut gezeichnet ist. Ich besitze in meiner Sammlung eine Menge Species, welche ähnliche Wuchsverhältnisse haben, allein in Blüthe sah ich sie weder bei mir noch in anderen Gärten. —

Laubblätter alle steif aufrecht, eine tiefe Rinne bildend, welche erst an den spitzen Enden verflacht; 2" breit, bei 3' lang, am Ende gegen aussen strahlenförmig abgebogen, gleichmässig scharf sägezähnig. Schaft steif aufrecht, holzig, auf schmutzig grünem Grunde, stark weiss wollig bekleidet, 4''' dick, sammt dem kegelförmig runden, 6" hohen, 4" breiten, mehrmals kurz verzweigten Blüthenstande $2\frac{1}{2}$' hoch. Der Blüthenstand trägt die Blüthen in Büscheln zusammenstehend, welche von anliegenden, herzförmigen, steif spitzen, hell gelb-grünen, etwas gestreiften Bracteen dergestalt umgeben sind, dass jeder Büschel wie eine kurze Keule gebildet erscheint. Zwischen diesen Bracteen stehen die Blüthen. Die Kronenblätter hellgelb, etwas röthlich bemalt, kaum geöffnet, gerade abstehend, mit stumpfer Spitze endigend. Fruchtknoten und Kelchzipfel, welche stachelspitz sind, haben ebenfalls eine gelbe Färbung und sind etwas weiss wollig bekleidet. Jeder Zweig vom Blüthenstande ist von einer abwärts hängenden, sehr lebhaft blutrothen, ganzrandigen, steifen Bractee von 4" Länge und $\frac{1}{2}$" Breite umgeben. Diese hängenden rothen Bracteen und die gelb-grün gefärbten Bracteen bei den Blüthen gereichen der Pflanze zur grossen Zierde.

Hopl. mucroniflora Beer.

Aechmea mucroniflora Hook. Bot. Mag. tab. 4832.

Hooker weist auf Aechmea R. et Pav. hin, in Uebereinstimmung der stachelspitzen Kelchzipfel. Der Autor weist ferner darauf hin, dass bei dieser Pflanze die Blätter, die Bracteen, die Kelchzipfel und die Kronenblattzipfel stachelspitz seien. Ferner findet er sie verschieden von Aechmea Mertensis, welche ebenfalls in Demerara heimisch ist.

Laubblätter über 1' lang und $1\frac{1}{2}$" breit, unten kuglig, rund, umfassend, ganz glatt, steif aufrecht, an der Spitze übergebogen, tief scharf sägezähnig und wenig stachelspitz, bläulich hellgrün, glatt, glänzend, eine tiefe Rinne bildend. Blüthenstand bei 3" lang, $1\frac{1}{2}$" breit, um vieles von den Laubblättern überragt, steif aufrecht. Blüthenstiel hellgelb, in saftgrün übergehend. Bracteen steif abstehend, sägezähnig, lebhaft hellroth, mit lichterem gelben, weisslichem Rande, kahnförmig. Blüthen dicht gedrängt stehend, nicht geöffnet, goldgelb, mit brauner Stachelspitze an jedem Blumenblatte. Kelch weisslich grün, ebenfalls mit brauner Stachelspitze an jedem Kelchzipfel. Bracteen bei den Blüthen, lebhaft grün, umfassend, mit einer braunen Stachelspitze endigend. Befruchtungsorgane kürzer als die Kronenblätter. Die Blüthen, welche 3''' lang sind, entwickeln sich alle zugleich. Die Kronenblattzipfel sind stark gedreht.

Hopl. cyaneum Beer.

Nidularia cyanea, Berliner bot. Garten.

Dieses seltene Pflänzchen erhielt ich mit obigem Namen aus dem königlichen botanischen Garten bei Berlin (1854).

Pflanze 9" hoch. Laubblätter alle steif aufrecht, verschieden lang

(5 bis 9″), 7‴ breit, auf der Innenfläche matt grün glänzend, aussen mit fein weisslichen Längslinien geziert; am Blattende vereinigen sich diese Linien zu einer weissen scharfen Spitze. Das Laubblatt ist am Grunde bauchig, mit weichen lederbraunen Rändern, etwas zusammengedrückt, am Grunde stark umfassend, sonst mit einigen sehr entfernt stehenden kleinen scharfen Sägezähnen bewaffnet. Der Blüthenstand ist aufrecht, nur 2″ hoch, also von den Laubblättern weit überragt, mit aufrechten, weichen, vollkommen umfassenden, bauchig herzförmigen, spitz endenden Bracteen, selbst zwischen den Blüthen besetzt, hier aber eine tiefe Rinne bildend, mit einwärts gebogener langer Spitze; die Blüthe hellblau, ausgebreitet, zwischen den stachelspitzen Kelchzipfeln vorstehend. Fruchtknoten etwas bauchig, tieffurchig, 3‴ lang, über 1‴ breit. Kelchzipfel 4‴ lang. Die Knospen stehen alle in gleicher Höhe beisammen und bilden eine runde Masse von $^3/_4$″ Durchmesser.

Hopl. angustifolium Beer.

Aechmea angustifolia Poeppig et Endlicher. — Nova genera plantarum, Poeppig et Endlicher, tab. 159.

Laubblätter durch mehrere verwelkte braune Schuppen umstellt, — aufstrebend, an der Spitze schlaff, an der schlauchförmigen Basis verbreitert, sich wechselseitig deckend, lineal zugespitzt, scharf sägezähnig, Oberfläche grün, Unterfläche durch kleiigen Anflug weisslich, 2′ lang, 7‴ breit. Schaft dünn, steif, mit einigen anliegenden Hochblättern besetzt; unter dem Blüthenstande stehen mehrere $2^1/_2$″ lange, $^3/_4$″ breite, ziemlich steife, schwach bewehrte Bracteen dicht beisammen und stützen im Kreise stehend den Blüthenstand; sie sind lebhaft scharlachroth. Blüthenstand bei 9″ lang, sehr verzweigt. Zweige über 1″ lang, abstehend oder herabhängend. Blüthen sehr zahlreich, 4‴ lang. Kelchzipfel mit abstehender, scharfer Spitze. Deckblatt bei jeder Blüthe, diese umhüllend, mit kurzer stechender Granne bewehrt, innerhalb glatt, von aussen mehlig weiss bestäubt. Blumenblattzipfel bewehrt, matt gelb.

Genitalien nicht sichtbar. Poeppig und Endlicher bemerken in ihrer Beschreibung: „Die Blüthen abwechselnd, beinahe zweizeilig, ährig u. s. w.“, dann: „die obersten leer oder in eine Bractee verwandelt.“ — Dieses ist aber nicht der Fall; die Pflanze, welche beschrieben und abgebildet wurde, befindet sich im k. k. Museum. Hier hatte ich Gelegenheit, mich zu überzeugen, dass Verkümmerungen der Blüthen gar nicht vorkommen, ein Umstand, welcher Aechmea Ruiz et Pavon so sehr auszeichnet, indem hier die verkümmernden Blüthen an den Zweigenden ein sehr gutes Erkennungszeichen bilden.

Es folgt hier die Beschreibung von Poeppig und Endlicher:

Schaft einfach, Rispe ährig, an der Basis durch gezähnte Bracteen umstellt, Zweigchen abstehend, abgebogen, vier bis zehnblüthig; die Bracteen der Blüthen kahnförmig, dreizähnig, wobei der mittlere Zahn eine Granne trägt, ausserhalb filzig, die inneren Zipfel unbeschuppt und stachelspitz; die Blätter lineal, von der Basis aus erweitert, schmal und länglich zugespitzt. Parasitisch auf Bäumen in den Wäldern der Provinz Mayna. Blüthezeit im ganzen Jahre.

Beschreibung: Rhizom kurz, verkehrt kegelig, Wurzel kahl, braun. Die Laubblätter (beiläufig sechs) durch verwelkte braune Schuppen umstellt, aufstrebend, an der Spitze schlaff, an der schlauchförmigen Basis verbreitert und sich wechselseitig deckend, lineal zugespitzt, flach, mit kurzen, geraden, flachen, sehr spitzen, starren und 1''' langen Dornen gezähnt, oberhalb kahl, nervig gestreift, grün, unterhalb durch kreisrunde Schüppchen schilferig, weisslich, 1½ bis 2' lang, 6 bis 8''' breit. Schaft gefurcht, mit abwechselnd stehenden, angedrückten Scheiden, die schlaff, zugespitzt, weiss, filzig und flockig sind. Die endständigen Bracteen die Rispe stützend, abwechselnd einander genähert, etwas abstehend, sitzend, flach, lineal, lanzettlich, zugespitzt, mit häutigen, dornenartigen, zurückgebogenen Zähnen bewaffnet, kahl, scharlachroth, 1½" lang. Die Rispe beiläufig dem dritten Theil des Schaftes an Länge gleich, ist aufrecht, ährig, cylindrisch, flockig, filzig, die oberen Aestchen horizontal, die unteren abgebogen, gleich, bei 3 bis 6" von einander abstehend, ein wenig hin und her gebogen, eckig, vier- bis zehnblüthig, selten länger als ½". Die obersten Blüthen leer oder in eine Bractee verwandelt, jede einzeln, durch eine breit eiförmige oder fast kreisförmige Bractee gestützt, die in einen zurückgebogenen kurzen, stechenden Dorn ausläuft, kahnförmig und oft becherförmig zusammengerollt, innerhalb geglättet, ausserhalb mehlig, starr und hart. Die äusseren Zipfel der Blüthenhülle, drei an Zahl, sind bleibend, spiralig zusammengerollt, concav, gleich, fast eiförmig stumpf, der abwechselnde Rand in einen grossen eiförmigen Lappen verbreitert, einnervig, in eine zurückgebogene und starre Stachelspitze endend. Die inneren Zipfel an der Basis zusammengerollt, innerhalb nackt, länger als die äusseren Zipfel, länglich, schief, spitz, mehr häutig, gelb, sehr vergänglich. Staubgefässe sechs, deren drei den inneren Zipfeln ganz am Grunde angewachsen sind; die anderen drei vor den äusseren Zipfeln sind angefügt. Staubfäden schmal; die Antherne lineal länglich, stumpf, am Rücken angeheftet, nach aussen aufspringend.

Hopl. spicatum Beer.

Aechmea spicata Martius. — Nova genera plantarum Poeppig et Endlicher pag. 43.

Es folgt hier die Beschreibung von Poeppig und Endlicher:

Schaft einfach. Rispe ährig, an der Basis durch gezähnte Bracteen eingehüllt. Zweigchen sehr dicht gestellt, aufrecht, zwei- bis vierblüthig. Die Bracteen der Blüthen sind fast becherförmig, ganzrandig, die äusseren Zipfel der Blüthenhülle kahl und dornig begrant, die inneren zugespitzt, an der gefransten Basis schuppig; die Blätter aus schlauchförmiger Basis, zungenförmig, mit stumpfer Spitze. (Schultes fil. I., L. l. c.)

Standort: Baumstämme bei Ega, Provinz Rio Negro.

Blüthezeit: Januar.

Endlicher hält diese Species gleich mit Aechmea angustifolia, und bemerkt, dass nur ein Unterschied darin bestehe, dass Aechmea spicata einen kräftigeren Bau und einen aufrechten Schaft besitze.

Hopl. Mertensis Beer.

Aechmea Mertensis Hook. Bot. Mag. tab. 3186.

Diese schöne Species ist der Aechmea angustifolia (Hoplophytum) sehr ähnlich. Laubblätter ziemlich weich, am Rande stark wellig, sehr tief, scharf, schwarz sägezähnig, mit weiss kleiigem Anfluge auf beiden Flächen bekleidet, 2″ breit, 1½′ lang. Die Laubblätter stehen vom Grunde aus weit ab, sie sind hier tief rinnig; diese Gestalt verliert sich aber bald und die Fläche zeigt dann eine nur schwache Rinne.

Der Blüthenstand ist 9″ lang, gleichmässig 1½″ dick, im Ganzen betrachtet hellgrün mit stark röthlichem Anfluge. Die Blüthen stehen in dichten 1″ breiten und 1″ langen Büscheln dergestalt nahe beisammen, dass das Ganze eine dichte Masse bildet. Die unteren Blüthenbüschel und der kräftige, aufrechte, hellgrüne, holzige, 4‴ dicke Schaft sind mit steif abstehenden, dann herabgebogenen, scharf sägezähnigen, spitzen, 3″ langen und ¾″ breiten, lebhaft weinrothen, am Grunde in hellgrün übergehenden Bracteen besetzt. Jeder Blüthenbüschel hat eine robuste 4‴ dicke Basis. Jede Blüthe trägt eine steif aufrechte, stachelspitze, vollkommen umhüllende Bractee. Fruchtboden und die scharf stachelspitzen Kelchzipfel sind schmutzig weisslich und bilden zusammen eine verlängerte Eiform. Die Kronenblätter sind über 2‴ lang, flatterig, offen, hell feuerroth.

Das nahe Zusammenstehen einer so grossen Menge, wenn auch sehr kleiner, aber lebhaft gefärbter Blüthen verleiht dieser Pflanze ein sehr zierliches Aussehen.

Hopl. suaveolens Beer.

Aechmea suaveolens Kn. et Westk. Floral-Cabinet III, tab. 134.

Die Pflanze bildet vom Grunde aus, durch das innige Zusammenstehen der wenigen sehr steifen, aufrechten, dunkel schwarz-grünen, glänzenden, bei 1½' langen, rinnenförmigen, über 1" breiten, sehr scharf sägezähnigen und derb stachelspitzen Laubblätter, eine lange, glatte Röhre. Der Schaft entwickelt sich holzig, steif aufrecht, nur 2''' dick, dicht mit weiss wolligem Anfluge auf rein hellem Weinroth, und besetzt mit sehr wenigen dicht anliegenden, etwas abstehenden, eben so gefärbten Scheiden. Die Länge sammt dem 5½" hohen Blüthenstande beträgt vom Grunde aus über 1¼'. Der Blüthenstand ist stark verzweigt, die Zweige bei jeder Blüthe etwas knieförmig gebogen. Blüthen wagerecht abstehend, sparrig, einzeln stehend.

Fruchtknoten, Kelchzipfel und Bracteen bei jeder Blüthe, lebhaft rosenroth und filzig bekleidet, die zwei ersteren fast rund; Zipfel scharf stachelspitz, 4''' lang. Blüthe 2''' lang, kaum geöffnet, sehr hinfällig, lebhaft blau.

Die Pflanze bildet eine leichte, zierliche, aufrechte Traube.

Hopl. purpureo roseum Beer.

Billbergia purpurea rosea Lindl. Bot. Mag. tab. 3304.

Es ist in hohem Grade interessant, zu sehen, wie zwei der ersten Botaniker der Jetztzeit, nämlich Hooker und Lindley, die Merkmale dieser schönen Familie benützten. Hooker hat sich an die von Ruiz und Pavon für Aechmea aufgestellten Merkmale gehalten, aber doch die Autoren der Flora Peruviana et Chilensis nicht ganz gewürdigt. Lindley dagegen sieht in eben dieser Form eine gute Billbergia, und ist daher meiner Meinung nach bei seiner Bestimmung den richtigeren Weg gegangen.

Bei dem schönen Genus Aechmea werde ich ausführlich auf die Meinungsverschiedenheiten und deren Ursprung zurückkommen.

Die Pflanze hat zwei vollkommen verschiedene Wachsthumsverhältnisse, dabei blüht sie nur äusserst selten. Jener Trieb, welcher zur Blüthe gelangt, ist aufrecht, steif und hart wie Eisenblech, von dunkel-, fast schwarz-grüner Farbe. Die wenigen Laubblätter bilden eine vollkommen runde, steif aufrechte Röhre; sie sind über 1' lang, 2" breit, mit sehr spitzem Ende, an den Rändern sehr scharf sägezähnig, am Grunde wenig umfassend. Der jüngere Spross hingegen hat 1½' lange, tiefrinnige, am Grunde glattrandige, hier stark umfassende, ½" breite, scharf sägezähnige, stark überhängende Laubblätter.

Bluthenschaft steif aufrecht, fein weiss wollig bekleidet sammt dem viel verzweigten Blüthenstande, welcher 9" hoch ist, 2' lang.

Schaft, Stielchen, Bracteen, Fruchtknoten und Kelchzipfel lebhaft rosafarben, nur die Bracteen etwas lederbraun bemalt.

Kronenblätter steif aufrecht, röthlich blau, wenig geöffnet.

Kelchzipfel und Bracteen scharf stachelspitz. Die Staubfäden mit goldgelben aufrechten Staubblättern sind in Mitte der Laubblätter, welche sie überragen, sichtbar.

Im Ganzen betrachtet gleicht diese Species sehr der Aechmea suaveolens, indem selbe nur durch geringe Merkmale unterschieden sein dürfte.

Hopl. distichanthum Beer.

Aechmea distichantha, Lemaire. Jardin fleuriste III, tab. 269. — Billb.? polystachia. Paxton's Flower Garden III, tab. 80.

Die Abbildungen in Paxton und jene im Jardin fleuriste sind ganz gleich, daher eine derselben — eine Copie.

Die Pflanze ist auffallend kräftig und durch die am unteren Ende sehr bauchig erweiterten, wenig umfassenden Laubblätter hier ganz rund, am Grunde sind die Blätter über 3" breit, aber bei 2" Höhe verschmälert sich das Blatt mit einemmale und bildet eine abstehende, dann gegen aufwärts gebogene Rinne von 2" Breite und 2' Länge. Die ganze Pflanze ist wie mit Mehl bestäubt, der Blüthenstand aber sehr wollig bekleidet. Die in Mitte stehenden Laubblätter sind aufrecht, nur der 6" hohe Blüthenstand ragt über die Blattspitzen hinaus. Die Blätter haben sehr kleine Sägezähne. Der Schaft erhebt sich steif aufrecht, ebenso der durch sehr nahe zusammenstehende Zweige dicht mit Blüthen, besetzte pyramidale Blüthenstand. Blüthenkrone eine fast gleich weite, 4''' lange, hellblaue Röhre bildend, in deren Mitte die gelben Staubblätter sichtbar sind. Fruchtknoten und stachelspitze Kelchzipfel 1¼" lang, mit einer ganz umhüllenden 5''' hohen stachelspitzen Bractee innig umschlossen.

Mit Ausnahme der blauen Kronenblätter ist der ganze Blüthenstand dergestalt dicht mit blutrothen Fleckchen bedeckt, dass er, im Ganzen betrachtet, sehr zart rosenfarben erscheint.

Hopl. augustum Beer.

Tillandsia augusta Arrab. Flora Fluminensis tab. 135. — Pironneava glomerata, Gaudichaud. Bonite, Atlas botanique tab. 63.

Bei beiden oben genannten so kostbaren Werken fehlt die Beschreibung gänzlich. Ich besitze eine Pflanze aus Belgien, mit dem Namen „Billbergia Skinnerii" bezeichnet, welche vielleicht auch hieher gehört;

bis aber diese schöne Pflanze, welche für diese Familie riesige Verhältnisse entwickelt, zur Blüthe gelangen dürfte, wird es wohl noch einige Jahre erfordern.

Die Abbildung in Flora Flumin. zeigt einen kräftigen Stamm, welcher bis zu den ersten Blättern 4″ dick und über 3″ hoch erscheint. Die Laubblätter sind 5½″ breit, über 2′ lang, fein sägezähnig und an dem Grunde wenig umfassend, hier eine tiefe Rinne bildend, dann flach ausgebreitet, abstehend. Schaft und sehr verzweigter Blüthenstand sind bis auf die kurzen Kronenblätter und die Bracteen am Schafte mit dichtem Filze bekleidet. Der ¾″ dicke Schaft und 1¼′ lange Blüthenstand sind zusammen über 2′ lang. Die Blüthen stehen an kurzen kräftigen Stielen in runden Büscheln beisammen. Fruchtknoten und die sehr kurzen, scharf stachelspitzen Kelchzipfel bilden eine wollig runde Beere von 4‴ Länge und 3‴ Breite. Der obere Theil derselben, sowie die etwas gestreifte halbumfassende Bractee sind stark wollig bekleidet.

Jeder Blüthenbüschel (deren die Pflanze wohl 70 bis 80 besitzt) hat 1″ Durchmesser und ¾″ Höhe. — Leider ist von der Färbung dieser grossen Pflanze gar nichts bekannt, obwohl ich vermuthe, dass die langen Bracteen, welche die Zweige und den Schaft bekleiden, lebhaft roth gefärbt sein dürften.

Hopl. polystachium Beer.

Tillandsia polystachia Arrab. Flora Fluminensis. tab 138.

Die Pflanze hat fast gleich lange zungenförmige, bis auf den Grund freistehende, gleichmässig dicht sägezähnige, 1′ lange, 1″ breite Laubblätter, aus deren Mitte sich der ½″ dicke Schaft sammt dem einseitig verzweigten, platten, 6″ hohen, 3″ breiten Blüthenstande — steif aufrecht erhebt.

Aus der Zeichnung ist es unmöglich, eine nur halbwegs genügende Beschreibung zusammenzustellen, indem der ganze Blüthenstand wie ein Cactusblatt breitgedrückt erscheint, an den Rändern aber die Blüthen einzeln an langen dünnen Stielchen aufrecht stehen. Die Frucht scheint eine Beere zu sein. Kelchzipfel stachelspitz. Die Kronenblätter steif aufrecht und etwas geöffnet. Da keine Beschreibung zu diesem nun schon öfter genannten Werke gemacht wurde, so weiss man auch über die Färbung u. s. w. nichts Gewisses.

Hopl. tetrastachyum Beer.

Tillandsia tetrastachya Arrab. Flora Fluminensis tab. 137.

Eine vierährige Pflanze; dies hat Arrab veranlasst, diese Species so zu benennen. Vermuthlich hat derselbe eine abgeblühte, fruchttragende

Pflanze abgebildet, indem der aufrechte Schaft eine dicht mit Beeren (welche Stachelspitzen tragen) besetzte Aehre besitzt. Die Pflanze trägt alle Blätter steif aufrecht, von gleicher Höhe (1′ lang), an der Spitze spitz, eingerollt, schmal verlängert, sägezähnig.

Hopl. unispicatum Beer.

Tillandsia uni-spicata Arrab. Flora Fluminensis tab. 124. — Bromelia nudicaulis Ker.? Exotic Flora tab. 143.

Laubblätter von verschiedener Länge, unten eine Röhre bildend, hier tief rinnig, wenig umfassend, gleichmässig 2″ breit und über 2′ lang, schwach sägezähnig, auf beiden Flächen lebhaft hellgrün und glänzend. Blüthenstand weit vorragend, etwas übergebogen, die ersten Bracteen alle steif aufrecht, hell lederfarben, dann gegen den Blüthenstand immer heller, schön rosenfarbig werdend. Stiel leicht filzig bekleidet und der ganzen Länge nach gleichfarbig hell lederbraun und fleischig.

Der Blüthenstand ist unverzweigt, die Blüthen sitzen stiellos am fleischigen Schafte. Fruchtknoten und Kelchzipfel sind zu einer Beere verwachsen, letztere mit gegen einwärts gebogener Stachelspitze bewehrt, beide von hellgrüner Farbe. Jede Blüthe trägt eine sehr kleine rosafarbene Bractee, welche kaum die Hälfte des dunkelgrünen, etwas filzigen Fruchtknotens (Beere?) erreicht. Blüthenkronenblätter aufrecht, sehr kurz zusammengeneigt, $^1/_4$″ lang, hoch goldgelb. Befruchtungs-Organe viel kürzer als die Kronenblätter, desshalb gar nicht zu sehen.

Hopl. lanuginosum Beer.

Billbergia lanuginosa Hort. Bot. Garten in Hamburg.

Laubblätter zahlreich, alle gerade aufstrebend; die längsten 2′ 10″ lang, in Mitte 3″ breit, in eine hellbraune, zurückgebogene, etwa 1″ lange Spitze endigend. Der obere Theil der Laubblätter merklich zungenförmig verbreitert, alle sehr hellgrün, mit ganz feinen entfernt stehenden braunen Sägezähnchen bewaffnet, vom Grunde aus stark umfassend und hier eine etwas bauchige Röhre bildend. Sprossen zahlreich, niederliegend, $^3/_4$″ dick, bis 3″ lang, mit braunen, steifen, scharf bewehrten, sich deckenden, mit der Spitze abstehenden Niederblättern besetzt. Die Laubblätter entwickeln sich ganz aufrecht. Blüthenschaft sammt dem 8″ langen Blüthenstande vom Grunde aus 1′ 10″ lang, etwas übergeneigt, jedoch nicht überhängend, sehr wenig weiss filzig bekleidet. Am Grunde rein weiss, dann, sobald der Schaft zum Lichte gelangt, allmälig rosa werdend, endlich zwischen den einzelnen sparrigen abstehenden Blüthen lebhaft scharlachroth. Hochblätter kahnförmig, steif, aufrecht, glänzend, ganzrandig, etwas gestreift, prächtig scharlachroth, mit fast scharfer

Spitze endigend. Blüthen zahlreich. Fruchtknoten hellgelb grün, etwas gefurcht, auf einem röthlichen Ringe am Schafte fest aufsitzend. Kelchzipfel rundlich, etwas gedreht, lebhaft hellgelb, mit auswärts gebogener gelber, sehr dünner Stachelspitze. Kronenblätter etwas bauchig, steif aufrecht, hochgelb, die Zipfel etwas abstehend. Genitalien um vieles kürzer als die Kronenblätter, hellgelb.

Länge der ganzen Blüthe sammt Fruchtknoten bei 1".

Obwohl der Special-Name „lanuginosa" hier sehr wenige Merkmale bietet, habe ich doch vorgezogen, diese Benennung beizubehalten. Zunächst gränzt diese Form an Bromelia nudicaulis (Exotic Flora t. 143) und an Tillandsia unispicata (Flora Fluminensis t. 124).

Hopl. platynema Beer.

Pironneava platynema Gaud. Bonite, Voyage au tour du monde. Gaud. tab. 64.

Diese Pflanze muss, der Zeichnung eines Laubblattes und eines Theiles des Blüthenstandes nach zu urtheilen, sehr gross und ausgebreitet sein, indem das Laubblatt über 3½' lang und 1½" breit, schwach sägezähnig und ganz platt gezeichnet ist. Der Zweig des Blüthenstandes ist aufrecht, etwas übergebogen, über 1' lang; von unten auf trägt derselbe mehrere kurze, dütenförmig umfassende, gestreifte, spitz endende Bracteen. Bei 5½" Länge fangen die Blüthen an, welche zu 2 bis 3 zusammenstehend, kurze Verzweigungen bilden. Jede Blüthe hat eine etwas abstehende, scharf stachelspitze, schalenförmige, 4''' lange, mit Längsstreifen gezierte Bractee. Der Fruchtknoten endet mit den stachelspitzen, etwas nach aussen gebogenen Kelchzipfeln und hat eine verlängert eiförmige Gestalt von ½" Länge. Die Kronenblätter sind so lang wie der Fruchtknoten, am Grunde eine dünne Röhre bildend, dann steif aufrecht, bis zum Grunde geöffnet, von einander abstehend. Jede dieser kleinen Verzweigungen umgibt eine 1¼" lange, sehr spitz zulaufende, etwas abstehende spitze Bractee, welche zwischen den Blüthen überall vorragt.

Von der Färbung ist nichts bekannt.

Hopl. lingulatum Beer.

Bromelia lingulata L. Privat-Bibliothek Sr. M. des Kaisers (Jacquin).

Die zierlich aufrechten, am Grunde fast reitend zusammenstehenden Laubblätter sind am Grunde 4½" breit, dann in Mitte 2" und über 1' lang, steif lederartig, hell lichtgrün, mit braunen, sehr feinen, gleichmässigen Sägezähnen überall besetzt. Die Pflanze hat im Ganzen 1½' Höhe. Der Schaft ist sehr dünn (3'''), steif aufrecht, hellgrün, mit kurzen lederbraunen Bracteen sparrig besetzt. Der ganze 9" hohe, nur wenig verzweigte Blüthenstand überragt die Laubblätter. Die Blüthen sitzen stiellos, mit einer 3''' langen hellbraunen Bractee besetzt. Fruchtknoten eirund, braune Stachelspitze, Kelchzipfel 5''' lang, 3''' breit, matt grün wie der Schaft gefärbt. Kronenblätter weiss, 3''' lang, zurückgeschlagen, ausgebreitet.

Hier ist wahrlich die Pflanze mit ihren Laubblättern schöner als der Blüthenstand.

Hopl. spicatum Beer.

Pothuava spicata Gaud. Bonite, Voyage au tour du monde tab. 117.

Laubblätter am Grunde kelchbildend zusammenstehend, bis zur Hälfte der Länge glattrandig, dann gegen oben scharf sägezähnig und lappig, faltig, mit einer Stachelspitze endigend, über 1½' lang, 2½ bis 3" breit. Blüthenschaft überhängend, mit weichen, an der Spitze übergebogenen glattrandigen 5" langen, ¾" breiten Bracteen der ganzen Länge nach bis zum Blüthenstande gleichmässig besetzt. Blüthenstand durch das ganz nahe Zusammenstehen der einzelnen hängenden Blüthen eine dichte, einfache, 5" lange, über 1" breite Aehre bildend. Fruchtknoten und gegen aussen gebogene stachelspitze Kelchzipfel eiförmig verlängert, ¾" lang, 3''' dick, stark wollig bekleidet. Kronenblätter kaum vorstehend.

Ueber Farbe etc. ist nichts bekannt.

Hopl. comatum Beer.

Pothuava comata Gaudichaud. Bonite, Voyage au tour du monde, Gaud. tab. 116.

Laubblätter am Grunde wenig umfassend, hier glattrandig, dann sägezähnig, stumpf spitz, nebst dem Mittelnerv noch mit zwei gleichlaufenden Längslinien geziert, alle kelchbildend zusammenstehend, 2' lang, 1½" breit. Blüthenstand steif aufrecht, filzig bekleidet, mit schmalen, aufrechten, nicht ganz umfassenden, sehr spitz endenden Bracteen ziemlich dicht besetzt, sammt dem Blüthenstande 1' 8" lang.

Blüthenstand durch regelmässig sehr dicht stehende Blüthen rein eirund. Blüthen aufrecht. Fruchtknoten und stachelspitze Kelchzipfel eiförmig, ½" lang, ¼" breit. Kronenblätter gar nicht sichtbar. Bracteen bei jeder Blüthe, flatterig, gestreift, spitz endend, 1" lang, fast ½" breit, am Grunde umfassend. Die regelmässige Stellung der aufrechten Beeren (?) und der viel längeren Bracteen an denselben macht den Blüthenstand sehr zierlich.

Diese Pflanze hat ihrem Blüthenstande nach einige Aehnlichkeit mit Echinostachys; aber nur die regelmässig gedrängt stehenden Beeren und die flatterigen Bracteen stellen dieselbe der obigen Gattung nahe.

STREPTOCALYX Beer.

Strept. Poeppigii Beer.

Sp. Amazonas. Ega. Poeppig. (Kaiserl. Museum in Wien.)

Laubblätter steif aufrecht, eine Röhre bildend, 1½" breit, 1½' lang, dunkel stahlgrün, gleichmässig scharf sägezähnig und stachelspitz. Schaft stark überhängend. Blüthenstand bis ans Ende verzweigt. Zweige hängend; jeder Zweig trägt eine horizontal abstehende, kahnförmige, sägezähnige, 2" lange und 1" breite, mit Längslinien versehene Bractee. Auch der Schaft ist mit ganz gleichen Bracteen besetzt, nur mit dem Unterschiede, dass hier die Bracteen steif aufrecht stehen und anliegen. Jede Blüthe trägt eine kleine herzförmige, nach seitwärts abstehende gestreifte Bractee. Schaft und Blüthenstand, mit Ausnahme der Kronenblätter und sämmtlicher Bracteen, mit dichtem, hellbraunem Filze bekleidet. Fruchtknoten gegen oben erweitert. Kelchzipfel weit geschlitzt, unter sich verwachsen, zusammengefaltet, weich, 2½ mal um sich gewunden, mit dem Dorn ¾" lang, in Mitte 3''' breit. Kronenblätter ½" lang, flatterig.

PUYA Molina.

Puya coarctata Beer.

Pourretia coarctata. Ruiz et Pavon. Flora Peruv. et Chil. tom III, 34, auch Prodromus von R. et Pav. — Pourr. coarctata R. et Pav. Gaudichaud. Bonite, Atlas botanique tab. 41. — Pourr. coarctata R. et Pav. Poeppig et Endl. Nova genera plantarum pag. 41.

Stamm im Alter 4 bis 6' lang, dann sparsam verzweigt. Zweige fast eben so dick wie der Hauptstamm, mit den Ueberbleibseln der Laubblätter besetzt, und wenn auch diese endlich abfallen, zeigt sich der Stamm regelmässig netzartig gefurcht, wie ungefähr alte Stämme mancher Palme.

Die Laubblätter bilden eine Krone wie bei Yucca, aber die Blätter selbst haben ganz die Gestalt eines Bromelien-Blattes, nur mit dem Unterschiede, dass hier die Laubblätter auf der Unterfläche fast rein weiss erscheinen und das ganze Blatt etwas fleischig ist. Laubblätter über 4' lang, am Grunde 1¼" breit, allmälig gegen die Spitze schmäler werdend, endlich spitz endigend. Zähne an den Blättern hackig und sehr scharf.

Blüthenstand stark verzweigt. Bracteen eilanzettförmig, aufrecht, an den Zweigenden eine lange Walze bildend. Blüthen sehr wenige, gleichzeitig geöffnet, und zwar nur an dem unteren Theile der Zweige, indem alle Enden am Blüthenstande nur sterile Bracteen bilden. Blüthen über 2" lang, glatt, weit geöffnet, schmutzig gelb.

Genitalien kaum vorragend. Staubbeutel tief orangefarbig. Der Schaft ist bei 2" dick und über 6' hoch. Die Hochblätter hängen an denselben schlaff herab; auch bei jeder Verzweigung am Blüthenstande steht ein schwach sägezähniges, 2" breites Deckblatt von verschiedener Länge. Der Schaft, Blüthenstand (Bracteen etc.) sind lebhaft grün gefärbt.

Die Kronenblätter über 2" lang, Zipfel abstehend, etwas zurückgebogen, gelblich grün, an der Basis mit einem purpurfarbigen Flecken gezeichnet, beim Verwelken spiralig eingedreht. Fruchtknoten eiförmig, kaum merklich dreiseitig. Die ganze Blüthenähre pyramidenförmig, über 1' lang und prachtvoll. Genitalien gelb.

Obwohl in guten Pflanzen-Sammlungen diese Species nicht selten lebend zu treffen ist, scheint es doch zu einer grossen Seltenheit zu gehören, dieselbe in Blüthe zu sehen. Jedenfalls müssen die Exemplare sehr alt sein, bis man auf den Blüthentrieb rechnen kann.

Folgt die Beschreibung von Ruiz et Pavon:

Pflanze. Die Achre zusammengesetzt, gedrungen. Blätter schwertförmig, stachelspitz. Kronenblätter gelb, an der Basis mit einem purpurnen Flecken.

Stamm zwei Klafter lang, aufrecht, einfach, unterhalb beblättert, durch sich dachziegelförmig deckende Blattspuren stark verdickt, oberhalb rund, mit Schuppen oder kurzen Blättchen versehen, welche abwechselnd und entfernt stehen und beinahe lanzettförmig scharf sind. Laubblätter zahlreich, an der Basis des Stammes dachziegelförmig stehend, 4' lang, 2" breit, gerinnt, beiderseits kahl, oberhalb glänzend, am Rande sägezähnig, hellgrün. Sägezähne von einander entfernt, starr, die unteren zurückgedreht und mit einem weissen Filze bedeckt. Die oberen einwärts gedreht und kahl.

Die Achre endständig, fast pyramidenförmig, sehr gross, aus sehr vielen gestielten Aehrchen zusammengesetzt, die gedrungen, wollig und beinahe 1' lang sind, mit gestielten Deckblättern besetzt und vielblüthig.

Die Blüthen dicht ährig, sitzend, mit deutlich entfernten Bracteen. Die Bracteen der Aehrchen lanzettlich, halbstengelumfassend, verwelkend. Bracteen der Blüthen länglich, zugespitzt, rinnig. Kelch unterständig, dreitheilig, filzig; die Zipfel eiförmig lanzettlich, zugespitzt, angedrückt, bleibend. Blumenblätter drei, lanzettlich, über 2" breit, an der Spitze abstehend, zurückgedreht, gelblich grün, an der Basis mit einem purpurnen Flecken bezeichnet, beim Verwelken spiralig eingedreht. Staubfäden pfriemlich, länger als der Kelch. Staubbeutel lineal, an der Basis leicht zweifedrig und gelblich. Fruchtknoten eiförmig, kaum merklich dreiseitig. Pistil fadenförmig, dreifurchig, von der Länge der Staubfäden. Narben drei, fast spiralig. Kapsel eiförmig, schwach dreiseitig, dreifurchig, dreifächrig, dreiklappig, braun. Samen klein, zahlreich, braun.

Standort: Chili, an sandigen Hügeln; durch die Provinz Conception sehr verbreitet.

Blüthezeit: September, October.

Die Einwohner von Chili benützen den Stamm, dessen Substanz korkartig und sehr leicht ist, zu verschiedenen Geräthschaften.

Puya alpestris Beer.

Pourretia alpestris Poeppig et Endlicher. Nova genera plantarum tab. 156.

Es folgt hier die Beschreibung von Poeppig et Endlicher:

Stamm kurz und aufrecht. Blätter sehr schmal, schwertförmig, wenig stachelig, auf der Unterseite weiss. Die Aehre zusammengesetzt, cylindrisch.

Sie wachsen auf Vorbergen bei Antuco im östlichen Chili.

Blüthezeit: Februar.

Die Pflanze, obwohl sie gegen die anderen Species unscheinbar zu nennen, ist doch schön. Bei dieser Species werden einige Sprossen kriechend gefunden. Die Wurzelblätter zahlreich, die äusseren länger, die inneren merklich kürzer, an der Spitze abstehend, zurückgebogen, sehr schmal schwertförmig, zugespitzt, in einen kurzen Dorn auslaufend, flach, am Rande spärlich stachelig, gestreift, oberhalb grün, glänzend, glatt, unterhalb weiss filzig, am Grunde verbreitert, 1' lang und $\frac{1}{2}''$ breit, die Stacheln zurückgebogen, gegen die Spitze des Blattes gewendet, scharf, purpur-kastanienfarbig. Der Stamm ist mit wenigen Blättern besetzt, die kürzer und schmäler als die Wurzelblätter sind, zugleich unbewaffnet, hinfällig und dann wellenförmige Narben am Stamme zurücklassend. Schaft kaum 3' hoch, steif aufrecht, rund, mit einer rothen Oberhaut bedeckt, flaumhaarig.

Der Blüthenstand rispig, die Zweigchen zerstreut abwechselnd, eine straussartige cylindrische Aehre bildend, aufrecht abstehend, gefurcht, durch weissen Filz ausgezeichnet; 3" lange Bracteen am Grunde eines jeden Zweigchens sitzend, halbstengelumfassend, zugespitzt, am Rande bisweilen mit krautartigen, in eine Granne auslaufenden Zähnen besetzt, nervig, häutig, weiss, mit kleienartigem, abfälligem Filze bekleidet, $1\frac{1}{2}$ bis 2" breit. Blüthen auf ein eckiges Blüthenstielchen gestützt, mit lineal lanzettlicher, häutiger Bractee, aufrecht, von mittelmässiger Grösse, schön, ohne Geruch, 1½" lang; die inneren länglich, fast eiförmig, an der Spitze sehr kurz zugespitzt, über der Basis ein wenig verschmälert, unterhalb zusammengerollt, oberhalb abstehend, zurückgebogen, nervig, auf der Aussenseite aus dunkelblau in grün übergehend, kahl, nach dem Oeffnen der Blüthe dann spiralig zusammengedreht, purpurn.

Puya chilensis Molina.

Puya chilensis Mol. Bot. Mag. tab. 4715.
" " Flore van Houtte tab. 869, 870.
" " Compositiones histor. Chilensis et Hispanicae pag. 170. Abbé Molina.
Renealmia ramosa lutea u. s. w. Pater Feuillé, amerik. Pflanzen tab. 39.

Es folgt hier die Beschreibung von Molina.

Der Stamm von der Puya gen. nova wird im ganzen Königreich Chili statt des Korks gebraucht. Diese Pflanze, welche der Bromelia ananass sehr ähnlich ist, schiesst aus der Wurzel drei bis vier ungeheure Stämme von der Dicke eines Menschen hervor, die nicht länger als ungefähr 20", und überall mit schwammigen, in einander gefügten Schuppen bekleidet sind. Mitten aus diesen Stämmen schiessen die Blätter hervor, welche 4' lang, am Rande mit gekrümmten Stacheln besetzt, die denen der Ananas völlig ähnlich sind. Zwischen diesen erhebt sich ein Stamm auf eine Höhe von 9', und 3" im Durchmesser, mit einer dunkelgrünen, harten Rinde bedeckt, welche mit einer weisslichen Materie, von der Consistenz unseres gemeinen Korks angefüllt ist. Der Gipfel dieses Stammes theilt sich in mehrere kleinere Zweige, welche mit Blättern, noch viel kleiner als die Wurzelblätter, und mit gelben Blumen bekleidet werden, die 4" lang sind, aus 6 irregulären Blumenblättern bestehen und sich in eine grosse Pyramide vereinigen. Die Frucht dieses sonderbaren Gewächses ist eine dreifächrige Kapsel, mit unendlich vielen kleinen schwärzlichen Samen angefüllt. Die Honigbehälter sind voll Honig, der von den Kindern begierig gesucht wird.

Die Araucanischen Provinzen bringen noch drei oder vier andere Arten dieser Gattung hervor, welche den Honig in sehr grosser Menge geben, der von den Eingebornen gegessen wird.

Puya coerulea Lindl.

Bot. Register tab. 11, 1840.

Diese in den „Reisen in Chili" von Miers benannte Pourretia coerulea ist in B. Reg. nicht ausführlich beschrieben. Es wird dort nur auf die Verschiedenheit von Puya coarctata und obiger Species hingewiesen. Dem Laubblatte nach zu urtheilen, welches aber auch nur theilweise abgebildet erscheint, dürfte diese Pflanze, deren Laubblätter auf der

Unterfläche schmutzig gelblich erscheinen, — den Wuchs von Puya coarctata besitzen. Der Blüthenstand ist aufrecht, verzweigt, die Hochblätter am Schafte fahl lederfarbig und fein sägezähnig. Fruchtknoten eiförmig, sammt den zur Zeit der Blüthenentwicklung tief geschlitzten Kelchzipfeln hellgrün gefärbt. Kronenblätter aufrecht, wenig geöffnet, sehr hinfällig, bei 1½" lang, schön dunkelblau, arm blühend, zusammengedreht, röthlich lila werdend.

Die verkümmernden Enden des Blüthenstandes sind hier nicht zu bemerken, obwohl dieselben gewiss vorhanden waren. Wahrscheinlich waren die Blüthenzweig-Enden ganz vertrocknet und wurden desshalb bei der Abbildung entweder gar nicht berücksichtigt oder absichtlich weggelassen.

Puya? Gaudini Beer. (Fossile Pflanze.)

Bromelia Gaudini Herr. Flora tertiaria Helvetiae, 3. Lieferung.

(Man sehe die Vorrede.)

MACROCHORDIUM de Vriese.

Macr. tinctorium de Vriese.

Niederländische Gartenbau-Schriften.
Billbergia tinctoria Martius. Annales de Gand. III. tab. 56.

Laubblätter alle vom Grunde aus steif abstehend, am Rande wellig, in der Mitte 1½" breit, verschieden lang (bis 2½'), an dem weichen, spitzen Ende stark zurückgebogen, wie eingerollt, der ganzen Länge nach mit sparrigen, kleinen Sägezähnen besetzt. Oberfläche lebhaft dunkelgrün, Unterfläche weiss, fein gestreift, matt silberglänzend. Schaft sammt dem 3" hohen Blüthenstande 1½' lang, mit dichten, fahl-rothen, anliegenden, trockenen Bracteen besetzt. Schaft und Grund des Blüthenstandes dicht weiss wollig bekleidet. Blüthenstand verlängert eiförmig, walzenförmig, 3" hoch und gleichmässig über 1" breit. Blüthen in spiralig geordneten Reihen stehend, zwischen der weissen Wolle gebettet. Es stehen nur die fleischigen, hellgrünen, zusammengeneigten Kelchzipfel wie eine kleine Kugel von 2''' Durchmesser vor. Der weiss wollige runde Fruchtknoten sitzt zwischen der Wolle fest auf. Blüthen gerade abstehend, in der Knospe hellgrün, dann beim Aufblühen schwärzlich grün, endlich nach dem Verblühen ganz schwarz und hinfällig. Nach dem Abblühen wächst der Fruchtknoten rasch vor und bekommt eine eiförmig stumpf aufsitzende Gestalt; hier stehen dann die ganz entfärbten Bracteen am Schafte.

Macr. melananthum Beer.

Bromelia melanantha. Bot. Register tab. 766.

Es ist zum öfteren darauf hingewiesen, dass diese und Billbergia tinctoria eine Species seien. Allein sie sind sehr leicht erkenntlich verschieden von einander.

Pflanze ganz steif aufrecht. Laubblätter am Grunde kelchbildend zusammenstehend; nur einige der Blätter sind an der Spitze eingerollt. Sägezähne an den hellgrünen, glänzenden Blättern sehr scharf, dicht stehend, schwarz, ebenso die lange Stachelspitze der Laubblätter. Der Blüthenstand überragt, steif aufrecht, nur wenig die aufrechten Laubblätter. Schaft und Blüthenstand mit bläulich schmutzig weisser Wolle dicht bekleidet. Bracteen an ersteren lederbraun, trocken, spitz, sich gegenseitig deckend. Blüthenstand gleichförmig, 1″ dick und 1 ½″ lang. Fruchtknoten und dicht anliegende Kelchzipfel kugelförmig, 3‴ Durchmesser, hell gelb-grün, sitzend. Die Blüthen abstehend, 2‴ lang, braunschwarz.

Macr. bromeliaefolium Beer.

Tillandsia bromeliaefolia. Rudge, Plantarum Guianae tab. 50.

Diese Pflanze bildet nur 3 bis 4 Blätter, welche vom Grunde aus einen schmalen zierlichen Kelch formiren, der am Grunde einen kugligen Knoten bildend, hier kaum ½″ dick, dann allmälig erweitert und bei 4″ Höhe 1 ½″ Durchmesser hat.

Die Laubblätter sind am Grunde ganz umhüllend, hier ganzrandig, weich, dann der ganzen Länge nach scharf sägezähnig, in Mitte 1 ½″ breit, allmälig spitz endend, 2′ 3″ lang, mit mehreren Längslinien geziert; sie sind bis über die Hälfte der Länge steif aufrecht, dann mit einemmale schlaff überhängend. Der Schaft erhebt sich gerade aufrecht, holzig, steif, sammt dem Blüthenstande, welcher nur 2″ hoch ist, 1′ 10″ hoch, beide weiss filzig bekleidet. Blüthenschaft 2‴ dick, mit dütenförmigen, ganz umhüllenden, etwas abstehenden spitzen, schmutzig purpurfarbigen, trockenen, etwas gestreiften Bracteen von verschiedener Länge besetzt. Die Bracteen nächst dem Blüthenstande stehen dichter beisammen und gewinnen bedeutend an Länge; sie sind hier aufrecht abstehend und die längsten 3″ lang. Der Blüthenstand ist ei-walzenförmig, 2″ hoch, 1″ dick. Die Blüthen in geordneter Spirale. Die Kronenblätter, welche anfänglich grün erscheinen, werden beim Verblühen lebhaft schwarz; sie sind flattrig, sehr geöffnet. Die Genitalien kürzer als die Kronenblätter und sichtbar.

Rudge bemerkt, dass „diese und die vorhergehende Species (Bromelia longifolia desselben Werkes) noch an lebenden Pflanzen weiter zu erforschen wären."

Macr. pulchrum Beer.

Bromelia tinctoria der Pariser Gärten.

Eine stattliche Pflanze mit aufrechten breiten Blättern, und jedenfalls die schönste Species unter den Macrochordien.

Laubblätter steif aufrecht, gleichmässig hellgrün, am Rande stark wellig, schwach stachelspitz, der ganzen Länge nach mit einer gleich breiten (½"), flachen Rinne versehen, am flachen Ende übergebogen, hier auch wellig eckig, schwach stachelspitz endend, hier etwas zurückgerollt, an den Rändern schwach sägezähnig, 1' 9" lang, 2¼" breit, vom Grunde aus bis 8" Länge, 5" breit, hier weich, ganzrandig, braun besäumt. Die Laubblätter bilden durch das dichte Zusammenstehen am Grunde eine schöne Kelchform. Bei alten Pflanzen wird der Stamm durch das Abfallen der Laubblätter endlich sichtbar; er wird 3 bis 4" hoch, 1½" breit, und treibt mehrere wagrecht abstehende Sprossen. Der Schaft erhebt sich in Form einer Keule, durch schöne blutrothe Bracteen ganz bedeckt, welche dann der bei 3" hohe, 1½" breite, runde Blüthenstand durchbricht. Dieser Grad der Entwicklung ist für die Pflanze der günstigste, indem die anliegenden rothen Bracteen mit dem hellgelben Blüthenstande einen sehr schönen Effect machen. Der Schaft und Blüthenstand erhebt sich endlich über 9' hoch. Die Blüthen stehen in geordneter Spirale; sie sind lebhaft schwarz-braun und an den Rändern weiss filzig, etwas gegen oben zusammengedreht, spitz endend. Die Genitalien verborgen, also kürzer als die 3''' langen Kronenblätter. Fruchtknoten und anliegende fleischige Kelchzipfel eiförmig, lebhaft hellgrün, 5''' lang, 1½''' dick. Jede Blüthe trägt eine ganz umhüllende, weiche, ganzrandige, mit herabgebogenen weichen Spitzen versehene, unterhalb tieffurchige, mit weisser Wolle bekleidete, etwas schmutzig lederfarben bemalte, sichtbare Bractee. Zunächst dem Blüthenstande stehen mehrere zungenförmige, holzige, weiss wollig bekleidete, steif aufrechte, 1" lange, ½" breite Bracteen. Die Bracteen am Schafte sind kahnförmig spitz, frei abstehend, am Grunde halb stielumfassend, 2½" lang, 1" breit, steif, trocken, lebhaft blutroth, am Grunde in violett übergehend. Der Schaft ist schmutzig röthlich und dicht mit weisser Wolle bekleidet.

Macr. strictum Beer.

Beer's Garten, aus Samen. Brasilien.

Pflanze steif gerade aufgerichtet. Laubblätter am Grunde 3" breit, bauchig, ganzrandig, bei 5" Höhe mit einemmale 1½" breit, 2' 2" lang, ganz gleich breit, scharf sägezähnig, an der scharfen Spitze $^{1}/_{2}$'' eingerollt, hellgrün, mit gleichmässig silberglänzendem, wolligem Anfluge. Laubblätter sechs bis sieben, alle gleich hoch. Schaft mit dem 3'' hohen, 1'' dicken, walzenförmig runden Blüthenstande 3' lang, sehr dicht mit weisser Wolle bekleidet. Bracteen am Schafte, bis zum Blüthenstande schmutzig weinroth, glatt, fein sägezähnig, gestreift, trocken, steif, mit sehr spitzem Ende, hier derb hellgrün, holzig, mit rothem Anfluge. Sie umhüllen den Schaft der ganzen Länge nach, gegen den Blüthenstand kürzer werdend, hier 1'' lang, am Grunde aber 5'' lang. Der Blüthenstand trägt unterhalb eine umhüllende, 3''' lange, in Mitte etwas eingeschnürte, mit langer, dichter, rein weisser Wolle bekleidete Bractee. Die Blüthen stehen in einer Spirale. Fruchtknoten und Kelchzipfel eiförmig, mit Längsfurchen versehen, am Grunde weiss wollig, 5''' hoch, 3''' breit, hellgrün, mit Purpurfarbe bemalt. Kronenblätter fleischig, schwarz, aufrecht, flattrig, offen. Genitalien kürzer als die Kronenblätter, goldgelb, sichtbar. Bractee bei jeder Blüthe, ganz umfassend, mit grünem Rande, glatt, weich, dann mit langer weisser Wolle dicht bekleidet.

ECHINOSTACHYS Brongniard.

Echin. Pinelliana Brongn.?

Laubblätter alle steif aufrecht, am Grunde bauchig, eine tiefe Rinne bildend, 2$^{1}/_{2}$'' breit, in Mitte 1$^{1}/_{2}$'' — 2' 2'' lang, scharf stachelspitz, gleichmässig fein sägezähnig, flach endend, lebhaft grasgrün, auf der Unterfläche durch kleiigen Anflug schwach weisslich gebändert, nur die zwei untersten Laubblätter etwas übergeneigt. Blüthenschaft bis zum Blüthenstande 1' 4'' lang, mit weichen, trockenen, mit Längsstreifen versehenen, etwas bauchigen, sehr spitz endenden, lebhaft prächtig blutrothen, an der Spitze grasgrün bemalten, verschieden langen, am Grunde stark umfassenden Bracteen besetzt. Der Schaft hell roth, nur nahe am Blüthenstande sichtbar.

Blüthenstand walzenförmig, unten mit herzförmigen, stark weiss wolligen, steifen, gewimperten, braun gegranten Bracteen umstellt. Die Blüthen stehen sehr dicht in Spirallinien beisammen; jede Blüthe trägt eine lang und scharf gegrante, haarige, am Grunde mit weisser Wolle umgebene braune Bractee. Die Granen bilden am Ende des Blüthenstandes einen aufrechten braunen Schopf. Fruchtknoten und stachelspitze Kelchzipfel eirund, hellgrün, wenig braun behaart. Kronenblätter in der Knospe goldgelb, die geöffnete Krone wagrecht abstehend, sehr dunkel schwarzbraun, innen hellgelb, filzig. Der Blüthenstand ist 2$^{3}/_{4}$'' hoch und 1" breit (ohne geöffnete Blüthe), von stumpf kegelförmiger Gestalt; am Grunde durch die Wolle rein weiss, dann durch die gleichzeitig sich entwickelnden Knospen hellgrün, und endlich durch die dicht strahlenförmig abstehenden Granen der Bracteen lebhaft lederbraun. Der Granenbüschel steht wie eine kleine aufrechte Garbe am Ende des Blüthenstandes und trägt viel zu dessen zierlich schöner Gestalt bei.

Echin. rosea Beer.

Echinostachys Pineliana, aus dem Garten des van Houtte.

Laubblätter zahlreich, abstehend, dann übergebogen, am Grunde kelchbildend zusammenstehend, hier glattrandig, $3\frac{1}{2}$" breit, dann allmälig verschmälert, — in Mitte 2" breit; 1' 5" lang, mit sehr schwacher Stachelspitze, die Ränder aber mit regelmässig dicht stehenden, 2''' langen, gerade abstehenden schwarzen, scharfen Sägezähnen besetzt; auf der Aussenfläche auf lebhaft grasgrünem Grunde mit zart weissem Anfluge geziert. Unterfläche sehr schön, wie silberglänzend, mit einigen dunklen Querbinden. Schaft weiss wollig bekleidet, 1' lang, dünn, von stark umfassenden, dann bauchigen, steif aufrecht und spitz endenden Bracteen ganz eingehüllt, diese zart und schön hell rosenfarben, mit bräunlicher Spitze, die Ränder derselben fast weiss. Die rothe Bractee zunächst dem Blüthenstande ist schon hellbraun gegraut.

Blüthenstand $1\frac{3}{4}$" hoch und über $\frac{3}{4}$" breit, von steif aufrechten, stark weiss wollig bekleideten, stumpf spitzen, 4''' langen und eben so breiten Bracteen umstellt. Bracteen bei jeder Blüthe, sehr stark weiss wollig bekleidet, dann mit einer braunen, scharf spitzen, behaarten Krone von 4''' Länge versehen. Fruchtknoten und stachelspitze Kelchzipfel lebhaft grün, am Grunde stark weiss wollig bekleidet. Knospen hellgrün, dann tief orangefarben, endlich geöffnete Krone, braun-schwarz, abstehend, 2''' lang, im innern grünlich filzig. Der Granenbüschel am Ende des Blüthenstandes bildet eine kleine ausgebreitete Garbe; dieser Pflanze gereichen die braunen abstehenden Granen zur besonderen Zierde.

Echin. cylindrica Ad. Brongn. (Fossil.)

Monographie des plantes fossiles p. W. P. Schimper et Mouquet tab. 23.

Schimper sagt über diese Formen: „Wir wollen bei diesen wenigen Ueberresten, bei denen sich kein befriedigendes Urtheil fällen lässt, nicht versuchen, an welche Pflanzenform der Jetztzeit selbe sich anschliessen dürften." —

Die Form des abgebildeten Blüthenstandes erlaubt dennoch, wenn auch nicht mit voller Bestimmtheit, eine Anreihung an lebende Formen.

Eine Aehnlichkeit findet sich mit den lebenden Echinostachys, wesshalb ich mich bewogen fand, sie hier anzureihen. Der Umstand, dass sich bei der fossilen Pflanze keine Spur von Granen findet, welche die lebenden Echinostachys so sehr auszeichnen, ist wohl nicht gering, allein diese Fortsätze der Deckblätter konnten auch zu Grunde gegangen sein.

Echin. oblonga Brongn.

Monographie des plantes fossiles p. Schimper et Mouquet tab. 23.

(Siehe Echinostachys cylindrica.)

CHEVALIERA Gaudichaud.

Chev. ornata Gaud.

Bonite, Voyage autour du monde. Gaud. tab. 62.

Pflanze mit wenigen tief rinnenförmigen, am Grunde wenig umfassenden, bei 2′ langen, bis 5″ Höhe ganzrandigen, dann gleichmässig sägezähnigen, schwach spitz endenden, in Mitte 1½″ breiten, am oberen Theile flachen Laubblättern.

Schaft ganz nackt, steif aufrecht, rund, 5″ hoch, 4‴ dick. Blüthenstand 6″ hoch, 2″ breit, walzenförmig (einer etwas verlängerten Ananassa ohne Blüthenschopf gleichend). Fruchtknoten am Grunde frei, diese und die stachelspitzen Kelchzipfel auf breiter Basis aufsitzend, bauchig flaschenförmig, von ½″ Durchmesser, von einer lang stachelspitzen, etwas faltigen Bractee umgeben. Blüthenkrone ganz versteckt, die Blüthen in spiraliger Reihe dicht aneinander. Der Blüthenstand endet mit den aufrechten zahlreichen Spitzen der Bracteen.

Farbe u. s. w. nicht bekannt.

Chev. sphaerocephala Gaud.

Bonite, Voyage autour du monde. Gaud. tab. 61.

Wir sind bei einer Pflanzenform angelangt, welche eine auffallende Aehnlichkeit mit Ananassa sativa hat; leider fehlt die Beschreibung hierzu, was um so mehr zu beklagen ist, da hinsichtlich der Blattformen u. s. w. es von Wichtigkeit wäre, zur Beurtheilung auch die Beschreibung zuziehen zu können.

Laubblätter allmälig spitz endend, wahrscheinlich über 1½′ lang, in Mitte 1½″ breit. Schaft mit ganzrandigen, nur an den Spitzen etwas sägezähnigen Bracteen besetzt, welche auf der Abbildung als gegenständig gezeichnet erscheinen.

Blüthenstand fast kugelrund, 6" hoch, 5" breit. Fruchtknoten und stachelspitze Kelchzipfel kugelig, $\frac{1}{2}$" im Durchmesser, umgeben von umfassenden ganzrandigen, mit scharfer Stachelspitze aufwärts stehenden Bracteen. Bracteen und Fruchtknoten am Grunde frei. Die Kronenblätter stehen nur sehr wenig zwischen den Kelchzipfeln vor.

ANANASSA Lindley.

(Siehe die Abhandlung über Ananassa.)

TILLANDSIA Linné.

Till. usneoides Linné.

Die Pflanze bildet lang herabhängende, sehr schwer zu entwirrende Massen matt gelber, wolliger, fadenartiger, dünner Aeste, welche die Zweige der Bäume u. s. w. nach Art unseres Bartmooses in ungeheuren Massen bedecken.

Es dürfte bis jetzt noch nicht gelungen sein, diese Pflanze lebend nach Europa zu bringen, da sie unterwegs sehr leicht vertrocknet. — Die ganze Pflanze ist gewöhnlich fahl hellgrün.

Leider fehlt es noch an Pflanzen, an denen man die Blüthe gehörig studiren könnte. So findet sich jene Form, welche in Brasilien so häufig an den Baumästen gleich einem Barte herabhängt, und die nach Director Schott in Schönbrunn ganz kleine, den weiblichen Blüthen bei Vallisneria spiralis einigermassen gleichenden, also grünlichen Blüthchen bilden sollen, — nicht in den Herbarien, welche ich untersuchte; wohingegen jene Formen der Till. usneoides, welche sich in anderen Theilen von Amerika finden, in sehr instructiven Exemplaren aufbewahrt sind. Es ist mit Gewissheit anzunehmen, dass unter jenen Formen, welche sich mit der Benennung „Till. usneoides" in den Herbarien finden, mehrere gute Species vorhanden sind.

Möge es einmal Jemanden gefallen, diesen seltsamen Gebilden an den natürlichen Standorten im lebenden Zustande eine besondere Aufmerksamkeit zu widmen.

Es folgt hier die Beschreibung von Ruiz et Pavon und Anderen:

Blüthenstiel einblüthig, kurz. Stengel ästig, fadenförmig, herabgebogen, hangend. Blätter pfriemlich, fadenförmig.

Tillandsia (usneoides) fadenförmig, verzweigt herabhängend, scharf. Linné, Sp. Plant. II, pag. 9.

Viscum caryophylloides: Aeusserst zart, von den Aesten der Bäume nach Art des Mooses, herabhängend. Die Blätter wie bereift. Die Blumenkrone dreiblättrig. Samen fadenförmig. Sloane, Jamaica 77, Hist. I, pag. 191, Fig. 23. —

Die Pflanze perennirend, weisslich, überall mit kleienartigen, dicht gestellten und trockenhäutigen Schuppen bedeckt, mit zahlreichen und gehäuften Sprossen, die verzweigt, sehr lang und herabhängend sind. Die Wurzel haarförmig und dünn. Der Stengel rund, gebogen, schlaff hängend, 2 bis 4' lang, fadenförmig, durch Abgliederungen verdünnt, zusammengedrückt. Die Aeste ganz gleich. Die Blätter abwechselnd, am Stengel entfernt und an den Zweigen nahe stehend, cylindrisch pfriemenförmig, fast haarfein, gebogen und scheidig. Die Blüthenstiele platt gegenständig, einfach, aus den Scheiden der Blätter entspringend, einblüthig, an der Spitze zweiblättrig, das höher stehende Blatt sehr kurz. Der Kelch trockenhäutig, die Blättchen derselben unter sich zusammengedreht. Blumenblätter drei, purpurfarbig. Die Kapsel länglich lineal, schwach dreiseitig, dreiklappig. Die Klappen gedoppelt; die äusseren weisslich, die inneren purpur-fahlgelb. Die Samen länglich lineal, fahl gelblich mit Papus.

Standort: Warme Abhänge in Peru, Tarma, Huanuco u. s. w., auf Bäumen, Sträuchern, Cactus und Felsen besonders vorkommend, auf den Gattungen Achras, Lucuma, auf Pirus malus und Laurus persea; in Tarma, Salvage genannt, wie auch Chaopera u. s. w.

Blüthe: October, November, December. R. et Pav.

Till. crinita. (Autor?) [Herbar Willdenow.]

Diese Pflanze bildet höchst merkwürdige, lange, weitschweifige, glänzend schwarze, kaum rosshaardicke fadige Aeste, welche sich oft gemeinschaftlich mit Till. usneoides finden.

Die Sternschuppen scheinen bei dieser Species nur ganz klein und hinfällig zu sein, indem man bei bedeutender Vergrösserung nur die Ueberreste von Schuppen findet. Die Laubblätter kaum 1/4'' lang, umhüllend, glatt, zungenförmig endend. Blüthen einzeln, mit drei Stützblättchen umstellt. Die Kronenblätter innen und aussen stark behaart. Neben der Blüthe erscheinen keine Verzweigungen; dies ist auch die Ursache, dass diese Form sich sehr wenig verzweigt und desshalb auch nur ein ganz loses Gewirre bildet.

Leider ist es noch nicht vergönnt, in Europa diese seltsamen, abweichenden Formen in lebendem Zustande zu studiren, wesshalb auch über die Färbung der Blüthen wenig verlässliches zu sagen ist. Wahrscheinlich gibt es hiervon noch mehrere gut unterscheidbare Formen; allein selbst hierzu ist das Material der Herbarien noch nicht ausreichend versorgt.

Till. trichoides Humb. Bonpl. Kth.

Pluckenetii Opera omnia I. tab. 26, fig. 6. (?)

Zweige fadenförmig, hellbraun, von der Dicke eines starken Rosshaares. Blätter alle umhüllend, nur am Ende etwas geöffnet, $\frac{1}{2}''$ lang. Blüthen einzeln aus einem umhüllenden Blatte hervortretend, aus welchem sich auch Seitenverzweigungen bilden. Von einem Blatte zum andern beschreiben die Zweige entgegengesetzte halbe Bogen. Die ganze Pflanze dicht mit sternförmigen Schuppen besetzt, welche jedoch bei todten Pflanzen leicht abfallen, wo dann der schwärzliche Zweig zu sehen. Kronenblätter stumpf spitz, innen stark behaart. Die Staubbeutel kurz gestielt, mit den Kronenblättern verwachsen. Kelchzipfel fast $\frac{1}{4}''$ lang; diese und die $\frac{1}{4}''$ weit vorragenden Kronenblätter zusammen bei $\frac{1}{2}''$ lang, diese hell gelblich gefärbt.

Diese Form bildet keine so lang herabhängenden Zweige; es ist mehr einem Gewirre von Rosshaaren vergleichbar. Wahrscheinlich treibt der Sämling erst einen ganz kleinen aufrechten, linienförmigen Blattbüschel, aus dessen Blattachseln sich dann erst die langen Seitenzweige zu entwickeln beginnen. Unter den Restiaceen finden sich Formen, welche, wenn man einzelne Verzweigungen des Blüthenstandes betrachtet, eine auffallende Aehnlichkeit mit den Formen von Tillandsia haben.

DIAPHORANTHEMA Beer.

Diaph. capillaris Beer.

Till. capillaris R. et P. Flora Peruv. et Chil. R. et Pav. tab. 271.

Es folgt hier die Beschreibung von Ruiz et Pavon:

Pflanze. Blüthenstiel meist einblumig, haardünn, kahl, dreimal länger als die Blätter. Die Blätter lineal pfriemlich, der Stengel gabeltheilig.

Die Pflanze durch zahlreiche Sprossen rasenbildend, weisslich grau, mit sehr kleinen kleienartigen Schuppen dicht bekleidet. Der Stengel gabeltheilig, beblättert, $\frac{1}{2}'$ hoch. Blätter dachziegelförmig, zweizeilig, dicht stehend, lineal pfriemlich, aufrecht abstehend, dann zurückgebogen, gerinnt, mit gestreifter Basis, halbstengelumfassend. Die Blüthenstiele achselständig (axillaris), aufrecht, dreimal länger als die Blätter, leicht gestreift, haarfein, kahl, einblüthig, seltener zweiblüthig, gegen die Basis einblättrig, oberhalb nackt. Bracteen einzeln stehend, länglich, kahl, zusammengerollt, nervig. Kelch dreitheilig, die Zipfel zusammengerollt, lederartig, trockenhäutig, schwärzlich violett. Blumenblätter kaum länger als der Kelch und weiss. Staubbeutel gelb. Kapsel lineal, zweimal länger als der Kelch, dreiklappig. Die äusseren Klappen blass, die inneren schwillig, glänzend, schwärzlich violett. Die Samen länglich lineal, mit weissem, behaartem Stiele.

Standort: Warme Orte in Peru; sehr häufig auf Mauern, Bäumen und Felsen.

Blüthezeit: November und December.

Sie unterscheidet sich von der ihr verwandten Tillandsia recurvata durch die zahlreichen mit mehr kleienartigen (leprosus) Schuppen bedeckten Sprossen, durch gabeltheilige Stengel und gedrängtere, breitere und kürzere Blätter, die aufrecht abstehend eine schmale Basis haben; ferner durch die haarfeinen Schäfte, die dreimal länger als die Blätter und glänzend kahl sind; durch die einzeln stehende, einblüthige, nackte, stumpfe und zusammengerollte Bractee, und endlich durch die grünliche Kapsel.

Diaph. virescens Beer.

Till. virescens R. P. Flora Peruv. et Chil., R. et Pav. tab. 270.

Es folgt hier die Beschreibung von Ruiz et Pavon:

Blüthenstiel einblüthig, von der Länge der Blätter. Die Bractee einzeln stehend, zusammengerollt. Blätter lineal pfriemlich. Kapsel grünlich.

Pflanze rasenbildend, niedrig, weisslich, mit kleiigem Anfluge und 1" langen zahlreichen Sprossen. Blätter dachziegelförmig, zweireihig, lineal pfriemlich, unterhalb dem Stengel angedrückt, oberhalb abstehend, hier zurückgebogen, an der Basis gestreift. Blüthenstiel achselständig, einzeln stehend, von der Länge der Blätter, einblüthig. Die Bracteen einzeln, etwas abstehend, einblüthig, länglich, zusammengerollt, gestreift. Der Kelch spelzartig, kurz. Blumenblätter kaum den Kelch überragend, an der Spitze etwas abstehend. Kapsel doppelt so lang als der Kelch, grünlich, dreiklappig, die inneren Klappen purpur-schwarz. Die Samen klein, fahlgelb mit Papus.

Standort: Warme Abhänge in Peru, Huanuco.

Blüthezeit: December und Januar.

Diaph. uniflora Beer.

Till. uniflora Knuth. — Sloane, Jamaica, Vol. I, tab. 121, Fig. 1.

Pflanze klein, ganz mit lichtbraunem Filze dicht bekleidet. Laubblätter am Grunde umfassend, dann verwachsen, pfriemlich, aufrecht, und auch in einem Bogen gegen abwärts geneigt, bis 2" lang, 1''' dick. Blüthenstiel sehr dünn, aufrecht, filzig, seitenständig, am oberen Theile der Pflanze $2^1/_2$" lang.

Blüthenstand aus mehreren übereinander liegenden Bracteen zu einem kleinen Aehrchen gestaltet. Blüthe purpurfarbig.

Die Pflanze verzweigt sich stark und bildet ein Stämmchen von $1^1/_2$" Höhe.

Diaph. versicolor Beer.

Sloane, Jamaica, Vol. I, tab. 122, Fig. 1. — Till. tenuifolia? Römer et Schultes pag. 1215.

Die Pflanze bildet am Grunde einige unregelmässige, stumpf zungenförmige, breite, bauchige, bei 1" lange glatte Blätter, aus deren Mitte sich ein dicht stehender Büschel aufrechter, 4 bis 9" langer, stumpf endender runder, am Grunde wenig umfassender Laubblätter erhebt. Der seitenständige Blüthenstand trägt anliegende Laubblätter, welche die Blüthen weit überragen; diese sind purpurfarbig und von einer umfassenden spitzen Bractee von 1" Länge umgeben.

Die Laubblätter sind vom Grunde aus grün und enden mit einer rothen Spitze.

Diaph. subulata Beer.

Till. subulata Arrab. Flora Flumin. III, tab. 127.

Eine kleine Pflanze mit aufsteigendem Wuchse; sie bildet Büschel von strahlenförmig abstehenden, pfriemlichen Spitzen, am Grunde mit umfassenden, bei 3" langen, in Mitte 2''' breiten Laubblättern. Der reich beblätterte Blüthenstand ist achselständig, hier die Blätter $^3/_4$" lang. Blüthen aus aufrechten, anliegendenScheiden hervortretend, wahrscheinlich purpurfarbig. Die Kronenblätter ausgebreitet, 3''' lang.

Diaph. triflora Beer.

Till. triflora Arrab. Flora Flumin. tab. 134.

Eine bei $1^1/_2$' hohe, vom Grunde aus stark verzweigte, aufrechte Pflanze, welche bei den oberen Zweigen Büschel von Wurzeln treibt — (sich wohl hiermit an den Bäumen u. s. w. aufrecht erhält). Die Laubblätter sind reitend, wechselständig, ziemlich gleichmässig 1" lang und 1''' breit, wahrscheinlich rund und am umfassenden Grunde plattgedrückt. Die Zweige sind bei 3" lang. Am Ende der Zweige erscheinen die Blüthen in hängenden Büscheln, und zwar aus der Achsel des vorletzten Blattes. Die Kronenblätter glatt, am Ende rund und 4''' lang, vermuthlich violett oder purpurn von Farbe.

Diaph. recurvata Beer.

Till. recurvata Linné. Flora Peruv. et Chil. R. et Pav. tab. 271.

Es folgt hier die Beschreibung von Ruiz et Pavon:

Blüthenstiel zweiblüthig, mit kleiigem Ueberzuge, wenig länger als die Blätter, die fast pfriemlich, geneigt und aufrecht sind.

Tillandsia (recurvata) mit fast pfriemlichen, gebogenen und scharfen Blättern, einblüthigen Halmen und zweiblüthigem Balge. Linné, Sp. plant. tom II, pag. 9.

Pflanze rasenbildend, mit zahlreichen gehäuften Sprossen, die 4 bis 5' hoch, aufrecht, zweitheilig oder einfach, zugleich mit weisslicher Kleie überall bedeckt sind. Die Blätter abwechselnd, zweireihig, dachziegelförmig, pfriemlich, oberhalb gerinnt, unten mit breiterer Basis; die unteren zurückgebogen, die mittleren fast horizontal abstehend, die oberen aufrecht und länger. Die Blüthenstiele einzeln stehend, fadenförmig, wenig länger als die Blätter, unmerklich gestreift, gegen die Basis einblättrig, zweiblüthig. Bracteen drei, die Blüthen umfassend, lanzettlich, spitz, aufrecht, — angedrückt; die äussere Bractee grösser und spitzer. Der Kelch zur Blüthezeit purpurfarbig, die Blumenblätter violett, die Staubbeutel fleischroth. Die Kapsel lineal cylindrisch, fast dreimal länger als der Kelch; die Klappen gedoppelt, die äusseren weisslich, spelzig, die inneren purpur-fahlgelb, mit papusartigem, haarigem Stiele.

Standort: Wärmere Orte in Peru, häufig in den Provinzen Huanuco und Tarma, auf Bäumen, Felsen und Mauern.

Blüthezeit: December und Januar.

Die Abbildung der Till. recurvata aus Slaone, Jamaica, Hist. I, pag. 190, tab. 121, ist der obigen vollkommen gleich.

Diaph. biflora Beer.

Till. biflora R. et Pav. Flora Peruv. et Chil. R. et Pav., tab. 268.

Diese Pflanze hat die Laubblätter kelchbildend zusammenstehen und gleicht in der Tracht derselben der Guzmania tricolor; nur sind hier die Laubblätter viel kürzer und auch schmäler.

Es folgt hier die Beschreibung von Ruiz et Pavon:

Pflanze. Schaft traubig, Blüthen gepaart, Blätter schwertförmig, spitz. Pflanze perennirend kahl, oft Sprossen treibend.

Schaft einzeln, einfach, 1 ½' lang, aufrecht, rund, mit abwechselnd stehenden lanzettförmigen, spitzen, gestreiften und stengelumfassenden Schuppen besetzt, oberhalb traubig. Die Blätter schwertförmig, spitz, sich gegenseitig anliegend, fast gleich lang, aufrecht abstehend, gestreift, die äusseren ein wenig zurückgebogen. Die Traube einfach, ½' lang.

Die Blüthen abwechselnd stehend, gepaart, mit kurzen Blüthenstielen versehen und mit langen, lanzettlich spitzen, concaven, gestreiften, an der Spitze grünlich blassen, zurückgebogenen Blüthenscheiden umstellt. Die Kapsel länglich, 1" lang, gerade, von okergelber Farbe. Die Samen zahlreich, lineal, papusartig rauh gekrönt.

Standort: Peru, Anden bei Muna. Früchte: August, September. Die Blüthezeit ist nicht angegeben.

DYCKIA Schultes fil.

Dyckia rariflora Schult.

Bot. Register tab. 1782.
Bot. Magazin tab. 3449.

Dieses kleine Pflänzchen ist sehr verbreitet in den Sammlungen und erträgt eine sehr niedere Temperatur, — wie keine andere dieser Familie. Die Laubblätter stehen alle strahlenförmig, gleichmässig steif ab und bilden einen sehr zierlichen Blattbüschel. Der Schaft ist sehr steif, bei 1½" lang, aufrecht, mit kleinen trockenen Scheiden besetzt. Die Aehre einfach. Blüthen schön zinnoberroth, eben so auch die Blüthenstielchen und die Kelchzipfel gefärbt. Die Kronenzipfel abstehend, ganz geöffnet; die Genitalien kürzer als diese. Staubbeutel goldgelb.

Laubblätter tiefrinnig, fast fleischig, allmälig schmäler werdend, mit stumpf spitzen Enden, am Grunde stark umfassend, an den aufgebogenen Blatträndern mit sehr entfernt stehenden, fast gerade aufgerichteten Sägezähnen bewaffnet. Auf der Aussenfläche hell lebhaft grün, Unterfläche dicht und fein weiss linirt, bei 5" lang, kaum in Mitte ⅓" breit.

Dyckia princeps Lemaire.

Jardin fleuriste tab. 224, 225.

Diese stattliche sehr schöne Pflanze bildet einen Büschel frei abstehender, am Grunde wenig umfassender, fleischiger, entfernt sägezähniger, gegen das Ende schlaffer, stumpf spitz endender, 1" breiter, 1' 8" langer, etwas gestreifter Laubblätter. Der Blüthenstand erhebt sich aufrecht, stark verzweigt. Blüthen wie bei Dyckia rariflora.

Dyckia tuberosa Beer.

Till. tuberosa Arrab. Flora Fluminensis tab. 136.

Die Pflanze bildet einen runden, bei 2½" Durchmesser haltenden Stamm, mit einem Büschel abstehender, übergebogener, fleischiger, ½" breiter und bei 1' langer, gleichmässig entfernt abstehender sägezähniger

Laubbätter besetzt. Das Ende der Blätter ist stumpf und wehrlos. Der unverzweigte Blüthenstand erhebt sich seitlich zwischen den unteren Laubblättern und trägt bei einer Höhe von 1 $^1/_4$' nur wenige, etwas geneigte Blüthen. Fruchtknoten und Kelchzipfel fast kugelig, $^1/_2$" lang. Kronenblätter dreieckig zusammenstehend, auch $^1/_2$" lang.

Färbung unbekannt.

AECHMEA Ruiz et Pavon.

Aechm. paniculata R. P.

Flora Peruv. et Chilensis. Ruiz et Pavon tab. 264.

Es folgt hier die Beschreibung von Ruiz et Pavon:

Prodromus Flora Peruv. et Chil. Ruiz et Pavon, pag. 37, tab. 8.

Aechmea R. et Pav.

Kelch: Blüthendecke doppelt; die äussere unterständig, glockenförmig, trockenhäutig, dreispaltig, die Zipfel fast rundlich, stumpf, der dritte Zipfel stachelspitz (Bracteе). Der innere (eigentliche) Kelch oberständig, dreitheilig, Zipfel eiförmig, zusammengerollt.

Krone dreiblättrig, die einzelnen Blätter lanzettlich, an der Spitze zurückgebogen und dann verschmälert.

Nectorium: zweiförmige Schuppen an der Basis eines einzelnen Blumenblattes.

Staubgefässe sechs, fadenförmig, von der Länge der Krone. Die Staubbeutel lineal.

Pistil: Fruchtknoten eiförmig. Stiel fadenförmig, von der Länge der Staubgefässe. Narbe dreitheilig, die einzelnen Theile spitz.

Kapsel eiförmig, dreifächrig, dreiklappig.

Samen viele, fast eiförmig.

Unterscheidungs-Charakter:

Krone dreiblättrig. Kelch doppelt, der innere oberständig; der dritte Zipfel des äusseren Kelches stachelspitz.

Die Kronenblätter drehen sich zur Zeit der Reife mit den Staubgefässen und dem Stengel spiralig zusammen. Species nur eine, krautartig.

Das Genus „Aechmea" haben wir nach dem dritten Zipfel des äussern Kelches, der in einem Stachel endet, benannt.

Aechmea paniculata.

Pflanze: Schaft traubig, rispig. Blätter schwertförmig, gerinnt, sägezähnig, ganz kahl.

Schaft seitenständig (lateralis), aufrecht sich entwickelnd, 2' hoch, rund, mit einer grossen Rispe, aus sehr vielen langen und vielblüthigen Trauben zusammengesetzt. Blätter zahlreich, dachziegelförmig, schwertförmig, gerinnt, an den Rändern sägezähnig, unterseits weisslich. Die äusseren Blätter nach und nach kürzer werdend. Die Zähne eingebogen und fahlgelb. Rispe gross, endständig, in sehr viele Trauben verzweigt.

Blüthenstiele: die gemeinen 1' lang und noch darüber, traubig verzweigt, mit lanzett-daumenbreiter, scharfer, gestreifter und abhängender Bractee umstellt, vielblüthig. Blüthenstielchen zerstreut, zwei- bis dreiblüthig, an der Basis und in der Mitte mit stachelspitzen Rudimenten von zwei bis drei verbildeten Blüthen, durch eine lange, halbpfriemenförmige, stachelspitze und herabgebogene Bractee unterstützt.

Blüthen: die innersten sitzend, die endständigen mit Blüthenstielchen.

Der untere Kelch (Bractee), oder vielmehr die Schuppe, den Fruchtknoten umfassend, einblätterig, becherförmig, schwach dreifiedrig oder dreikerbig, halb zusammengerollt, von oben bis zur Basis gespalten, gestreift, trockenhäutig, die mittlere Nervatur in eine scharfe, pfriemenförmige Stachelspitze endigend und bleibend. Der obere Kelch (die Kelchzipfel) dreitheilig, lederartig, trockenhäutig bleibend, die Zipfel am Rande um sich gerollt. Die Krone gelb-grün, viermal länger als der Kelch. Die Staubbeutel aufliegend, gelb. Samen länglich, etwas zusammengedrückt, schwarz, in einem weichen Fruchtbrei eingebettet. Die Blumenblätter rollen sich beim Verblühen zusammen.

(Siehe Flore Peruv. et Chil. pag. 47, tab. 264.)

Standort: Haine der Anden. Peru auf Bäumen. Pozuzo an äusserst warmen Orten. Blüthezeit September, October.

Aechm. setigera Martius.

Herbar des Wiener Museums.

Blüthenstand steif aufrecht, stark verzweigt, an den unteren, 1'' bis 1½'' langen Zweigen sind die Blüthen ganz verkümmert. Es finden sich nur 3 bis 4''' lange Bracteen, welche eine fast 1'' lange, borstenähnliche Stachelspitze tragen.

Die Bracteen bei den Blüthen sind sehr eigenthümlich gestaltet: ein Dritttheil der Breite ist der Länge nach tief gerifft, bauchig, und trägt eine lange borstenähnliche Stachelspitze; die zwei anderen Dritttheile sind glatt und enden ebenfalls bauchig. Diese Bractee umschliesst die Blüthe dergestalt, dass die Borste in die Mitte zu stehen kommt und verursacht, dass wenn man nicht genau sieht, man zwei sich kreuzende Bracteen zu sehen glaubt, wovon die eine glatt und glänzend, die andere aber gestreift und matt erscheint. Dieselbe Bildung findet sich bei A. paniculata.

Obwohl hinsichtlich der Entwicklung des Blüthenstandes weder in Römer und Schultes, noch bei Endlicher etwas erwähnt wurde, glaube ich doch voraussetzen zu dürfen, dass auch diese Pflanze einen seitenständigen Blüthenstand habe.

Es folgt hier die Beschreibung von Poeppig et Endlicher:

Schaft beblättert, die Rispe traubig, cylindrisch, mit am Grunde nackten und entfernt stehenden zwei- bis dreiblüthigen Zweigen. Die Bracteen der Blüthen ungleichseitig, in einen Becher zusammengerollt und lang dornig begrant. Die äusseren Zipfel der Blüthenhülle stachelspitz, die inneren spitz, an der Basis gefranzt. Die Blätter aus bauchig verbreiteter Basis zungenförmig und wie abgebrochen spitz.

An Bäumen bei Ega. November.

Endlicher sagt: Die von Schultes als gute Species in Zweifel gezogene Pflanze hat ihren Charakter darin, dass dieselbe, obwohl sie einen beblätterten Schaft treibt, dennoch einen mit Bracteen besetzten Blüthenstand treibt. Diese Species ist am furchtbarsten in allen ihren Theilen bewehrt.

DISTEGANTHUS Ch. Lemaire.

Disteg. basilateralis Lemaire.

Flore de Serres, van Houtte.

Pflanzenform sehr zierlich, lange Sprosse treibend, welche entweder kriechend oder herabhängend (je nach dem Standort auf den Bäumen) sich finden. Stamm verkürzt. Laubblätter deutlich gestielt, in Länge von ½' bis 1½', auf der Unterfläche weiss filzig, am Grunde tiefrinnig, stark umfassend, dann gestielt, hier ½" breit, mit gerade abstehenden Stachelzähnen besetzt. Mit einemmale breitet sich die Blattfläche 3½" aus, bekommt eine herzförmige Gestalt mit weichen wolligen Rändern und mit kleinen scharfen Sägezähnen bewaffnet. Die Laubfläche endet in eine sehr verlängerte Spitze, welche weich spitz endend, hier stark zurückgebogen ist. Blüthenstände kugelig, stiellos, 4" lang, 2" breit. Deckblätter dachziegelförmig, eiförmig, am Grunde verlängert, an den Rändern fein scharf sägezähnig und stachelspitz, lebhaft weinroth. Blüthen einzeln, zwischen den Bracteen, lebhaft hellgelb. Kronenblätter gleichförmig ausgebreitet, bei $^3/_4$" lang. Kelchzipfel schwach stachelspitz. Genitalien zwischen den Kronenblättern kaum sichtbar. Staubblätter tief orangefarben. Beeren dicht zusammenstehend, 1" lang, $^1/_2$" breit, schmutzig braun-gelb, eiförmig verlängert.

Anhang.

Cochliopethalum Schüchii Beer.

(Beschreibung zu Seite 70.)

Pflanze von sehr zartem Bau. Laubblätter zierlich in einem Bogen abstehend, am Grunde breit umfassend, hier hell lederbraun, mit durchsichtig dünnem, weissem Rande, dann gelblich weiss, endlich der ganzen Länge nach gleichmässig hellgelb-grün, $1\,^1/_2$' lang, mit kurzem, braunem, fast stehendem, spitzem Ende, — $^1/_2$" breit, der ganzen Länge nach eine tiefe Rinne bildend, oft die Blattränder eingerollt.

Schaft sammt dem Blüthenstande $1\,^1/_2$' lang. Blüthen zahlreich, fast gerade abstehend, rein weiss, köstlich nach Jasmin duftend. Kelchzipfel lanzettlich spitz, in Mitte $^1/_4$" breit, stark zurückgerollt, wie bei Cochliopethalum stamineum. Fruchtknoten und Kelchzipfel hell gelbgrün, der Schaft am oberen Ende eben so gefärbt. Griffel und Staubfäden hell grünlich gelb. Staubbeutel sehr schmal, spitz endend, tief orangefarbig.

Genitalien so lang wie die $1\,^1/_4$" langen Kronenzipfel; sie ragen daher aus der geöffneten Blüthe, und zwar sehr nahe aufrecht zusammenstehend, aus der Blüthe weit vor.

Diese Art ist in allen Theilen viel zarter gebaut als Cochl. albiflos; sie unterscheidet sich durch die Laubblätter, Farbe und Gestalt der Blüthe ganz leicht erkenntlich von dieser.

Pitcairnia Karwinskyana Schult.

Man beliebe in der Abhandlung „Bemerkungen über die Blattorgane bei den Bromeliaceen" über obige Art nachzulesen. —

Stamm kugelig verdickt. Laubblätter tiefrinnig, ganzrandig, nur am Grunde mit einigen braunen Sägezähnen bewaffnet, — lebhaft grün, auf beiden Flächen glänzend glatt, allmälig weich spitz endend, in Mitte der Länge $^3/_4$" breit und — 21" lang, schlaff überhängend.

Schaft steif aufrecht, stielrund, weissflockig bekleidet, hell gelbgrün. Blätter am Schafte nur 6" lang, mit braunen Sägezähnen bewaffnet, dann in der Nähe des Blüthenstandes bis 1 $^1/_2$" verkürzt, anliegend; an den Rändern auf hellgrünem Grunde weiss flockig.

Blüthenstand 9" hoch, prachtvoll scharlachroth, pyramidal. Bracteen etwas länger als die $^1/_2$" langen Stielchen. Ersterer auf hellgrünem Grunde schmutzig bemalt, letztere nur hellgrün, beide weiss flockig bekleidet. Fruchtknoten und Kelchzipfel 1" lang, lebhaft scharlachroth gefärbt. Kronenblätter vom Grunde aus fast 3" lang, in Mitte $^1/_2$" breit, hell scharlachroth, durchsichtig, an einem Rande etwas flatterig, wellig, hier und am Grunde mit weissen Streifchen und mit kleinen Flecken geziert. Griffel so lang wie die Kronenblätter, weiss mit roth sehr fein punktirt. Narbe lebhaft blutroth. Staubfäden kürzer als der Griffel, eben so gefärbt. Staubbeutel schmal, aufrecht, goldgelb.

Diese sehr schöne Art ist Seite 66 der Pitcairnia undulata Hort. anzureihen.

Bemerkungen

über die

Gattungen bei den Bromeliaceen.

Die Gattung ENCHOLIRIUM *Martius.*

Von dieser schönen Gattung sind bis jetzt nur einige Arten bekannt, und von diesen wahrscheinlich nicht eine — lebend in Europa. Sie würden durch Gestalt und Blüthenpracht eine grosse Zierde der Pflanzensammlungen sein!

Jene Pflanzenformen, welche bei Linden in Brüssel, bei de Jonghe u. a. m. unter dem Namen Encholirium sp. verkauft werden, sind jedenfalls sehr wünschenswerthe Gewächse, für deren Einführung diesen Herren Dank gebührt, — aber hierunter dürfte sich kein Encholirium, wohl aber schöne Arten, zu Platystachys und Vriesea gehörend, befinden.

Die echten Arten von Encholirium bilden steif aufrechte, kleine Stämmchen, deren scharf bewehrte Laubblätter in gleichen Abständen am Stamme vertheilt sind.

Die Gattungen BROMELIA *Plumier* und AGALLOSTACHYS *Beer.*

Die Wahl eines Repräsentanten für die Gattung Bromelia fiel auf Bromelia longifolia Rudge. Ich habe die Abbildung von B. longifolia Rudge in Paxton's Flower Garden zur Beurtheilung der Form gewählt, indem dieses Werk leichter zugänglich ist, als das Werk Plantae Guianae von Rudge, wo die echte Bromelia longifolia Rudge abgebildet ist. Die Unterschiede der Formen dieser hier genannten zwei Abbildungen betreffen jedoch nur Artencharaktere. Der Gesammtform nach sind beide gleich gute Repräsentanten. Das hierauf bezügliche findet sich bei der Beschreibung der Arten.

Professor Lindley bemerkte schon bei Beschreibung der B. long. R. in Flower Garden, dass ihm die Blattzustände und hauptsächlich die Blattlängen auffallende Verschiedenheiten zeigen mit der Beschreibung in Pl. Guianae von Rudge.

Es sei mir hier erlaubt, beispielsweise einer Pflanze zu gedenken, welche ich für eine gute Bromelia erkenne, die aber von Sir Hooker zu Billbergia gebracht wurde, obwohl Graham schon viel früher dieselbe Pflanze als Bromelia beschrieb. Es ist diess Billbergia cruenta Hook. B. Mag. t. 1892. — Wenn man diese Pflanze in der Abbildung betrachtet, so bemerkt man, dass unter dem kopfförmigen und bewehrten Blüthenstande der Schaft mit umhüllenden steif aufrechten Laubblättern besetzt ist, deren Ende rein begränzt lebhaft hochroth gefärbt erscheint. Es ist mir aber keine Art von Billbergia der Autoren bekannt, bei welcher die Blüthen, selbst zum öfteren sammt den Blüthenstielchen, nicht vollkommen frei und bis auf den Grund sichtbar wären, es gibt auch keine Billbergia, welche nicht am Schafte weiche flatterige, meistens schön roth gefärbte Hochblätter trüge. Man konnte sich nämlich, wenn man die schon so lange in Europa lebend sich findende Billbergia pyramidalis nur einmal blühen sah, — nicht mehr im Hauptcharakter der Gattung Billbergia irren, und so trugen sich die augenfälligen Merkmale von Billbergia (mit geringer Ausnahme — wie bei Billbergia fasciata Lindl. u. s. w.) auf alle später benannten Arten von Billb. über, ohne dass die Blattzustände einer nähern Berücksichtigung unterzogen wurden. — Bei weitem auffallender ist dies jedoch bei der Gattung Pitcairnia, indem man hier, die Blätterformen berücksichtigend, — sich gar nicht irren konnte, — und auch nie irrte, — indem ich in Herbarien, Beschreibungen und Abbildungen diese Pflanzenform stets gut erkannt fand.

Ich fand mich veranlasst, die Hauptformen von Bromelia in zwei Gattungen zu scheiden. Die Formenverschiedenheit von Bromelia longifolia als Repräsentant der Gattung Bromelia und von Bromelia antiacantha Bertoloni als Repräsentant der von mir aufgestellten Gattung Agallostachys, — werden diese Trennung gewiss rechtfertigen. Die Uebergangsform von Bromelia zu Agallostachys bildet Bromelia ignea Beer (Trew et Ehret Plantae selectae I. LI.), indem der Schaft sich mit den Laubblättern schon bedeutend erhebt, die Blüthen aber hier noch, obwohl schon verlängert, kopfförmig dicht beisammen stehen.

Da in dieser Bearbeitung der Familie der Bromeliaceen ein besonderer Werth auf die Entwicklungsweise des Blüthenschaftes gelegt ist, und die Eintheilung auch hiernach durchgeführt ist, — so werden hierüber einige Worte hier einen passenden Platz einnehmen.

Bei der I. Hauptabtheilung, welche in zwei Unterabtheilungen zerfällt, heisst es:

I. Unterabtheilung: Schaft, seiner ganzen Länge nach mit Laubblättern besetzt. — Phyllantheae.

II. Unterabtheilung: Schaft, seiner ganzen Länge nach mit deckblattartigen Hochblättern besetzt. Lepidantheae.

Um sich von der I. Unterabtheilung einen klaren Begriff zu verschaffen, wird wohl die Figur I. Agallostachys antiacantha Beer genügen. Aber auch auf treffliche andere Abbildungen vermag ich hinzuweisen. — Man beliebe den Durchschnitt von Bromelia Karatas in Jacquins Plant. hort. bot. V. t. 31, dann den Durchschnitt von Bromelia humilis in Jacquin's Jcones Plant. t. 60. zu besehen. Hier hat Jacquin zwei Pflanzen, damals sehr seltene Gewächse, geopfert, um sie im Durchschnitte abbilden zu lassen. Er hat es offenbar gethan, um den Aufbau des Gewächses bis zum Blüthenstande klar und deutlich zu zeigen. — Er hat demnach selbst auf die Entwicklungsweise der Pflanze ein grosses Gewicht gelegt, und so ist es mir nur gegönnt das auszusprechen und nutzbringend zu machen, was der grosse Gelehrte wahrscheinlich damals schon als eine gut bezeichnende Eigenschaft erkannte.

Für meine Anschauungsweise sind solche Vorboten von grosser Wichtigkeit.

Die II. Unterabtheilung: Lepidantheae ist an jeder Art von Billbergia, wie auch an allen hierher gehörigen Gattungen leicht zu erkennen. Um aber vollkommene Ueberzeugung sich zu schaffen, beliebe man eine blühende hierher gehörige Pflanze der ganzen Länge nach zu durchschneiden, um zu sehen, wie das letzte Laubblatt ganz kurz aber vollkommen laubblattartig gebildet ist, und wie der Schaft am Grunde schon mit weichen mehr oder minder gefärbten Hochblättern, — der ganzen Länge nach bis zu den Blüthen ganz gleichförmig besetzt ist. Also mit der Entwicklung des Blüthenschaftes, endet bei dieser II. Unterabtheilung die Laubblattbildung gänzlich; hierdurch ist der verkürzte Stamm, die kelchartig oder röhrenförmig zusammenstehenden Laubblätter bedingt, und desshalb sind diese Gebilde auch selbst schon vor der Blüthezeit leicht erkenntlich.

Hier ändert sich nie zur Blüthezeit die Farbe der Laubblätter; die Zeit des Blüthentriebes hingegen bezeichnet sich bei Bromelia und bei Agallostachys immer durch die meistens rothe Färbung der früher grünen Herzblätter. Nach dem Abblühen verliert sich jedoch diese oft prachtvolle Erscheinung wieder allmälig, und dasselbe Laubblatt, welches vor kurzem noch im herrlichen Roth strahlte, bekömmt endlich seine ursprünglich grüne Färbung wieder.

Solche Merkmale der Entwicklung sind wohl nur an lebenden Gewächsen zu beobachten, — aber wenn solche Beobachtungen einmal festgestellt sind, dann wird man sie auch an jeder getrockneten Pflanze leicht erkennen. Es ist mir nur eine Pflanze bekannt, welche ich nach deren Blüthenstande und der Blüthenform nicht einzureihen vermag. Diese Form ist Tillandsia xiphioides Ker. B. Reg. t. 105. — Hier mag aber Zeichnung und Beschreibung fehlerhaft sein, denn diese Pflanze gehört wahrscheinlich nicht zu den Bromeliaceen, aber auch nicht zu den Irideen! — Bei Bestimmung lebender oder getrockneter Formen der Familie der Bromeliaceen, hat sich sonst meine hier durchgeführte Eintheilungsweise noch immer giltig bewiesen, indem ich stets — selbst bei mangelhaften Exemplaren in Herbarien u. s. w. — mit Bestimmtheit Abtheilung und Sippe zu nennen vermochte.

Die Gattung: ANOPLOPHYTUM *Beer*.

Die meistens kleinen Formen, welche diese Gattung bilden, sind eine auffallende Erscheinung bei den Bromeliaceen, deren Charakter gewöhnlich im kräftigen Baue und den bewehrten Blättern besteht. Bei Anopl. haben wir hingegen sehr zahme Pflänzchen vor uns, welche an keinem Theile der Pflanze eine Bewehrung, ja selbst nie steife Blätter tragen, da hier die Laubblätter immer von lederartig weicher Beschaffenheit sind. Manche Arten gleichen einem Sprosse unserer Gartennelke; dies veranlasste wahrscheinlich auch Rossi, seine Tillandsia dianthoidea aufzustellen. Uebrigens ist Anoplophytum jene Form in Brasilien, Mejiko u. s. w., welche in den Anden von Peru, Chile u. s. w. sich in der Gattung Diaphoranthema wieder finden, aber die tropische Gluth der Farben, welche die ersteren so sehr zieren, finden sich bei letzteren, welche nur auf bedeutenden Höhen, ja selbst am ewigen Schnee vegetiren, nur sehr sparsam, indem sich hier selbst die Farbe der Blüthen nicht über die Purpurfarbe erhebt.

Die Gattung: PHLOMOSTACHYS *Beer*.

Die Gattung Puya, wie sie jetzt besteht, bietet so auffallende Verschiedenheiten in der Tracht der Pflanzen, dass ich hierauf gerne hinweise. Um sich die Ueberzeugung dieser Formenverschiedenheiten zu verschaffen, beliebe man

Puya maidifolia, Annales de Gand. tab. 289,
„ Chilensis, Bot. Mag. tab. 4715, und
„ heterophylla, Bot. Reg. 1840, tab. 71

zu besehen. Wie weit stehen diese drei Pflanzen der Gesammtform nach, von einander entfernt! Hingegen ist Neumannia als Genus aufgestellt, wo die Neumannia gigantea u. N. imbricata sich weder in der Gesammttracht, noch am Blüthenstande, und selbst der Blüthenform nach von Puya (wie P. maidifolia) nicht unterscheiden lassen. Welchen Werth man in neuester Zeit auf die Blattform zu legen beginnt, haben erst kürzlich Dr. Koch und Sello bei Aufstellung ihrer Pitcairnia maizaifolia gezeigt, aber diese Pitcairnia mazaif. ist auch nur eine gute Species zu Phlomostachys. Als Specialname ist jedoch maidifolia oder maizaifolia nicht gut gewählt, — da alle Arten von Phlom. maisblattartige Belaubung als einen Hauptcharakter der Gattung haben sollen. Obwohl ich gerne zugebe, dass Phlomostachys nahe an Pitcairnia steht, habe ich mich dennoch bewogen gefunden, diese Form nicht zu Pitcairnia zu ziehen. Der Unterschied in der Gesammtgestalt ist zu auffallend, da sich hier zwei ganz verschiedene Blattformen, nämlich Laubblätter und bewehrte Niederblätter finden, welche bei Phlomostachys nie vorkommen.

Der kleinste Blatttrieb unterscheidet schon beide Genera von einander, indem bei Phlomostachys der Trieb nur einzelne Blätter bildet, welche den später erscheinenden ganz gleich sind. Bei Pitcairnia hingegen bilden sich sehr verschiedene Blattorgane in dicht zusammenstehenden Büscheln, welche bei der ersten Entwicklung sich schon deutlich erkennbar zeigen und jene Merkmale bieten, die bei keiner anderen Gattung der Familie der Bromeliaceen sich wiederfinden, — abgesehen von allen den sonstigen Unterscheidungsmerkmalen, welche bei meiner Eintheilung aufgezeichnet sind.

An Phlomostachys reiht sich das Genus Quesnelia ganz natürlich an, und diese beiden Genera erhalten durch gegenseitige Betrachtung des Blüthenstandes gewiss eine gute Erklärung.

Die Gattung QUESNELIA *Gaudichaud.*

Hiervon ist nur Quesnelia rufa aus dem Atlas botanique von Gaudichaud bekannt. Diese Art findet sich auch schon sehr verbreitet in den Sammlungen lebender Gewächse. In den Gärten ist diese Form als „Billbergia Quesneliana" bekannt und auch in der Flore de Serres von van Houtte als Billb. Quesneliana abgebildet.

In besonders kräftiger Ausbildung lebt diese schöne Pflanze im Schönbrunner Pflanzengarten, wo ich sie durch mehrere Jahre beobachtete.

Dieselbe erreicht eine Höhe von mehreren Klaftern. Eigentliche Seitenzweige bildet sie wenige. Die Verlängerung dieses Gewächses geschieht, indem sich an dem abgeblühten Stamm ein Seitenspross entwickelt, welcher den abgeblühten Theil der Pflanze um ein bedeutendes überwächst, um endlich zu blühen und sich wieder von einem eigenen Seiten-Sprosse nach einem Jahre überwachsen zu sehen. Auf diese Weise erhebt sich immer nur der oberste Zweig kräftiger als die oft in Mehrzahl erscheinenden Sprossen, und verlängert hierdurch diese Pflanze.

Wahrscheinlich wächst Quesnelia, an den Baumstämmen angelehnt, in den Wäldern zu einer bedeutenden Höhe hinan, indem diese Pflanze der ganzen Länge nach eine Menge Wurzeln treibt um sich hiermit gut zu befestigen vermag.

Die Unrichtigkeiten in der Zeichnung zu dem Atlas botanique finden sich an dem geeigneten Platze besprochen.

Die Gattungen PITCAIRNIA *l'Herctière*, COCHLIOPETHALUM *Beer* und ORTHOPETALUM *Beer*.

Diese so überaus reiche Gattung, welche an wärmeren Orten in Amerika eine grosse Ausbreitung hat, ist durch die trefflich ausgesprochenen Formen der Kronenblätter und deren Stellung unter sich, wie nicht minder durch die Blattformen dieser Gattung ebenfalls so eigenthümlich gestaltet, dass sich dieselbe sehr leicht und gut begränzen lässt.

Die Pitcairnien mit rachenförmig geschindelter Blüthenkrone zerfallen in drei Unterabtheilungen.

Als Repräsentanten dienen für diese Abtheilungen:

Pitcairnia bracteata, Bot. Mag. tab. 2813.
„ Jacksonii, „ „ „ 4590.
„ excapa, „ „ „ 4571.

Jene Pitcairnien, welche nebst anderen Unterscheidungsmerkmalen gleichmässig schneckenlinig zurückgerollte Kronenblätter bilden, habe ich mit „Cochliopetalum" benannt, und hiermit eine Gattung gebildet.

Endlich waren noch die Formen von Pitcairnia auszuscheiden, welche gleichmässig starr aufrecht stehende Kronenblätter bilden. Ich habe diese Formen „Orthopetalum" benannt und mit diesen die Gattung gleichen Namens gebildet.

Als Repräsentanten dieser zwei Gattungen beliebe man, für Cochliopetalum — Pitcairnia albiflos, Bot. Mag. tab. 2411, und für die Gattung Orthopetalum — Pitcairnia lanuginosa, Flora Peruv. et Chil. tab. 258, Ruiz et Pavon, zu besehen.

Nur durch diese Trennungen aus der Gattung Pitcairnia der Autoren, war ich im Stande, die so sehr verschiedenen Formen, welche sich hier finden, gut auseinander zu halten.

Schliesslich mag hier noch bemerkt werden, dass unter anderen Pflanzenfamilien Lamourouxia der Blumenkronenform nach einige Aehnlichkeit mit meinen Pitcairnien hat.

Die Gattung HOHENBERGIA *Römer et Schultes.*

Link, Klotzsch und Otto haben aus Hohenbergia, der bekannten Form der Sammlungen, welche den Namen Hohenbergia strobilacea trägt, „Acantostachys" gebildet und ihre Acantostachys strobilacea, ohne Berücksichtigung der Hohenbergia strobilacea der Gärten, aufgestellt. Diese zwei Formen sind, obwohl sie unzweifelhaft beide zu Hohenbergia gehören, zwei gute Arten; da aber wahrscheinlich nur die Hohenbergia strobilacea lebend in Europa ist, so mag ihr auch der Name „strobilacea“ bleiben.

In der Flora Fluminensis von Arrab. sind drei Pflanzen abgebildet, deren Zeichnung Zweifel erregt. Ich habe sie zu Hohenbergia gezogen, um sie einstweilen unterzubringen, bis lebende Exemplare einen richtigen Aufschluss geben werden.

Die Gattung CARAGUATA *R. et Pavon.*

Marggravius (Piso) hat in seinem Werke „Plantae Brasilianae“ Seite 37, 39, 113 drei Pflanzenformen abgebildet, nämlich Seite 37 Caraguata seu erva babosa, Seite 39 Caraguata acanga und Seite 113 de Varias Caraguata (Carag. guaca), welche Gewächse vorstellen, die wahrscheinlich zu Aloe gehören.

Director Schott zu Schönbrunn machte mir die Mittheilung, dass in Brasilien alle Bromeliaceen „Caraguata“ (Caruata) genannt werden, welche zwischen den Laubblättern oft bedeutende Mengen von Wasser zurückzuhalten vermögen (Billbergia, Vriesea u. m. a.). Caraguata lingulata Lindley und mehrere andere Gattungen aus der Familie der Bromeliaceen haben jedoch nicht das Vermögen, viel Wasser zwischen den Laubblättern zurückzuhalten, — jedenfalls nicht genügend, um eines Menschen Durst zu löschen.

In den Sammlungen lebender Gewächse ist Caraguata lingulata Lindl. schon sehr verbreitet, aber jene Caraguata, welche in dem unvergleichlich nützlichen Werke von Plumier (Plant. Americanorum tab. 33) sich abgebildet findet (von Römer et Schultes VII, 2, Seite 1230 jedoch zu Caraguata lingulata gezogen wurde), ist gewiss eine sehr gute Art und deren Einführung in die Sammlungen höchst wünschenswerth.

Die Gattung PITYROPHYLLUM *Beer.*

Diese Gattung hat nur ganz kleine Pflänzchen, welche an Baumstämmen oder zwischen Felsen wachsen und sich den peruanischen und chilesischen kleinen Formen von Diaphoranthema anreihen. Die Laubblätter bei Pityrophyllum sind eigenthümlich, fast scharf runzlig an den Rändern, fleischig spitz endend, besonders vom Grunde aus mit glänzendem, silberweissem, kleiigem Ueberzuge geziert; sie bilden, indem sie sich stark verzweigen, zierliche kleine Rasen.

Auch bei dieser Gattung färben sich zur Blüthezeit die oberen Blattspitzen schön roth, und erhalten durch die lang vorstehenden, immer blauen Blüthen ein sehr zierliches Aussehen.

Die Gattung NIDULARIUM *Martius.*

Diese Formen haben wie so viele zu den Bromeliaceen gehörige Gewächse die eigenthümlichen Reize, dass (wie bei manchen Euphorbiaceen) — wenn die Pflanze sich ihrer Blüthezeit nähert — die Laubblätter, welche das Herz bilden, eine brillante, meistens rothe Färbung erhalten.

Bei Nidularium ist diese Erscheinung besonders auffallend, da die gewöhnlich aufrecht stehenden Laubblätter zur Blüthezeit sich flach legen und hierdurch einen zierlichen Stern bilden, verschönert durch die lebhaft blauen oder purpurfarbigen Blüthen.

Die Gattung CRYPTANTHUS *Dietrich.*

Durch genaue Untersuchungen und Vergleiche, welche ich zwischen den Pflanzenformen von Cryptanthus und Pholidophyllum machte, finde ich mich veranlasst, Pholidophyllum ganz einzuziehen und mit Cryptanthus zu vereinen. Ein bemerkenswerther Unterschied wäre nur die Querbänderung der Laubblätter, welche Pholidophyllum auszeichnet; allein auch Cryptanthus acaulis (Bromelia acaulis, auch Brom. pumila der Gärten) hat weisslich gebänderte Blätter, welche, besonders wenn die Blätter der Pflanze ganz abtrocknen, sehr gut sichtbar werden und dann auch dieser Pflanze zur Zierde gereichen.

Es mag hier erwähnt werden, dass diese Pflanzenform im Alter sehr zierliche, am oberen Theile der Pflanze ziemlich stark verzweigte Stämmchen bildet und durch ihre oft lebhafte Bronzefarbe eine eigenthümlich liebliche Gestalt hat. — (Es ist mir eben bekannt geworden, dass Visiani sein Pholidophyllum selbst einzog und als zu Cryptanthus gehörend erkannte.)

Wenn es bei der Gattung Bromelia ein Hauptmerkmal ist, dass der Blüthenstand von den Laubblättern dicht umgeben, in Mitte derselben sich sitzend findet, so ist bei Nidulariae das Hauptmerkmal, dass die Blüthen zwischen den Herzblätternvertheilt sitzend sich finden.

Es kann nach dieser Erklärung beim Bestimmen kein Irrthum obwalten, indem diese Zustände auf den ersten Blick sich vollkommen klar darstellen, und keinem Zweifel Raum geben, ob eine Pflanze dieser oder jener Gruppe angehört. So wird man bei Cryptanthus wohl einen Büschel Blüthen in Mitte der Laubblätter sehen, allein bei genauer Betrachtung sitzen die Blüthen auch hier in unregelmässigen Büscheln zwischen den Herzblättern vertheilt, und nur durch das nahe Zusammenstehen der Herzblätter erscheinen die Blüthenbüschel als ein vereinter Blüthenstand.

Die Gattung PLATYSTACHYS *C. Koch.*

Professor Koch in Berlin hat für Allardtia Dietrich den Gattungsnamen „Platystachys" gewählt. Diese Benennung ist so treffend für die Gestalt des Blüthenstandes der hierher gehörigen Formen, dass ich mich bewogen fand, diese Benennung zu benützen und den Formen wie Tillandsia setacea u. s. w., also jenen Gewächsen dieser Familie, welche der I. Unterabtheilung angehören und sich durch einen rein zweizeiligen Blüthenstand auszeichnen, den Namen „Platystachys" zu geben.

Aber ich habe diese Benennung gewählt, ohne auf die umfassende Beschreibung, wie sie Prof. Koch bekannt machte, einzugehen. Bei meinem ersten Versuche, diese Pflanzenfamilie nach deren Blüthenstande zu bearbeiten — welchen ich im Jahre 1854 veröffentlichte — fand ich schon nöthig, darauf hinzuweisen, dass die Formen mit zweizeiligem Blüthenstande in die I. und II. Unterabtheilung unterzubringen seien. Dieses hat sich im ferneren Verlaufe dieser Arbeit auch als nöthig herausgestellt. Merkwürdig sind aber die Blattzustände bei Platystachys und bei Vriesea, indem diese zwei so nahe verwandten Gattungen dennoch durch die Blätter vollkommen verschieden sind.

Die Gattung VRIESEA *Lindley.*

Professor Lindley in London hat dieses herrliche Genus auf Tillandsia psittacina gegründet (man beliebe Botanical Register 1843 bei tab. 10 die Anmerkung zur Beschreibung dieser Pflanze zu lesen), und es nach Dr. W. de Vriese, Professor zu Amsterdam, benannt. Es muss aber hier ein Schreibfehler zu Grunde liegen, welcher sich nun schon allgemein verbreitet hat, indem Prof. Lindley „Vriesia" schrieb, statt Vriesea. Ich erlaube mir diesen Namen verbessert zu gebrauchen.

Professor Lindley hat durch Vriesea eine natürlich begränzte Gattung gebildet, welche mit einigen Worten genügend zu beschreiben ist. Es ist nämlich der zweizeilige Blüthenstand, welcher oft auffallend an den Blüthenstand bei Gladiolus erinnert.

Ich gehe hier, wie bei Platystachys, nicht förmlich auf die Beschreibung ein, wie sie Lindley vorschreibt, indem ich mich bei meinen Bestrebungen nur an die augenfälligen Merkmale halte, ohne andere subtile Zustände der Blüthe u. s. w., welche weiter führen als zur Erkenntniss dieser Pflanzenform nöthig ist, zu betrachten.

Es ist wirklich auffallend, wie die Pflanzengattungen so bestimmt begränzte Merkmale tragen. So nahe Platystachys an Vriesea auch stehen mag, finden sich dennoch an Gestalt und Decke der Laubblätter mehrere Merkmale, welche, abgesehen von den Zuständen des Blüthenschaftes, beide Gattungen sehr gut aus einander halten. Man beliebe diesfalls die Eintheilung nachzusehen.

Die Gattung TUSSACIA *Klotzsch.*

Diese zierliche kleine Form bildet nur lederartige, gleichmässig dicke manchmal herrlich gefärbte, gewöhnlich aber dunkel olivengrün gefärbte Laubblätter, welche immer am Grunde den sehr dünnen Stamm bauchig dicht umgeben. Der Blüthenschaft ist stets sehr dünn, selten aufrecht, oft entschieden überhängend, und ist mit trockenhäutigen kleinen Scheidenblättern besetzt. Diese Formen wachsen oft an kaum 1 Finger dicken Baumästen, wie auch an Schlingpflanzen, frei in der Luft schwebend, hier trifft es sich manchmal, dass die Pflanze durch die eigene Schwere herabhängend, jedoch freudig wachsend, getroffen wird. Der Gesammtform nach steht Tussacia nahe an Vriesea, allein die Stellung der Blüthen ist dort nie rein zweizeilig.

Die Gattung GUZMANIA *R. et Pavon.*

Von diesem Genus sind nur einige Species bekannt, wovon die ältere, nämlich Guzmania tricolor R. et C., sehr verbreitet in den Sammlungen ist. Diese schöne Pflanze findet sich mehrmals abgebildet. Aber bei den Abbildungen dieser Art glaubt man auch mindestens zwei verschiedene Formen vor sich zu haben, obwohl nicht immer mit Sicherheit auf getreue Abbildung zu rechnen ist. So ist Guzmania tricolor in Loddiges Bot. Cabinet t. 462, dann dieselbe Art in Exotic Flora t. 163. u. die Guzmania tricolor des R. et Pav., welche auch in Annales de Gand III. gut abgebildet ist, — sehr verschieden von einander. Besonders jene Form in Exotic flora dürfte eine gute, noch nicht beschriebene Art sein.

Es ist seit kurzem eine Guzmania erytrolepis eingeführt worden, und ich glaube, nach der Länge der Laubblätter zu urtheilen, dass diese Pflanze mit jener in Exotic flora gleich ist. Wenn Jemand in die Lage käme, ein Stück von einem Blüthenstande von Phlom. und ein Stück eines Blüthenstandes von Guzmania bestimmen zu sollen, so dürfte man nur auf die Blumenkrone Rücksicht nehmen, indem bei sonst ziemlich gleicher Gestalt des Blüthenstandes, bei ersterer die Blumenkronenblätter unregelmässig (rachenförmig), bei Guzmania hingegen sich regelmässig aufrecht stehend zeigen. So klein diese Unterschiede auch sein mögen, —

sind selbe doch genügend, um in zweifelhaften Fällen Auskunft zu bieten.

Die Gattungen BILLBERGIA *Holm et Thunb.* und HOPLOPHYTUM *Beer.*

Wenn man die Gattung Billbergia, wie sie besteht, untersucht, so findet man zwei ganz verschiedene Formen vereint, wovon jene Form, welche ich von Billbergia trenne, deren gute Merkmale sich jedoch bei dieser Familie sehr häufig finden und in verschiedenen Gattungen der Autoren vertheilt sind, — selbst eine eigene Sippe bildete. Repräsentanten der echten Billbergien sind Billbergia pyramidalis und Billbergia farinosa. Die ausgeschiedenen Formen von Billbergia u. s. w. bilden eine eigene Gattung mit Namen Hoplophytum. Als Repräsentanten dieser Form diene Billbergia fasciata (B. rhodo-cyanea) und Aechmea mucroniflora.

Bei meinen Billbergien fand ich für gut noch ein Unterscheidungs-Merkmal, eine Unterabtheilung, nämlich „Cremobotrys" (wie Billbergia farinosa) aufzustellen.

Wir wollen nun die Unterschiede dieser Abtheilungen betrachten, und zwar erstlich die zu Billb. pyram. gehörigen Formen. — Der ganze Blüthenstand unverzweigt, die Hochblätter weich, aufrecht, der Schaft steif, aufrecht. Die Kronenblätter nur einfach zurückgebogen, — nie schneckenlinig eingerollt. Genitalien kaum aus der geöffneten Blumenkrone vorstehend. Die Stielchen kaum sichtbar, sehr kurz. Der aufrechte Schaft von den Hochblättern fast ganz bedeckt. Laubblätter immer zahlreich, am Grunde den verkürzten Stamm dicht umschliessend, kelchbildend zusammenstehend.

Die Unterabtheilung von Billbergia, wie Billbergia farinosa, — Cremobotrys.

Blüthenstand dünn, weich, überhängend, gewöhnlich verzweigt. Bracteen (Hochblätter) immer weich, seidenartig, flatterig, nach allen Richtungen abstehend, — überhängend. Oft selbst zwischen den Blüthen vertheilt, Kronenblattzipfel sehr lang, meistens stark nach einwärts schneckenlinig zurückgerollt, — Genitalien weit vorragend, dicht an einander stehend. Der sehr verkürzte Stamm bildet nur wenige (4 — 6) steif aufrechte, oft wie aus Blech geformte, eine schlanke lange Röhre bildende Laubblätter, von denen gewöhnlich eines oder zwei rinnenförmig mit dem Ende überhängen. Schaft, Stielchen und Fruchtknoten sind weiss, wollig bekleidet, und letztere unregelmässig knotig.

Ich erlaube mir nunmehr auf jene Abbildungen hinzuweisen, welche die Tracht dieser Pflanzen nicht gehörig darstellen, und auch der Beschreibungen der Autoren, welche hierzu gehören, zu gedenken. Wenn man die Abbildung von Bromelia incarnata R. Pav. Flor. Peruv. et Chil. t. CCLV betrachtet, so sieht man einen steif aufrechten Blüthenstand, dessen Schaft mehrere nicht leicht zu erklärende Knoten besitzt; niemand denkt hier einen zierlichen überhängenden Blüthenschaft vor sich zu haben, der mit weichen lebhaft rothen Bracteen geziert ist. Wenn man aber die Beschreibung dieser Pflanze liest, dann sieht man all das oben gesagte bestätigt. Die Autoren sind voll des Lobes über die zarte Färbung und Gestalt des überhängenden Blüthenstandes.

Die so stark zurückgerollten Kronenblätter, die weit vorragenden Genitalien, der gefurchte Fruchtknoten, die glattrandig gezeichneten Bracteen, sind Merkmale, welche dem Kenner dieser Familie alsogleich zeigen, dass er eine Pflanze wie Billbergia Zebrina vor sich hat. Ganz derselbe Fall ist es bei der Abbildung von Billbergia decora, Poepp. et Endl. Nov. Genera Plant. t. 157. — Tillandsia variegata Flor. Fluminensis t. 132. Bromelia foliis r a d i c a l i b u s dentato-spinosis. Plumier t. LXII. u. t. LXIII. Wahrscheinlich gehört auch die Abbildung Marggrav's t. 37. hierher. Alle Abbildungen, welche von Billbergia amoena und Billbergia pallida sich finden, sind durchgehends mit steif aufrechtem Blüthenstande gezeichnet, und doch ist bei beiden Arten bei halbwegs kräftiger Pflanze der Blüthenschaft überhängend.

Wenn man die hier oben gemachten Bemerkungen über den fehlerhaft gezeichneten Blüthenstand, und aber auch die von mir bemerkten Unterschiede desselben zwischen Billbergia und Unterabtheilung (Cremobotrys) zusammenhält, so dürfte es sich zeigen, dass es beinahe gleichgültig erscheint, ob ein Blüthenstand seiner Stellung nach gut oder schlecht gezeichnet ist, indem die oben aufgestellten Merkmale alsogleich solche Fehler erkennen lassen.

Die Gattung Hoplophytum habe ich, wie schon erwähnt, aus verschiedenen Gattungen der Autoren ausgeschieden und hier vereinigt. Die Merkmale sind hier: ein meistens in allen seinen Theilen scharf bewehrter, pyramidaler, oder sehr lockerer — verzweigter Blüthenstand. Die Blumenkrone aufrecht, röhrenförmig. Die Genitalien in den seltensten Fällen sichtbar, immer kürzer als die Blumenkronenblätter. Jede Blüthe trägt eine Bractee.

Die Gattung STREPTOCALYX *Beer.*

Die Pflanzenform, welche mich zur Aufstellung von dieser Gattung veranlasste, ist: Sp. Poeppig Amazonas. Ega, aus dem kaiserlichen Museum in Wien. Es finden sich hier mehrere Exemplare dieser Form. Der Kelch ist mehrfach schraubenartig zusammengerollt, die schlaffen Blumenkronenblätter ohne Neigung sich selbst im Verblühen zu drehen. Der Schaft ist holzig, überhängend und, mit Ausnahme der Kronenblätter, an allen Theilen scharf bewehrt.

Die Gattung: PUYA *Molina.*

Molina hat im Jahre 1782 seine Puya chilensis aufgestellt und sehr gut beschrieben, desshalb muss nun Pourretia Ruiz und Pavon, welche in Flora Peruviana et Chilensis im Jahre 1794 aufgestellt erscheint, und obige Formen mit benennt, eingezogen werden. Wenn man Pourretia lanuginosa und P. pyramidata bei Ruiz et Pav. betrachtet, so findet man, dass diese Herren Formen zu ihrer Pourretia brachten, welche nicht dahin gehören, indem dieselben gute Bromelien sind. Es war ein Fehlgriff zu nennen, dass spätere Autoren den Formen, wie Puya coarctata, Puya chilensis, Puya coerulea u. s. w., welche bei Ruiz et Pavon zwar mit dem Namen „Pourretia" beschrieben, aber nicht abgebildet erschienen, — diese Namen liessen, da doch Ruiz et Pavon andere Formen als zu Pourretia gehörig, aufstellten. Hooker hat bei der Abbildung in B. Mag. t. 4715 den Namen Puya Chilensis trotz der mehreren in den Gärten mit Puya Altensteinii u. a. m. benannten Formen aufrecht erhalten. Willdenow hat eine Bombacee Pourretia (Cavanillesia) genannt, der Name ist daher bleibend geehrt. Leider trifft dieser Namenwechsel zwei Pflanzenformen, welche bei den Bromeliaceen durch viele lebende Species gut vertreten sind! So wurden an Puya Altensteinii (Icones plant. Berolin. t. 1), wie nicht minder an Pourretia coarctata (Bonite, Gaudichaud u. a. m.) die entsprechenden Formen angereiht, und sind nun in allen guten Pflanzensammlungen zu finden. Um hier Ordnung zu schaffen, musste ich die Puya der Gärten neu benennen und habe hierfür den Namen Phlomostachys gewählt; man beliebe diese Gattung nachzuschlagen.

Die Formen von Puya (Pourretia) bilden einen kurzen oft 1′ dicken Hauptstamm, welcher wenige aber fast eben so starke Nebenäste treibt.

Es sind daher baumartige Gewächse; welche einige Aehnlichkeit mit Yucca haben. Sie werden sehr alt und blühen selten, aber abgesehen von der seltsamen Pracht, welche der aufrechte pyramidale Blüthenstand bietet, ist die ganze Erscheinung der Pflanze, durch kräftige Gestalt, sowie durch schöne, sehr zahlreiche, in eine lange Spitze endigende, schmale, scharf bewehrte, auf der Unterfläche gewöhnlich silberweisse, zierlich in einen Bogen herabhängende Laubblätter, eine grosse Zierde jeder Pflanzensammlung; in Peru und Chili bedient man sich des Markes dieser Gewächse wie bei uns des Korkes.

Die Gattung LAMPROCOCCUS *Beer*.

Mit dem Namen Aechmea sind mehrere ganz verschiedene Pflanzenformen benannt worden, und es ist unangenehm, dass gerade eine Form von Aechmea, wie Aechmea fulgens Brong., welche am entferntesten von der Aechmea des Ruiz et Pavon steht, nun schon sehr verbreitet in den Gärten, Herbarien u. s. w. ist. Es blieb aber desshalb nur das einzige Mittel, die Pflanzenformen wie Aechmea fulgens neu zu benennen.

Es ist unerklärlich, wie man hier die Abbildungen und so vortrefflichen Beschreibungen der Flora Peruviana et Chilensis, wie auch deren Prodromus, ganz unberücksichtigt lassen konnte, indem doch schon die Benennung Aechmea hindeutet, dass man es mit einer bewehrten Pflanzenform zu thun habe, — aber gerade die obigen Formen von Aechmea Brongniard tragen nicht eine Spur von Bewehrung am Blüthenstande, — so wie auch, dass andere so auffallende gute Merkmale, wie seitenständiger Blüthenstand der echten Aechmea u. s. w. — unberücksichtigt geblieben sind. Die Formen, welche Hooker, Poeppig und Endlicher als Aechmea beschrieben, fanden ihre geeigneten Plätze bei meiner Gattung Hoplophytum.

Für die Formen von Aechmea Brongniard ist eine einfache Beachtung der Blüthe und Frucht wohl genügend, um diese vor Einmischung von Arten, welche in andere Gattungen gehören, vollkommen zu sichern. Die Merkmale sind: Beere eiförmig, fleischig, glänzend. Kronenblätter sehr kurz, kaum geöffnet, hinfällig. — Die Kronenblätter verlieren ihre matte Farbe sehr schnell, und dem Beschauer fallen eigentlich nur die schön roth gefärbten Beeren auf, welche den Hauptschmuck der ganzen Pflanze bilden.

Die Unterfläche der Laubblätter ist bei mehreren Species Aechmea Brongniard sehr verschieden von der gewöhnlich grünen Oberfläche, indem dieselbe eine lebhafte Purpurfärbung von verschiedener Stärke zeigt.

So finden sich in den Sammlungen lebend Aechmea glomerata und Aechmea glomerata discolor., Aechmea fulgens und Aechmea fulgens discolor, Aechmea miniata und Aechmea miniata discolor. u. a. m. Die Bezeichnung discolor bezieht sich aber nur auf die verschiedene Farbe der Unterfläche der Laubblätter. Diese Färbung ist jedoch nur ein Spiel der Art, indem es sich bei der Kultur aus Samen gewonnener Pflanzen zeigt, dass z. B. von Aechmea fulgens die Sämlinge aus einer Beere, Pflanzen mit ganz grünen Blättern, aber auch solche mit violetten Blattunterflächen lieferten.

Die wirkliche Aechmea, wie Ruiz und Pavon sie beschrieb, und gut abbildete, ist wahrscheinlich noch gar nicht lebend in Europa. Ich weiss aus eigener Erfahrung, wie schwer es hält, einen eingeführten Namen, welchen auffallend schöne Gewächse tragen, auszumerzen und einer, wenn auch vollkommen gegründeten neuen Benennung Eingang zu verschaffen. Allein hier bleibt nur der Weg einer Namensänderung, wenn man den Autoren Ruiz und Pavon jene Priorität sichern will, welche diese ausgezeichneten Gelehrten im höchsten Grade verdienen! Leider weiss ich mehrere Beispiele, dass solche neue Benennungen oft gar nicht berücksichtigt wurden, hieran aber trägt manches unnöthige Verändern der Gattungsnamen wohl die grösste Schuld.

Die Gattung MACROCHORDIUM *de Vriese.*

Diese gut begränzte Gattung bildete Professor de Vriese aus Pflanzenformen, wie Billbergia tinctoria (auch Billbergia clavata, Billbergia melanantha der Gärten). Macrochordium tinctorium ist in den Sammlungen schon sehr lange bekannt und verbreitet. Diese Pflanze wurde nie viel beachtet, da ihr Blüthenstand, wenig gefärbt ist, und nur ihr unverwüstliches Naturell ist schuld, dass sie nicht schon lange wieder aus den Sammlungen verschwand! Aber dieses Genus hat in letzterer Zeit einigen Zuwachs erhalten, u. a. Macrochordium pulchrum Beer (Bromelia tinctoria der Pariser Gärten) u. m. a., welche wahrhaft prachtvoll zu nennen sind.

De Vriese hat sein Macrochordium in den „Holländischen Jahresschriften" durch Holzschnitte sehr gut erklärlich dargestellt.

Ich kann, meinen Weg verfolgend, mich auch hier auf die Beschreibung, wie der hochgeehrte Herr P. de Vriese sie mittheilt, nicht einlassen, indem dieselbe weiter führt, als ich für nöthig erachte.

Wie man diese Pflanzenform zu Billbergia stellen konnte, wird wohl Jedem auffallend erscheinen, welcher beide Formen gut kennt. Nicht ein Organ am ganzen Blüthenstande erinnert auch nur entfernt an die Formen von Billbergia.

Merkwürdig ist der Umstand, dass Macrochordium, Echinostachys und Chevaliera, drei Formen, welche zur Sippe Macrochordiae gehören, alle fast schwarze Blüthen bilden. Die Blüthe ist immer sehr klein, hinfällig und von hellgelb in braunschwarz übergehend.

Die Gattung ECHINOSTACHYS *Brongniard.*

Dieses scharf begränzte Genus von Brongniard zählt nur einige Arten, lebend in Europa. Obwohl nicht in Abrede gestellt werden kann, dass hier die ganze Pflanze nicht im Verhältniss zu dem Blüthenstande steht, indem die Laubblätter bei 3' im Durchmesser zusammenstehen, hingegen der Schaft kaum $^1/_4$'' dick und der Blüthenstand bei Echinostachys Pineliana und rosea höchstens 2'' Länge, bei $1^1/_3$'' Dicke erlangen, so ist doch die Gesammterscheinung der Pflanze sammt dem zierlichen, schön gefärbten Blüthenschaft und Blüthenstande sehr reizend zu nennen. Dass wir aber Arten, welche hierher gehören, noch mit Recht erwarten können, welche durch grosse prächtige Blüthenstände eine Zierde der Sammlungen zu werden versprechen, zeigt uns eine getrocknete Pflanze, welche im Wiener Museum, Herbar Nr. 5230 liegt, mit „Brasilien“ als Fundort bezeichnet. Diese Pflanze trägt alle Merkmale von Echinostachys, aber der Blüthenstand hat hier allein schon eine Länge von 8'' und ist mit einer unzähligen Menge gleichzeitig geöffneter Blüthen geziert. Leider liegt nur der Blüthenschaft im Herbar, — jedenfalls wird aber die ganze Gestalt der Pflanze schön zu nennen sein.

Die Gattung CHEVALIERA *Gaudichaud*.

Leider besitzen wir von dieser interessanten Pflanzenform nur die Abbildungen in Gaudichaud's Bonite. Chevaliera sphaerocephala bildet einen so auffallend schönen Uebergang zu Ananassa sativa, dass ich höchlich erfreut war, eine Formenreihe, wie Macrochordium Echinostachys und Chevaliera zu finden, um auf ganz natürlichem Wege zur ungeschopften Fruchtform, welche sich nicht selten vorübergehend bei Ananassa sativa findet, zu gelangen.

Die Pflanzenform bei Chevaliera bildet wenige aufrechte zierlich überhängende Laubblätter. Diese stehen am Grunde dicht umschliessend zusammen. Bei Chevaliera ornata ist die ganze Pflanze gezeichnet zu sehen. Der Stamm erscheint erst etwas kriechend, dann mit dem Beginn der Laubblätter sich aufrecht erhebend.

Der kriechende Theil des Stammes trägt nur dicht übereinander liegende Schuppen. Wahrscheinlich wachsen diese Formen auf den Bäumen. Auf das gute Merkmal an den Laubblättern, dass nämlich die untere Hälfte nicht sägezähnig ist — sondern nur die obere — ist bei „Blattformen" hingewiesen.

Die Gattung TILLANDSIA *Linné*.

Wenn man Tillandsia usneoides und Agallost. antiacantha betrachtet, so setzt die grosse Formenverschiedenheit gewiss in gerechtes Erstaunen. Es dürfte aber wahrlich wenige Pflanzenfamilien geben, deren Gattungen in Grösse und Tracht so weit von einander entfernt stehen. Ich glaube, dass nach den trockenen Pflanzen zu urtheilen, Tillandsia usneoides eine allgemeine Benennung ist, welche viele gute Arten enthält, aber gewöhnlich sind die vorhandenen Exemplare nicht von der Art, dass man bei so kleinen Gebilden alle Theile der Blüthe vollständig findet Die Tillandsia usneoides, welche in Brasilien so häufig vorkömmt und dort „Greisenbart" genannt wird, hat ein hell grünes Ansehen, auch die Blüthen sind ganz klein und hell weisslicht grün. Tillandsia usneoides aus Mexiko hingegen hat ein hell gelblichtes Ansehen, die Blüthen sind aber bedeutend grösser und röthlich gefärbt, gelblich gefärbt u. s. w. Tillandsia trichoides Willd. und Tillandsia crinita Willd. sind die fast schwarzen, sehr dünnfädigen, ein dichtes Gewirre bildenden aber guten Arten von Tillandsia. Diese sind es wahrscheinlich, welche jetzt schon ziemlich häufig in Europa statt Rosshaar gebraucht werden.

Aber zum Genus Tillandsia gehören nach der jetzigen Bestimmungsweise drei ganz verschiedene Pflanzenformen, welche ich mich auch veranlasst fand, von Tillandsia zu trennen, wesshalb nur die Formen von Tillandsia usneoides allein mehr die Gattung Tillandsia bilden. Wir wollen nun diese so verschiedenen Formen betrachten. Zu leichterer Verständigung bitte ich:

1. Tillandsia usneoides
2. „ recurvata
3. „ stricta

zu betrachten, der anderen Formen nicht zu gedenken, welche auch Tillandsia benannt wurden. Tillandsia usneoides und die Formen wie Tillandsia recurvata haben achselständige Blüthenstände; Till. stricta und ähnliche Formen aber endständige Blüthenstände. Diess trennt die Formen von Tillandsia ganz natürlich, und ich habe sie am geeigneten Platze eingereiht. Andere Formen, welche bei Tillandsia untergebracht waren, sind gar zu verschieden von diesen Formen, um hier weiter besprochen zu werden.

Wenn man die Abbildungen dieser Familie, welche sich in der gesammten botanischen Literatur finden, ihrer ganzen Anzahl nach benützt, wie ich es gethan, — dann sieht man erst bei gründlichen Studien dieser Pflanzenformen, wie sehr fehlerhaft manche dieser Abbildungen angefertigt wurden. Ich erlaube mir hier bei den sonst so wahren Abbildungen in der Flora Peruviana et Chilensis von Ruiz und Pavon aufmerksam zu machen, dass auch hier, trotzdem die Autoren die Gestalt der Pflanze genau kannten, und unübertroffene Beschreibungen derselben lieferten, dennoch sich bedeutende Zeichnungsfehler finden. Man sieht auf Tafel 271 der Flora Per. et Chil. Tillandsia recurvata abgebildet, dann Till. capillaris und virescens auf Tafel 270. Wenn man diese drei Abbildungen noch so aufmerksam betrachtet, so findet man dennoch keine Spur von einem achselständigen Blüthenstande, wohingegen alle Species, welche hierher gehören, also auch die drei obengenannten Tillandsia recurvata, capillaris und virescens auf den ersten Anblick sich im getrockneten Zustande als achselständig blühend zeigen. Aber Ruiz et Pavon sagen u. a. bei der Beschreibung von Tillandsia capillaris und Tillandsia virescens ausdrücklich: „Blüthenstand achselständig u. s. w.“ Diesen grossen Gelehrten und Kennern der Pflanzen ist demnach bei so kleinen Formen dieses bedeutende Merkmal nicht entgangen.

Tillandsia usneoides bildet nun den Repräsentanten von dem Genus Tillandsia; alle anderen von den Autoren zu Tillandsia gezogenen Formen sind anderwärts giltig untergebracht.

Es ist zu bedauern, dass es bis jetzt nicht gelingen wollte, lebende Pflanzen der Form Tillandsia usneoides in Europa einzuführen, da alle Versuche misslangen. Vielleicht trifft es sich, dass zufällig bei irgend einer Orchidee, welche sammt dem Holzstücke, worauf sie vegetirt, eingeführt wird, sich Sämlinge von Tillandsia an der Holzrinde zeigen.

In letzter Zeit hat James Booth in Hamburg in seinem reichhaltigen Pflanzencataloge auch Tillandsia usneoides angeführt, dies wäre jedenfalls eine merkwürdige Erscheinung. Eine Pflanze, welche ich von dem Herrn Giereaud aus Berlin mit Namen Tillandsia usneoides erhielt, ist mir ein sehr erwünschtes Pflänzchen, da es wahrscheinlich Diaphoranthema virescens sein dürfte, — ebenfalls eine Form, die kaum noch einmal lebend in Europa sein mag.

Ich habe über die Formen von Tillandsia usneoides Studien gemacht, welche sich bei den Beschreibungen der Arten dieser Gattung finden.

Die Gattung DIAPHORANTHEMA *Beer.*

Wenn ich auch schon bei Tillandsia dieser Formen gedachte, so finde ich doch nöthig, eine engere Begränzung der Gattung Diaphoranthema auch nach den Laubzuständen u. s. w. zu versuchen. Ich habe mehrere Pflanzen von Diaph. recurvata, Diaph. capillaris und Diaph. virescens genau untersucht, aber nie die Anzahl der Blüthen constant gefunden; immer wechselten die Blüthen von 1 — 5, oft an einer Pflanze. Dies bewog mich auch, den Gattungsnamen zu wählen.

Alle hierher gehörigen Arten sind sehr kleine Pflänzchen, welche Rasen bilden und häufig an und auf altem Gemäuer, auch zwischen Felsen, seltener auf Bäumen gefunden werden. Je nachdem sie einen Standort besitzen, bilden sie runde Rasen oder bekommen an steileren Orten selbst einen kriechenden Wuchs. Aber es ist auch wahrscheinlich, dass einige Arten immer nur kriechend wachsend gefunden werden. Die Stämmchen sind immer aufrecht und reich beblättert; diese sind fast fadenförmig an den Enden, am Grunde aber breit umfassend, mit bräunlich filzigem Ueberzuge. Die Laubblätter stehen ziemlich zweizeilig am Stamme. Die Höhe der ganzen Pflanze variirt von 2 bis 6''.

Die Gattung DYCKIA *Römer et Schultes.*

Diese Gattung umfasst nun schon mehrere Arten, welche sich auch, bis auf eine, im lebenden Zustande in den Pflanzensammlungen finden.

Die Begränzung dieser Gattung ist durch den achselständigen Blüthenstand und die ein Dreieck bildende Blüthenkrone leicht erkenntlich geschlossen.

Es erscheint beachtenswerth, dass nur eine Art in den ältern botanischen Werken sich findet, nämlich Tillandsia tuberosa. (Arrab. Flora Flum. t. 136.)

Die Gattung AECHMEA *R. et Pavon.*

Die geachteten Autoren der Flora Peruviana et Chilensis Prodromus und Flora Peruviana et Chilensis haben Aechmea nach einer merkwürdig schönen Pflanzenform aufgestellt. Die in Flora Peruv. et Chil. abgebildete Art ist Aechmea paniculata R. et P. — Wir wollen nun die Beschreibung dieses Genus, wie sie sich in den beiden oben genannten Werken findet, beleuchten.

In Prodromus sprechen die Autoren als Merkmal dieser Gattung von drei Unterkelchzipfeln und von drei Oberkelchzipfeln. Die unteren seien stachelspitz und hierauf der Name „Aechmea" gegründet. Es sind also hier drei Bracteolen bei einer Blüthe gemeint.

In der Flora Per. et Chil. derselben Autoren wurde aber die obige Pflanzenform schon besser besehen und beachtet, denn man fand, dass es nur eine, aber den ganzen Fruchtknoten umhüllende Bractee sei, welche eine Stachelspitze besitzt. Die Kelchzipfel sind hingegen unbewehrt angegeben und auch wirklich in der Zeichnung unbewehrt zu sehen.

Sir Hooker hat eine Form Aechmea Mertensii (Bot. Mag. t. 3186) und auch Poeppig et Endlicher in Nova Gen. Plantarum t. 159 Aechmea angustifolia benannt. Diese beiden Formen (welche vielleicht nur eine und dieselbe Pflanze sind) haben die Bracteole und die Kelchzipfel stachelspitz und endlich hat Hooker im Bot. Mag. t. 4832 Aechmea mucroniflora abgebildet, bei welcher Bracteole, Kelchzipfel und Kronenblattzipfel stachelspitz sind. Aber die hier genannten drei Arten von Aechmea haben weder den seitenständigen Blüthenstand, noch die so sehr bezeichnenden lang gegranten verkümmerten Blüthen, die allein schon genügen würden, um die Gattung Aechmea gut bezeichnet aufzustellen, da ich mehrere dieser Formen zu studiren Gelegenheit hatte, aber die so seltsame Verkümmerung der Blüthen sich immer gleich bleibt.

So ist unter anderen Aechmea setigera Mart., von Poeppig

(Amazonas VII, 1275) gesammelt, im kaiserlichen Museum in Wien in sehr guten Exemplaren vorhanden. Aechmea setigera ist eine ganz gute Art, und ich war erfreut, durch die Güte meines verehrten Freundes, des Herrn Dr. Fenzl, diese Pflanze genau untersuchen zu können. Aber auch hier ist nur die involucrirende Bractee scharf und lang gegrant, die Kelchzipfel jedoch ganz ohne Spur einer Bewehrung.

Das Exemplar des kaiserlichen Museums von Aechmea angustifolia, wonach Poeppig und Endlicher ihre Beschreibung und Abbildungen in „Nova genera plantarum" machten, war für mich von hohem Interesse.

Wenn man die Abbildung und die Pflanze genau betrachtet, so findet sich hier der gewiss seltene Fall, dass nämlich die Abbildung getreuer als die Beschreibung ist.

Ich erlaube mir, aus der Beschreibung zwei Sätze wörtlich zu geben. Es wird dort gesagt: „Schaft einzeln aus den Winkeln (Achseln?) der Blätter aufstrebend", — ferner weiter unten: „die Blüthen abwechselnd, beinahe zweizeilig, ährig, gedrängt stehend, vier Linien lang, nicht sichtbar; die obersten leer oder in eine Bractee verwandelt u. s. w."

Diese beiden Sätze lassen sich jedoch an der getrockneten Pflanze des Herbars, welche vollkommen gut erhalten und ganz vollständig ist, nicht herausfinden, indem einmal der Blüthenstand nicht aus den Winkeln der Laubblätter hervortritt, sondern endständig ist, — und dann, dass sich gar keine Verkümmerungen an den Enden der Blüthenstandszweige finden, welche auch nur die entfernteste Aehnlichkeit mit jener merkwürdigen Verkümmerung haben, die Aechmea R. et Pav. so sehr auszeichnet und diese Gattung hierdurch allein schon vollkommen von allen andern Formen der Bromeliaceen giltig unterscheidet. Wahrscheinlich wollte man durch obige Sätze Aechmea angustifolia P. et Endl. den Formen von Aechmea R. et Pav. näher bringen, um auf diese Weise die Gattungs-Benennung zu rechtfertigen.

Man beliebe die Abbildung von Aechmea angustifolia Poepp.

et Endl. in deren „Nova genera plantarum" und jene von Aechmea paniculata R. et Pav. in deren „Flora Peruv. et Chilensis" zu vergleichen, um sich von den hier angeführten Thatsachen Ueberzeugung zu verschaffen.

Die Gattung DISTEGANTHUS *Ch. Lemaire.*

Der Autor hat diese fest begränzte Gattung, welche nur durch einen Repräsentanten vertreten ist, aufgestellt.

Diese Form ist durch die kurzen, runden, achselständigen Blüthenstände, dann durch die gestielten Laubblätter, welche nur bei dieser Gattung in solcher Form vorkommen, sehr leicht erkenntlich und hinlänglich verschieden von allen andern Gattungen dieser Familie.

Vielleicht sind die grossen gelben Beerenfrüchte im vollkommen reifen Zustande auch geniessbar.

B e m e r k u n g e n

über die

Blatt-Organe bei den Bromeliaceen und bei anderen Pflanzen-Familien.

Bevor ich die Blattformen der Bromeliaceen in Betrachtung ziehe, dürfte es nicht uninteressant sein, auch andere Pflanzenfamilien oder ihre Gattungen zu besprechen, welche den Blattformen nach den Bromeliaceen nahe stehen.

Wie wichtig das Studium der Blattformen im allgemeinen, besonders aber bei guten und wahrhaft natürlich begränzten Pflanzenfamilien ist, dürfte sich bei ferneren Fortschritten auf diesem Felde der Anschauung erst wirklich nützlich erweisen, indem in nicht seltenen Fällen die Blattformen allein, ganze Familien gut erkenntlich machen werden. Wenn man den Blattorganen in Bezug auf die Bestimmung der Pflanzen einen erhöhten Antheil gegönnt hätte, dann würde man z. B. Weldenia nicht zu den Bromeliaceen gebracht haben, da die Blattzustände, wie sie Weldenia zeigt, gar nie — auch nicht annäherungsweise — bei der Familie der Bromeliaceen vorkommen.

Wir wollen nun bei Pandaneae R. Br. beginnen.

Viele der hierher gehörigen Gewächse haben beim ersten Anblick wirklich manche Aehnlichkeit mit Formen, welche sich bei den Bromeliaceen finden. Diess hat auch R e i c h e n b a c h bestimmt, die Pandaneen zu der Familie der Bromeliaceen zu ziehen.

Es ist nicht zu läugnen, dass die Gestalt der Früchte bei Pandanus mit dem Fruchtstande bei Chevaliera Gaud., also auch — obwohl noch entfernter — mit den Früchten der Ananassa sativa Lind. einige Aehnlichkeit haben. Die Früchte bei Pandanus sind jedoch immer, oft selbst an langen Stielen — hängend. Die Frucht bei Chevaliera hingegen ist steif aufrecht, der Ananassa mit der Blätterkrone nicht zu gedenken. Pandanus ist immer getrennten Geschlechtes.

Die Laubblatt-Formen bei Pandaneae und bei Bromeliaceae sind trotz ihrer scheinbaren Aehnlichkeit doch leicht von einander zu unterscheiden, und es genügt hierzu ein, wenn auch nur einen Zoll langes Stück Blattbreite. Die Laubblätter bei den meisten Formen der Pandaneaen unterscheiden sich nämlich vollkommen von den Laubblättern der Bromeliaceen durch die auf der Blattunterfläche scharf vorragende Mittelrippe, welche, wenn die Laubblätter scharfe Zähne tragen, ebenfalls mit scharfen Zähnen besetzt ist.

Jene Pflanzen, welche bei den Pandaneen glattrandige Laubblätter bilden, tragen dieselbe vorragende Mittelrippe auf der Blattunterfläche, allein auch diese ist dann unbewehrt.

Der Durchschnitt eines Blattes bei Pandaneae zeigt immer die Form eines Dreieckes. Alle diese Blattzustände kommen aber nie bei den Bromeliaceen vor. —

Die herrliche Familie Vellozieae D. Don. bietet ebenfalls mehrere Formen, welche den Bromeliaceen nahe stehen. Auch die Familie der Velloziaceen fand sich Jussieux veranlasst, zu den Bromeliaceen zu ziehen.

Der oft verzweigte Stamm bei Vellozia mit den Blattbüscheln am Ende der Zweige hat manche Aehnlichkeit mit Puya Molina. Nicht minder gleicht Vellozia minima, Vellozia pussila, Vellozia graminea u. s. w. einigen Species, die zu Diaphoranthema (Beer) gehören, wie Diaphoranthema virescens (Tillandsia), Diaphoranthema recurvata (Tillandsia) u. m. a.

Ich erlaube mir hier einige Worte über Vellozia einzuschalten.

Vellozia bildet gar keine wahren Laubblätter, sondern nur blatttragende Scheiden. Man beliebe Vellozia gracilis Mart., Vellozia glochidea Pohl., Vellozia cryptantha Seub., Vellozia pussila Pohl, Vellozia phalocarpa Pohl, Vellozia tomentosa Pohl, Vellozia lanata Pohl, Vellozia flavicans Mart. u. m. a. zu besehen, um zur Ueberzeugung zu gelangen, dass hier die blatttragende Scheide durch ihre Stellung am Stamme, wie auch durch die übereinanderliegenden, am Grunde eine Linie und weniger von einander entfernt stehenden faserigen Scheiden u. s. w. Merkmale bieten, welche — auch ohne besondere Berücksichtigung der Blüthen — allein genügen dürften, um die Familie Vellozieae leicht erkenntlich zu beschreiben und auch zu begränzen, da diese Zustände der blatttragenden Scheiden bei keiner anderen Pflanzenfamilie sich wiederfinden.

Die Epacrideaen besitzen ebenfalls Formen, welche an Bromeliaceen erinnern. In Neu-Seeland findet sich Dracophyllum, Richea, wo die Laubblätter über einen Schuh Länge haben und durch ihr dichtes Zusammenstehen an manche Species von Anoplophytum, Cryptanthus erinnern. Aber bei Dracophyllum arboreum, Hügelii u. s. w. sind die Laubblätter durch, auf beiden Seiten sichtbare, selbst durchsichtige schmale Längslinien, wie nicht minder durch die scharfen Ränder von den Blättern der Bromeliaceen gut unterschieden.

Bei Eryngium sehen wir ebenfalls Laubblattformen, welche an jene bei den Bromeliaceen erinnern. Mehrere Species des Genus Eryngium, die in Amerika (Brasilien, Chili u. s. w.) sehr häufig vorkommen, — wie Eryngium paniculatum Cav. (Laroche? Chili), Eryngium marginatum Pohl, Eryngium rubricaule Pohl (diese letztere trägt aber die Wimpern schon gemeinschaftlich zu zwei bis drei) — gleichen mit ihren gewimperten Laubblättern den Blättern der Pitcairnia angustifolia Ait. u. s. w.

Aber die Laubblätter obiger Eryngien besitzen an den Rändern lange, gerade, stachelspitz endende Wimpern von weicher Beschaffenheit. Die Blattunterflächen sind mit ganz feinen, dicht stehenden weissen Längslinien geziert. Diese Linien nehmen regelmässig am Blatte ab, indem mit einer jeden Wimper eine Linie sich abscheidet. Das Blatt ist der ganzen Länge nach flach und dünn.

Formen von Eryngium mit unbewehrten, selbst ganz glatten Laubblättern, wie Eryng. longifolium, E. elongatum Pohl und E. enophora Sellow; E. pascuum Pohl und E. lineare Pohl, gleichen erstere ebenfalls mehreren Species von Pitcairnia, die letzteren aber selbst Formen von Anoplophytum.

Die Laubblätter der Bromeliaceen, welche diesen Blattformen dem Anscheine nach gleichen, sind hingegen steif, die Zähne an den Blatträndern scharf spitz, holzig. Die kaum sichtbaren Linien auf der Unterfläche der Blätter verlaufen ununterbrochen bis zum Blattende; der Mittelnerv des Blattes bildet eine mehr oder minder tiefe Rinne.

Astelia Banksii hat auch Laubblätter, welche in Beziehung zu Bromeliaceen berücksichtigt werden müssen, seitdem Warscewitz in Peru eine Bromeliacee fand, deren Blätter durch reiche lange und weisse Behaarung wie beschneit erscheinen. Aber Sprengel fand sich auch bewogen, Coronariae = ? Bromeliae bei Astelia zu berichtigen.

Der Umstand, dass die Laubblätter bei Astelia Banksii am Rande behaart, hier oft eingerollt sind und in eine sehr lang gedehnte Spitze endigen, wie auch, dass selbe eine scharf dreieckige Rinne bilden, unterscheidet diese Blätter ebenfalls von denen der Bromeliaceen.

Bei dem Genus Aloë gibt es ebenfalls einige Species, wie: Aloë arborescens, Aloë soccotrina (perfoliata), Aloë microcantha u. m. a., welche Aehnlichkeit mit Blattformen haben, die bei den Bromeliaceen vorkommen; allein die Unterschiede sind hier auch bedeutend. Die oben genannten Formen von Aloë haben beide Blattflächen gleichmässig fleischig. Das Blatt ist sehr leicht zerbrechlich; wo sich Sägezähne finden, sind diese fleischig und, wenn auch oft stark ausgebildet, dennoch wenig scharf.

Die bekanntere Blattform bei vielen Species von Aloë ist im Querschnitte dreieckig, gleichmässig fleischig und ganz klar durchsichtig. Blattränder und Mittelrippe, welche letztere gut ausgebildet erscheint und vorsteht, sind entweder rein begränzt, lebhaft gefärbt, oder aber mit groben Zähnen versehen. Es sind demnach die bekannteren Formen von Aloë noch entfernter von den Blattformen der Bromeliaceen stehend als die oben angeführten Species, wie Aloë arborescens u. s. w. —

Das Genus Dasylirium unterscheidet sich durch die verholzenden Blattspitzen, welche auch einen aufrechten vertrockneten Büschel von holzigen Fasern bilden. Es ist getrennten Geschlechtes.

(Juncaceae? bei Xerotes? nach Fenzl.)

Das Genus Agave trägt starke Laubblätter, welche mit einer sehr kräftig entwickelten und entschieden holzbraun begränzten Stachelspitze endigen. Zwischen den hakenförmigen, stachelspitzen Zähnen (wenn sich an den Blatträndern solche finden) ist die Blattsubstanz immer fleischig und die Ränder selbst zwischen den Zähnen rundlich.

(Agaveae Endl.)

Das Genus Hechtia hat stumpf fleischige, fast runde, allmälig spitz zulaufende Blattenden, welche in eine kurze Granne endigen. Die schwache Granne steht bei keiner Species dieses Genus im Verhältnisse zu den derben, stark hakenförmig gebogenen, sehr spitzen Dornenzähnen an den Blatträndern. Hechtia ist getrennten Geschlechtes.

Das Genus Yucca zeichnet sich durch glattrandige, mit einer vertrockneten Zellschicht bekleidete Blattränder leicht erkenntlich aus. Diese Ränder lösen sich bei mehreren Species stückweise ab und bilden dann gebogen abstehende, auch zierlich eingerollte Fäden von hellbrauner oder weisser Färbung.

(Yucca, Liliaceae Juss.)

Fernere Versuche werden wahrscheinlich zeigen, dass die monocotylen Gewächse durch ihre Blattzustände reichlichen Stoff zum Studium, und bei manchen die Laubformen allein ausreichende Mittel zur Bestimmung bieten dürften.

BROMELIA. AGALLOSTACHYS. PUYA. ANANASSA. ENCHOLIRIUM.

Laubblätter sehr steif, fast holzig. Oberfläche weich, saftig, glatt, farblos, durchscheinend ganz ohne Blattgrün (Chlorophyl). Die Mittelfläche der Blätter bildet ein Lager grünen Zellengewebes; dann darunter eine Schichte von geraden starken Bastfasern, welche dicht unter der Oberhaut der Blattunterfläche sich finden; hierdurch erscheint diese Blattfläche wie fein gestreift. Aus den Blatträndern drängen sich die Dornenzähne hervor; diese sind anfänglich der ganzen Blattsubstanz gleich, erst später verholzen dieselben gänzlich und nehmen eine mehr oder minder dunkle Färbung an.

Die Blätter finden sich immer sehr zahlreich; sie stehen vom Stamme strahlenförmig ab, — jedes derselben ist der ganzen Länge nach bis auf den Grund sichtbar.

PHLOMOSTACHYS.

Laubblätter maisblattartig, seidenartig, dünn, weich. Die Blattstellung ist entweder im Quirl (Phlom. Warszevitzii u. a. m.), oder zweizeilig (Phlom. Altensteinii). Alle diese Laubblätter haben einen entschieden starken, auf der Aussenfläche halb runden, auf der Innenfläche aber tiefrinnigen Mittelnerv. Die Laubspreite ist der ganzen Länge nach schwach gefaltet. Das Blatt ist bis 3″ breit 4′ lang, wehrlos, entschieden wellig am Rande und lang spitz, weich endend, durchsichtig, am Grunde fast stielrund, hier umfassend und oft stark geflügelt.

Wo die Laubblätter im Quirl stehen, ist der Stamm am Grunde zwiebelartig aufgetrieben, und von da ab stehen die Laubblätter sparrig nach allen Richtungen. Bei zweireihigem Blattstande stehen selbe fächerförmig, gleichmässig vertheilt. Die Laubblätter haben bei einigen Species einen rostbraunen Anflug von filziger Beschaffenheit, welcher sich hauptsächlich an der Unterfläche derselben findet.

Blattformen des Genus Quesnelia beliebe man bei der Beschreibung der Genera nachzulesen.

PITCAIRNIA.

Diese so bestimmt begränzte und desshalb sehr leicht zu erkennende Gattung ist auch die einzige, welche in Herbarien und Abbildungen sich richtig bezeichnet findet. Jene Formen, welche ich von Pitcairnia trennte und zu eigenen Genera erhob, bieten auffallende Unterschiede an der Blüthenform. Hauptsächlich dienen mir diese neu aufgestellten Genera, um die verschiedenen Formen gut aus einander zu halten.

Die Blattformen von Pitcairnia sind gegen die anderen, bei den Bromeliaceen vorkommenden Blätterformen leicht erkenntlich, obwohl es auch hier nicht an Uebergangsformen fehlt. Ich erinnere an Pitcairnia undulata, wo die bei 5″ breite Laubblattfläche an langen dünnen runden Stielen sitzt. Die Blattfläche ist stark wellig, seidenartig — der Länge nach etwas gefaltet — und erinnert an die maisblattartige Belaubung der Gattung Phlom. Aber bei umfassenden Studien der Blattformen dieser Familie zeigt es sich, dass Pitcairnia undulala eine Blattform bildet, welche einzig in ihrer Art ist.

Pitcairnia angustifolia hat wohl der ganzen Länge nach wahrhaft sägezähnige Blattränder, allein deren durchsichtige Beschaffenheit und fleischige Weiche lässt sie doch als Blätter zu Pitcairnia gehörend erkennen. Die Bezeichnung „angustifolia" passt eigentlich auf alle Blätter bei Pitcairnia und ist desshalb nicht gut gewählt.

Die Blatt-Erscheinungen sind bei Pitcairnia sehr merkwürdig, indem sich

1. Vorblätter (Niederblätter, Schuppenblätter — Deck-Schuppe),
2. Laubblätter

bilden.

Die Vorblätter sind eine Blattform, welche sich nur allein bei Pitcairnia findet.

1. Vorblätter.

Diese umgeben entweder den jungen Spross, oder aber die Endknospe, woraus sich der Blüthenschaft mit seinen Laubblättern erhebt. Sie tragen jedoch selten — laubblattähnliche Gebilde oder gehen in solche allmälig über. Sie umfassen, wenn sie den Spross bekleiden, denselben am Grunde breit scheidenartig und bilden hier durch dichtes Zusammenstehen zwiebelähnliche Verdickungen des sehr kurzen Stammes. Wenn die Vorblätter aber die Endknospe umgeben, erscheinen selbe am Grunde zwischen den Laubblättern. Die Vorblätter sind von sehr derber, selbst holziger Beschaffenheit, gewöhnlich dunkel schmutzig holzbraun, und wenn vertrocknet — glänzend schwarz. Sie sind am oberen Theile, wo sich die scheidenartige Ausbreitung verliert, 1‴ breit und bis $2^1/_2$″ lang, und tragen an den Rändern sehr scharfe dornige Widerhaken. Die $^3/_4$″ lange dornenlose Spitze der Vorblätter ist sehr derb und in eine lange scharfe spitze Granne endigend. Im Durchschnitt zeigt sich hier die Blattsubstanz hell lichtgelb. Die Aussenschichte verhältnissmässig breit und dunkel braun-roth. Ein Durchschnitt des umfassenden Theiles der Vorblätter ist weich fleischig, weisslich grün, sehr dünnhäutig, roth gestreift, mit lebhaft rothem Rande begränzt.

2. Laubblätter.

Die Laubblätter sind bei Pitcairnia immer am Grunde mehr oder minder stark umfassend. Vom Grunde bis zur halben Laubblattlänge eine Rinne bildend, steif, dann gegen oben ganz flach endigend. Die Blätter sind vom Grunde aus immer auf der Oberfläche fleischig und hier farblos. Diese fleischige Oberfläche verliert sich aber bei $^1/_4$ der ganzen Blattlänge allmälig, und es bildet sich von da an die ganzrandige, etwas gestreifte oder gradlinige durchsichtige, weiche, am Ende sehr spitz zulaufende Blattfläche.

Am fleischigen unteren Theile des Laubblattes finden sich manchmal Sägezähne, — gewöhnlich sind die Laubblätter wenig bewehrt. Oft ist die ganze Unterfläche derselben und, obwohl sehr selten, auch deren Oberfläche rein weiss, bis holzbraun gefärbt. Diese Färbung bildet ein leicht zu entfernender kleiiger Anflug, welcher selbst filzig erscheint. Bei mehreren Species liegt dieser Anflug gewissermassen nur auf den Blättern und ist selbst leicht wegzublasen.

Die Breite variirt bei den verschiedenen Species von $^1/_2$'' bis 2'' Breite und $3^1/_2$ bis $4^1/_2$' Länge. Die Laubblätter finden sich immer sehr zahlreich und bilden einen zierlichen Büschel; im Alter aber bilden dieselben Rasen von mehreren Schuhen im Durchmesser.

Jene Pitcairnien, welche einen zwiebelartig verdickten Stamm bilden (wie Pitc. graminea, Karwinskiana u. m. a.) treiben den jungen Spross schon vollkommen verdickt, und von aussen mit stark umfassenden, schwarzbraunen, trockenen, scharf spitzen Scheiden umgeben. Am Ende des verdickten, oben halbrunden Sprosses stehen zwei Kränze von Blattformen.

Den ersten Kranz bilden die Laubblätter, welche hellgrün, etwas gestreift, dicklich, stark umfassend, am Grunde fleischig, hier rein weiss, dann bräunlich; sehr schnell schmal werdend, hier schwach widerhakig, dann aber (der sichtbare Theil) hellgrün, ganzrandig, allmälig breiter werdend, dann von der Mitte der Laubblattlänge allmälig weich spitz endigend.

Den zweiten Kranz bilden die Vorblätter.

In Mitte dieser zwei Blattkreise sitzt die Endknospe, welche Laubblätter, Blüthenschaft und Blüthenstand gleichzeitig entwickelt. Der zwiebelartige Stamm hat nach der Blüthezeit einen Durchmesser von 1 1/2 bis 2'' und ist mit den vertrockneten braunschwarzen Schuppen ganz bedeckt; er ist mit den vertrockneten Vorblättern gekrönt, aus deren Mitte sich der abgeblühte holzbraune Schaft erhebt.

Hierher gehört auch jene Form, wo die Blüthen einen in Mitte der Laubblätter sitzenden Büschel bilden, wie Pitcairnia excapa u. m. a.

COCHLIOPETALUM.

Laubblätter am Grunde stark umfassend, hier weisslich durchsichtig und fein gestreift, dann schnell schmal werdend, rinnenförmig, von Mitte der Blattlänge bis ans Ende flach ausgebreitet, ohne Mittelnerv; sie stehen nach allen Richtungen aufrecht, am Ende zierlich übergebogen. Blattfläche glatt glänzend, auf beiden Blattflächen gleichfarbig hellgrün, von dicklicher Beschaffenheit, manchmal in der Jugend leicht gewimpert, — immer weich spitz endend. Dem Blüthenstande geht kein bewehrter Schuppenblatt-Büschel voran.

HOHENBERGIA.

Hohenbergia bildet lange schmale, am Grunde vollkommen umfassende hängende Laubblätter, welche auch noch theilweise wie eine Röhre verwachsen sind. Sie sind sehr fleischig und fast weich anzufühlen, aber an den stumpfen Rändern dennoch scharf sägezähnig. Die Laubblätter am unteren Theile des Blüthenstandes sind bei den meisten Species fast stielrund.

Wenn Tillandsia cyanthyiformis, Till. bracteata und Till. terminalis der Flora Fluminensis von Arrab. wirklich zu Hohenbergia gehören, dann passt die obige Blattbeschreibung des Genus Hohenbergia nicht vollkommen gut. Leider sind die Abbildungen der Flora Fluminensis oft dergestalt unkenntlich, dass, nur um die Abbildungen nicht zu übergehen, ich diese Formen hier einstweilen unterbringe.

Vielleicht belehrt uns eine lebende Pflanze dieser Form einst besser, wohin selbe eingereiht werden soll.

Blattformen der Genera Caraguata, Pityrophyllum und Nidularium beliebe man bei der Beschreibung der Genera nachzulesen.

CRYPTANTHUS.

Laubblätter vom Grunde aus gleich breit, dann in eine feine, weiche lange Spitze endigend. Der mittlere Theil der Blätter entschieden fleischig, undurchsichtig; zu beiden Seiten aber ist die Laubfläche sehr dünn und durchsichtig, am Rande stark wellig und sehr fein scharf sägezähnig. Auf der Unterfläche ist das Laubblatt stets weiss oder bräunlich filzig bekleidet. Oberfläche entweder glänzend glatt, oder weiss, auch bräunlich schürfig bekleidet; diese bilden bei einigen Species schöne Querbinden. Der Schurf, welcher die schönen Zeichnungen auf den Blättern bei Cryptanthus bildet, ist sehr leicht wegzuwischen.

Diese Pflanzen bilden oft aufrechte Stämmchen von 3 bis 6″ Höhe und tragen am oberen Ende mehrere Zweige. Die Stämmchen sind mit gerade abstehenden Laubblättern dicht besetzt. Farbe der ganzen Pflanze entweder hellgrün oder dunkel braunroth.

Zur Blüthezeit ändern die Herzblätter ihre Farbe nicht.

PLATYSTACHYS.

Laubblätter dicklich, lederartig, trübfarbig, ganzrandig, meist mit weisslichem schurfigen Anfluge bekleidet, in eine langgedehnte Spitze endigend, hier oft eingerollt. Am Grunde tiefrinnig, — auch an den Blatträndern oft eingerollt. Alle Laubblätter abstehend; bei den verschiedenen Species variiren dieselben von 1′ bis zu 3′ Länge.

VRIESEA. GUZMANIA.

Laubblätter kelchbildend zusammenstehend, bandartig, ganzrandig, auf beiden Blattflächen glänzend, durchsichtig, gleich breit, stumpf endigend, lebhaft hellgrün, oft mit feurig roth-braunen Querbinden und Flecken, oder auch mit unregelmässigen grossen rothen reinbegränzten Mackeln geziert. Sie variiren von 1' bis 2' an Länge bei den verschiedenen Species. Die Flecken und Querbinden der Laubblätter sind durch die Blattsubstanz gebildet, desshalb auch vollkommen ausdauernd.

LAMPROCOCCUS.

Dieses Genus enthält die Formen, welche Brogniard zu Aechmea gezogen. Ich habe am geeigneten Platze auf die Unhaltbarkeit dieser Species bei Aechmea hingewiesen. Die Blattformen der hierher gehörigen Species sind sich alle ziemlich gleich, — die Blätter sind glänzend, ganzrandig, stehen eine Röhre bildend zusammen, aber die Blattenden stehen steif gerade ab, so zwar, dass die Laubblätter — welche nie sehr zahlreich sind — eine schöne aber unregelmässige Rosette bilden. Am Grunde haben die Laubblätter der Länge nach einige Einbuchtungen.

Der Wuchs muss entschieden kriechend genannt werden; alte Pflanzen bilden viele Seitenzweige, welche ganz lose, nur mit einem Kranze kurzer Wurzeln versehen, sich befestigen und ihre Nahrung hauptsächlich aus der feuchten Luft entnehmen. Sie wachsen alle an und auf Bäumen, wo sie Rasen von mehreren Schuhen im Durchmesser bilden.

BILLBERGIA, HOPLOPHYTUM, MACROCHORDIUM ECHINOSTACHYS, CHEVALIERA.

Laubblätter rinnenförmig, gleichmässig trüb grün, lederartig, steif, selbst holzig, auf der Oberfläche etwas rauh, auf der Unterfläche glatt, seidenartig anzufühlen, oft durch kleiigen Anflug weisslich erscheinend, oder auf beiden Seiten stark sichtbar, rein weiss gefleckt oder mit verschieden breiten Querbinden geziert. Der Standort der Pflanze hat entschieden Einfluss bei dieser bandstreifenartigen Zierde, indem bei dunklem, sehr feuchtem Standorte die kleiige Masse, welche die Blätter theilweise bedeckt, nicht gehörig abtrocknen kann und desshalb die Flecken und Querbinden an den Blättern fast gar nicht zu bemerken sind, wo hingegen ein Spross derselben Pflanze, welcher an einen hellen und trockenen Standort gestellt wird, auch alsbald die schöne Zeichnung mit scharfer Begränzung erhalten wird.

Die Oberfläche der Laubblätter ist mit einer sehr dünnen Haut überzogen, worunter eine Bastfaser-Schichte sich befindet, welche die Oberfläche sehr hart erscheinen macht. Der Durchschnitt eines Laubblattes ist gleichmässig grün gefärbt. Das Blatt endet mit einer nicht sehr scharfen Stachelspitze und ist am Ende gewöhnlich etwas eingebogen. Die Ränder der Blätter sind gerade und mit stachelspitzen Zähnen besetzt.

Manche Species hat Laubblätter, welche wie aus Eisenblech geschnitten erscheinen. Solche Laubblätter stehen immer eine lange schmale Röhre bildend beisammen, wesshalb nur die zwei äusseren Blätter bis auf den Grund sichtbar sind. Dieses innige Anschliessen und Umfassen der Laubblätter unter sich ist Ursache, dass diese Gewächse eine bedeutende Menge trinkbaren Wassers enthalten. Ein bemerkenswerther Umstand ist es, dass selbst kleine Wasserpflanzen (Urtricularien) zwischen den Laubblättern im Wasser vegetiren und die schönen Bromeliaceen noch durch zarte Blümchen und überhängende Stolonen der Wasserpflanzen herrlich verziert erscheinen.

Es folgen hier die Hauptmerkmale der Blattformen einer jeden der hier angeführten Gattungen:

Merkmale:

BILLBERGIA. HOPLOPHYTUM.

Laubblätter am Grunde kelchbildend zusammenstehend, dann nach allen Richtungen abstehend, auch eine lange Röhre bildend, steif aufrecht, ungleich an Länge; einzelne Blätter lederartig überhängend (bei der Unterabtheilung Cremobotrys).

MACROCHORDIUM.

Laubblätter gleichmässig hellgrün, aufrecht, nur am Grunde eine kurze Röhre bildend. Blattenden eingerollt. Stachelzähne unordentlich zusammenstehend.

ECHINOSTACHYS.

Laubblätter auf beiden Flächen silberglänzend glatt, am Grunde bauchig umfassend, von halber Länge an überhängend.

CHEVALIERA.

Laubblätter vom Grunde aus stark umfassend, tiefrinnig mit glatten Rändern; erst beim Flachwerden der Blätter erscheinen feine regelmässige Sägezähne, das Blattende wird allmälig spitz, ohne scharf bewehrt zu enden.

PUYA.

Hier ist es ein sehr bemerkenswerther Umstand, dass die Hochblätter am Blüthenschafte sehr hinfällig sind und auch wirklich zur Zeit der Blüthe meistens schon abfallen, aber am Schafte sichtbare Narben zurücklassen.

Die Laubblätter, welche den Stamm krönen, sind in der Jugend gewöhnlich auf beiden Blattflächen lebhaft grün; erst nachdem die Pflanze ein gewisses Alter erreicht hat, beginnen die Laubblätter, von der Spitze angefangen, jene silberweisse, fast glänzende Unterfläche zu bilden, welche Puya so sehr von den anderen Genera auszeichnet. Desshalb ist man auch ausser Stande, über die jetzt sehr zahlreichen Sämlinge der Gärten etwas bestimmtes sagen zu können, indem wahrscheinlich wenigstens zehnjährige Pflanzen erst jene Gestalt entwickeln werden, welche dann erlaubt, die Species annäherungsweise zu unterscheiden.

Die ausgebildeten Laubblätter an alten Pflanzen stehen alle gleichmässig vom Stamme ab, dann hängen sie bogenförmig herab, und zwar dergestalt, dass die Blattenden gegen einwärts gekrümmt sind. Dieser Blattschwung gereicht Puya zur besonderen

Zierde. Die Länge der Laubblätter beträgt 4 bis 5', die Breite, welche allmälig gegen die etwas bräunliche weiche Spitze abnimmt, über 1''. Die Zähne an den Blatträndern stehen 1'' (und weniger) entfernt von einander; sie bilden scharfe, hellbraune, gekrümmte, gerade abstehende Haken. Die weiche Spitze ist bei ausgewachsenen Pflanzen 1' lang, zahnlos und sehr schmal. Die Oberfläche der Laubblätter ist ein sehr helles, bläuliches Grün, glänzend glatt wie Seide. Die Oberhaut ist pergamentartig sehr steif und sammt der darunter liegenden Zellenschicht rein weiss. Die Unterfläche ist sehr steif, hellgrün, wie fein linirt, mit mehr oder minder dichtem, weissem oder rostfarbigem Ueberzuge bekleidet. Auf der Blattfläche sind stets Eindrücke der Nebenblätter sichtbar, welche auf der Kehrseite oft merkliche erhabene Streifen bilden.

TILLANDSIA.

Die Pflanze bildet, auf Bäumen wachsend, ein dicht verschlungenes, aus dünnen fädlichen Verzweigungen sehr lang herabhängendes Gewirre. Die Hauptachse wächst langsam fort und entsendet eine grosse Menge von Seitenzweigen, welche wieder zahlreiche Verästelungen bilden. An den fädigen, runden, sehr dünnen Zweigen stehen die linealen, kaum $^1/_2$ ''' breiten Blätter sehr entfernt von einander. Die ganze Pflanze, mit Ausnahme der Blüthe ist fein zottig, schmutzig hellbraun oder fast schwarz von Farbe. Diese zottige Bekleidung ist durch sich überlagernde Sternhaare gebildet, welche an den Rändern gezahnt sind. Die junge Samenpflanze bildet wahrscheinlich einen winzigen Büschel ganz schmaler, gleich langer Blättchen; erst später erscheinen die Seitenverzweigungen, welche dann schlaff herabhängen.

Es ist bemerkenswerth, dass man bei grossen Mengen dieser Pflanzen, wo mancher Zweig bis 4' lang sich findet, dennoch gar keine Wurzeln entdecken kann. Vielleicht sind dieselben so dünn und hinfällig, dass im trockenen Zustande der Pflanze hiervon nichts mehr zu bemerken bleibt.

ANOPLOPHYTUM. DIAPHORANTHEMA.

Laubblätter pfriemlich, rund, oder durch eingerollte Blattränder rund erscheinend, ganz unbewehrt, silberglänzend oder mit weiss kleiigem, auch braun filzigem Anfluge versehen, in den seltensten Fällen glatt glänzend. Sie stehen immer steif aufrecht und variiren von 2″ bis 1′ an Länge bei den verschiedenen Species.

Das Erscheinen des Blüthenstandes trennt Anoplophytum von Diaphoranthema natürlich. Erstere blüht endständig, die zweite aber seitenständig. Beide Gattungen umfassen die kleinsten Formen dieser Pflanzenfamilie, obwohl besonders die erstere gerade hierdurch, wie nicht minder durch die lebhaft gefärbten Blüthenstände für Pflanzensammlungen sehr wünschenswerth ist.

DYCKIA.

Laubblätter fleischig, fast rund, gleich lang, am Ende sanft übergebogen, fein, scharf, oft unregelmässig sägezähnig, immer eine schön geordnete Rosette bildend. Oberfläche der Blätter glatt glänzend, Unterfläche der ganzen Länge nach mit einem stark entwickelten Mittelwulste versehen und sehr fein weiss linirt, am Grunde oft fast wollig.

AECHMEA.

Diese Form bildet kräftige aufrechte, sehr scharf stachelzähnige, rinnige Laubblätter, welche allmälig mit einer scharfen Spitze enden. Der Stamm ist, obwohl kurz, doch sehr kräftig entwickelt. Die einzelnen Blätter nehmen vom Grunde aus an Länge immer mehr zu, sind sonst aber an Bewehrung u. s. w. ganz gleich. Der starke aufrechte Blüthenschaft erscheint hier am Grunde bei den untersten Laubblättern. Die verkümmernden Blüthen, deren eine Menge vorhanden sind, finden sich entweder am Anfange oder am Ende der Blüthenstands-Verzweigungen. Auch ganz verkümmernde Blüthenzweige finden sich; diese haben das Aussehen lang bestachelter Zweige.

DISTEGANTHUS.

Laubblätter verschieden an Länge ($1\frac{1}{4}$ bis 2′), auf der Unterfläche weiss filzig bekleidet, mit den Enden zierlich herabgebogen. Am Grunde tiefrinnig, stark umfassend, dann deutlich gestielt, hier $\frac{1}{2}$″ breit, an den dünnen Rändern mit gerade abstehenden Stachelzähnen besetzt, dann herzförmig ausgebreitet, hier am Rande wellig, $3\frac{1}{2}$″ breit, sehr verlängert und mit zurückgebogener, langer Spitze endigend, an den Rändern mit kleinen scharfen Dornenzähnen besetzt.

Die Rinne auf der Blattfläche verliert sich von der herzförmigen Ausbreitung allmälig. Der Stamm treibt am Grunde zu verschiedenen Zeiten zahlreiche bei 1′ lange Stolonen, welche an den Enden junge Pflanzen bilden; nachdem derselbe aber mehrere Blüthenschäfte gebildet, treibt er zur Zeit der Fruchtreife einen starken Seitentrieb, welcher die Mutterpflanze dann gänzlich ersetzt. Die Stolonen hingegen werden, nachdem sie die junge Pflanze über 1′ weit von der Mutterpflanze entfernte, endlich dürr, und bei diesem Zustande hört auch die Verbindung der jungen Pflanze mit der Mutterpflanze gänzlich auf.

Ueber

ANANASSA.

Jene Gewächse, welche reellen Nutzen schaffen, wurden am ehesten studirt und zu verbreiten gesucht. So haben die Formen der Cacteen, welche geniessbare Früchte tragen, oder deren Insekten, Holz und Faser dem Haushalte der Menschen Nutzen gewähren, eine grosse Verbreitung, selbst in den entferntesten Welttheilen erlangt, obwohl diese seltsamen Gestalten nur auf einen bestimmt begränzten Verbreitungsbezirk, nämlich 40° südl. Breite und 40° nördl. Breite in Amerika angewiesen sind.

Auffallend ist es, die Vanilla in Amerika im vollkommen wilden Zustande zu finden, welche wahrscheinlich eine asiatische Pflanze ist. Die Ananassa wurde auch in alle Tropenländer der Erde getragen und ist jetzt in den ihr fremden Welttheilen wie wild wachsend zu betrachten. Wenn nun nachweisbar, dass die Ananassa nach Asien und Afrika gebracht wurde und daselbst förmlich verwildert gefunden wird, — aber die einzige Bromeliacee ist, welche dort vorkommt, — so liegt die Ansicht nicht sehr ferne, dass jene Species der Vanilla, welche jetzt in Amerika sich wildwachsend findet und die einzige stammbildende Form der Orchideen-Familie ist, die Amerika bewohnt, — als Pflanzenformen zu betrachten sind, welche in vorgeschichtlicher Zeit von Asien nach Amerika gebracht wurden.

Alterthümer in Central - Amerika und in den südlichen Provinzen von Mejiko stehen nun in einsamen Wildnissen in Mitte mächtiger, fast unzugänglicher Urwälder — Wahrzeichen einer längst vergangenen Zeit, an denen man Spuren eines Zusammenhanges mit asiatischer Einwanderung zu entdecken glaubte! — Wenn solche Hypothesen zu begründen wären, dann stände manche Vanilla noch an dem Platze, wo der Mensch sie gepflanzt, und umrankte jetzt die Ruinen jener Wunderbaue, deren Gartenzierde sie einst waren.

Gewächse wie die Vanilla, welche in der Jugend nur wenig, im blühbaren Alter aber gar nicht mehr im Boden wurzeln, sondern nur mit ihren zahlreichen, gleichmässig am Stamme vertheilten Wurzeln an den Riesenbäumen oder über Fels und Schutt hinankriechen, konnten auch, verlassen von der Cultur, ihre jetzigen Standorte selbst gewählt haben, indem die feinen Körnchen, welche den Samen darstellen, durch die Lüfte fortgetragen, die entferntesten Plätze an den Meeresküsten und in den Urwäldern zu erreichen vermochten, um hier — da sie sehr schnell wachsen — in kurzer Zeit vollkommen eingebürgert, dem Suchenden die köstliche Vanilla-Frucht zu bieten.

So lange eine Pflanze keine Veränderung durch die Cultur erlitt, bleit immer die Wahrscheinlichkeit, dass unter gleichen Breitegraden eine weit hergebrachte Pflanze endlich auch in dem fremden Boden heimisch werden kann. —

In den alten Schriften wird von den Bromeliaceen nur die Ananassa beschrieben, da sie als Nutzgewächs auch vor allen die Aufmerksamkeit auf sich zog.

Die erste Beschreibung und Abbildung dürfte wohl in dem Werke von Gonzalo Hernandez de Oviedo: „La historia de las Indias,“ Ausgabe von 1535 und 1546 zu finden sein. Der Verfasser war Commandant in St. Domingo.

Damals kannte man schon drei Abarten der Ananassa, nämlich: Yayman, Yayagua und Boniama, welche sämmtlich von dem Spanier Pinas nach Pomme de pin genannt wurden.

Die Versuche, die Ananassa-Früchte in nicht vollkommen reifem Zustande nach Europa zu senden, misslangen damals, denn sie verfaulten unterwegs. Erst im Jahre 1599 brachten Schiffer die mit Zucker eingemachten Ananassa-Früchte sammt dem Blattschopfe — aber nicht aus Domingo, sondern aus Java — nach Europa.

Bemerkenswerther ist das Werk von André Thevet: „Les singularités de la France antarctique, autrement nommée Amérique," Ausgabe 1559.

Thevet, welcher mehrere Jahre in Brasilien gewesen, hat die Ananassa unter dem Namen „Nanas" beschrieben und auch abgebildet. Er sagt, die Früchte seien gegen mehrere Krankheiten sehr heilsam. Die Frucht ist zur Reifezeit gelb, von Geschmack und Geruch vorzüglich. Sie trägt keinen Samen und wird nur durch die Seitensprossen vermehrt. Vor der Reife der Frucht sei der Saft so scharf, dass er das Zahnfleisch angreife und dadurch Blutungen im Munde entstehen.

Der Name „Ananas" kommt zuerst bei Jean de Lery in dessen „Histoire d'un voyage fait en la terre du Brésil," Ausgabe von 1580 vor und ist ohne Zweifel aus der Benennung „Nanas" entstanden.

Fernere Nachrichten finden sich bei Harnandez, welcher im 16. Jahrhundert als Naturforscher in Mejiko reiste. Dieser nennt die Ananas „Matzatli" oder „pinea Indica." Der Abbildung nach zu urtheilen, dürfte Hernandez die Ananassa sagenaria gemeint haben, was aber in so ferne auffällt, da Ananassa sagenaria sauere Früchte trägt, während die anderen Autoren sich an die süssen Früchte hielten.

Eine grössere Bedeutung haben die Nachrichten von Christophori a Costa, Tradato de las Drogas y medicinas de las Indias orientales, Ausgabe 1578. Hier findet sich die erste Anmerkung, dass die Ananassa von Santa Crux nach West-Indien und dann nach Ost-Indien, endlich auch nach China verpflanzt wurde.

Er sagt ferner, dass man auf den Canarischen Inseln diese Frucht „Ananasa" nennt.

Plumier, — Nova plantarum Americanarum Genera, Ausgabe von 1703 — ist der Erste, welcher in seinem vortrefflichen Werke die Ananassa — Bromelia benennt, zu Ehren eines schwedischen Botanikers Namens Olof Bromelius.

In Margraw, — Historia rerum natural. Brasiliae, Ausgabe von 1648 — findet sich eine nette Abbildung der Ananassa mit Namen „Ananas," welche wahrscheinlich die Ananas conique der Franzosen ist.

Die schlechteste Abbildung der Ananassa hat — auffallend genug! — Meriani in dem Werke „Florum cultura," Ausgabe 1641, geliefert, da aus den Händen dieser Künstler-Familie des 17. Jahrhunderts nur vortreffliche Arbeiten hervorgingen.

Bei Dilenius, Trew und Ehret, Kerner, Descourtzils u. s. w., wie nicht minder in den englischen und französischen Gartenschriften, finden sich zahlreiche Abbildungen der verschiedenen Varietäten der Ananassa sativa. Von mehrfachem Interesse sind jedoch noch manche Mittheilungen aus verschiedenen Sammelwerken, welche ich hier ebenfalls im Auszuge mittheile.

L'Histoire du nouveau monde etc., par le Sieur Jean de Laet d'Anvers. Leyde 1640.

In diesem Werke findet sich eine schlechte Abbildung der Ananassa, und zwar pag. 500, mit Namen „La Nana."

In dem Werke von Griffith Hughes: „The natural History of Barbados" findet sich pag. 231, tab. 21, die Ananassa Queen Pine und Sugar-loaf abgebildet, welche beide aus Surinam herstammen.

Ueber die wilde Ananassa sagt der Autor: „Die wilde Ananassa ist von allen bisher beschriebenen in der äusseren Form verschieden, ähnlich wie der Crap-Apfel von Russet und Golden Pippin sich verschieden zeigt. Die Laubblätter bei der wilden

Ananassa sind alle sehr breit, und im Verhältniss zur Pflanze ist die Frucht nur schmal und kümmerlich zu nennen.

Krünitz sagt in seiner „Oeconomischen Encyclopädie“:

Ananas Pitta dictus Plum., französisch Ananas de Pitte, hat keine stacheligen Blätter. Die Gattung ist kleiner als die beiden vorhergehenden (Anan. ovatus und Anan. pyramidalis). Er ist ebenfalls sehr gut.

Wenn man den weissen Ananas aus Samen heranzieht, so gibt es unter dessen Früchten so viele Veränderungen, als wir in Europa unter unsern Aepfeln und Birnen haben. Der Verfasser der „Agréments de la Campagne“ scheint sogar zu behaupten, dass alle vorerwähnten Varietäten von der Art, wie man mit den Schösslingen verfährt, und von dem Grade der Temperatur der Luft, in welcher sie wachsen, herrühren. Der gemeine Name war in Amerika „Ananas,“ „Ananases Nanas,“ auch nach Laet in Brasilien „Panacous“ genannt. Thevenot benennt sie Hoyriri.

Bei den Sinesern heisst dieses Gewächs „Ungley,“ bei Pater Kircher „Kapa Tsiaka.“ Die Mexikaner benennen die Frucht „Matzatli;“ so findet man auch die Benennungen „Yayama“ oder „Jayama,“ „Boniama“ und „Jajagua.“

Der wilde Ananas, die Nana brava oder Ananassa sylvestris non aculeatis, Pita dicta oder der wilde Ananas ohne Stacheln, so insgemein Pita genannt wird. Dieser gibt durch seine Blätter solche subtile Fäserchen, die dem feinsten Flachs und Hanf Trotz bieten, daher auch dieser Pita von Laet genannt wird. Aus diesen Fasern werden in Amerika Strümpfe angefertigt, welche an Glanz, Feinheit, Weisse und Dauerhaftigkeit die Seide weit übertreffen.

Martius bemerkt in seiner „Flora Brasiliensis,“ Fas. XV, bei seiner Abhandlung über Agaveae, dass er hinsichtlich der Bennenung „Pita“ nicht vollkommen gewiss sei, ob diese Benennung den Fasern von Agave zukomme; wohingegen Arruda da Camara bei Agave vivipera vorsetzt „Caroatá assú Pitiera.“ Bei vielen Autoren wäre demnach die Benennung „Pita“ für alle amerikanischen Pflanzen bestimmt, deren Bastfasern nutzbringend sind, wo dagegen, wie oben angeführt, der berühmte Plumier den Namen „Pita“ nur auf die Ananas sylvestris non aculeatis angewendet hat. Bei Hernandez findet sich Seite 275, Pati (s. Metl lenissimum), das als eine Art Pita Fäden zur Bereitung von Stricken liefert. Martius bemerkt bei seinen Agaveen, dass diese Pflanze vielleicht für ein Dasilirium zu betrachten sei. In dem westlichen Theile von Java wird aber die Agave Rumphii „Nanas costa,“ d. i. „Ananas von der Küste Indiens,“ oder „Nanas sabrang,“ d. i. „ausländische Ananas“ genannt.

Philipp Millers bemerkt in seinem vortrefflichen Werke: „Allgemeines Gärtner-Lexicon“ — welches viele Jahre mit Recht in höchster Achtung stand und dessen Name noch jetzt häufig genannt wird — über Ananassa, dass ihm sechs Sorten bekannt seien, nämlich:

1. Ananas ovatus: der eirunde Ananas mit weissem Fleische;

2. Ananas pyramidalis: der pyramidenförmige Ananas mit gelbem Fleische, der Zuckerbrot-Ananas genannt.

3. Ananas glabra: der Ananas mit glatten Blättern.

4. Ananas lucidus: der Ananas mit glänzenden grünen Blättern, welche an dem Rande kaum einige Stacheln haben.

5. Ananas serotinus: der pyramidenförmige olivenfarbene Ananas mit gelbem Fleische, und

6. Ananas viridis: der grüne Ananas.

Ausserdem bemerkt der Autor, dass ihm noch mehrere Varietäten bekannt seien, wovon wohl einige durch Samenzucht erzielt sein können; er hält die Ananas für eine afrikanische Pflanze, obwohl er selbst gesteht, dass es schwer zu bestimmen sei, von wo diese Pflanze ursprünglich komme. Der Erste, welcher in Europa Ananassa-Früchte gezogen, war Herr Le Cour zu Leyden in Holland; von ihm sind die Gärten von England zuerst mit diesen Pflanzen versehen worden, aber zur selben Zeit hatte man schon viele Früchte der Ananassa aus Amerika nach Europa gebracht. Ananas ovatus sei damals die gemeinste gewesen, aber Ananas pyramidalis der ersteren bei weitem vorzuziehen, indem die Frucht nicht nur grösser, sondern auch von viel besserem Geschmacke sei. — Ananas glabra ward von einigen Liebhabern damaliger Zeit um der Veränderung willen gezogen, aber die Frucht ist lange nicht so gut wie die vorige. — Ananas viridis war damals die seltenste in Europa. In Amerika ward sie als die beste Sorte gehalten; sie kam von Barbados und Montserrat nach Europa.

Millers berichtet weiter, dass er mehrere Pflanzen von Ananas lucidus selbst gezogen, den Samen hatte er aus Jamaica erhalten. Schliesslich bemerkt der Autor, dass er diesen Pflanzen den Namen „Ananas" liess, weil dieser der bekannteste und gewöhnlichste sei. Er hält die genannten sechs Ananas nur für Varietäten, deren Früchte so wie bei anderen Früchten, nur in Gestalt, Farbe und Geschmack von einander abweichen. —

M'Pail, Nicol, Griffin und Baldwin nennen als die geschätztesten Varietäten der Ananassa sativa: die Königin Ananassa, ferner den braunen Zuckerhut, die schwarze Antigua und die schwarze Jamaica.

In der „allgemeinen Encyclopädie der Wissenschaften und Künste" von Ersch und Gruber, Leipzig 1816, III, pag. 464, wird bei Ananas mit Bestimmtheit bemerkt, dass diese Pflanzenform unstreitig aus Afrika stamme und ausserdem vielleicht im Süden von China heimisch sei; ob sie in Brasilien, Mexico u. s. w. ebenfalls heimisch sei, kann nicht genau bestimmt werden. In China heisst sie „Ungley," in Mexico „Matzatli," in England „Pine Apple," in Brasilien „Vanacous."

H. G. Ritter.

Es wäre jedenfalls von grosser Wichtigkeit, von Herrn Ritter zu erfahren, auf welchem Wege er zu der

Ueberzeugung gelangte, dass die Ananassa in Afrika heimisch sei?! — —

Loudon berichtet in seiner Encyclopädie des Gartenwesens, Weimar 1823, 2. Lief., S. 616, dass die Ananas in den Tropenländern Asiens, Afrikas und Süd-Amerikas einheimisch sei und dass ihr ein kurz andauernder Kältegrad keinen Schaden zufüge. Da die Ananas ein dreijähriges Gewächs ist, welches nur ein einziges Mal Frucht trägt, so bedarf es einer Zeit von $1^1/_2$ bis 3 Jahren, ehe man Früchte erzielt.

Herr von Martius sagt in seinem Beitrag zu den Agaveen Seite 42, Anmerkung 66:

„Es ist besonders auf dem Festlande (Amerika), wo man sich der Fasern aus den Blättern der Agave americana als einer Art „Pita“ bedient. Aus den hochliegenden Thälern am Goazocoalco-Flusse und aus Oxaca wird diese weisse zähe Pita-Faser in die Seehäfen versendet. Man bereitet aus ihr einen sehr haltbaren Nähzwirn, Schnüre, künstliche Blumen, und sowohl in den genannten Ländern als in Brasilien spitzenartige Flechtwerke, dessen sich besonders die Nonnen befleissigen. Um den Fasern mehr Schmiegsamkeit zu ertheilen, wird der Schaum von ungekochtem Salzfleische darüber gegossen oder eine mehrstündige Einweichung in Wasser und Oel damit vorgenommen. Der Name „Pita“ (mit lusitanischer Endung „Piteira“) stammt aus der Sprache der Karaiben, womit auf den Inseln wie in Brasilien theils Agaveen, theils Bromeliaceen bezeichnet werden.

Ich erlaube mir hier anzufügen, dass „Pitta“ der Name für die Bastfaser der Ananassa-Blätter (siehe Ananas Pitta Plum.), „Pitteira“ aber der Name für die Blattfaser der Agave vivipera-Blätter sei. (Siehe Arruda da Camera, p. 23.)

Als Beweis, wie behutsam man mit der Aufnahme mancher Berichte der alten Autoren sein muss, mag hier eine Stelle des berühmten Dodoneus folgen, welche Ananassa betrifft, und wo sich die Abbildung des A. Costa nachgebildet findet. Der Autor sagt hierüber:

„Die wilde Ananas hat immer einen gerade aufstrebenden Stamm, so lang wie eine Lanze und so dick wie ein Orangenbaum, mit Stacheln besetzt. Die grössten Blätter liegen auf der Erde ausgebreitet; in der Form sind sie den Aloë-Blättern etwas ähnlich, jedoch viel dünner; zwischen diesen kommen die Knospen von zarter Gestalt, gelb, süss riechend; nachher folgen die Früchte, denen der zahmen Ananas etwas ähnlich, so gross wie Melonen, blass-gelb oder weisslich grün, auch schön roth, in Theilen zusammenstehend wie Cypressenknospen (Früchte?), aber zwiebelartig, so dass sie von ferne grossen Zapfen gleichen. Die Sprossen sind so zahlreich am Grunde des Stammes, dass sie zu Spalieren oder lebenden Zäunen verwendet werden. Aus den Wurzeln fliesst ein Saft oder Oel, von Farbe gelb und von süssem Geruche. Die Sprossen sind auch voll Saft, wie überhaupt das ganze Gewächs. Die Spitzen der Blätter werden, so lange sie noch weich sind, wie auch die Blüthen, roh gegessen und schmecken wie Chardons, geben aber sehr wenig Nahrung. Die Früchte werden sehr selten gegessen; sie sind sehr süss, jedoch dem Munde nicht sehr angenehm u. s. w.

Dieses Gewächs heisst in Arabien „Gunuver,“ in Persien „Ananas,“ und „Angali,“ in Portugal „Ananas bravo“ und im Lateinischen „Ananas sylvestris.“ Die Blumen heissen in Arabien „Chuxtaed,“ in Persien „Picroebuith.“

Pyrard schreibt, dass die Blätter sehr lang und schmal sind und an den Rändern stachelig; dass die Früchte, sowohl von der zahmen wie von der wilden Pflanze, vierzehn Tage ohne zu verderben aufbewahrt werden können, aber nur in sehr feuchtem Zustande. Einige Indianer bereiten hiervon einen Wein, welcher wie französischer Cidre schmeckt, aber geistreicher und auch besser von Geschmack ist

Siehe Dodoneus Kruit Boek. Leyde. 1618.

Unter den Arbeiten, welche über Ananassa bestehen, ist der „Bericht der Londoner Gartenbau-Gesellschaft über die Varietäten der Ananassa," von Donald Munro daselbst am 7. December 1830 und 4. Jänner 1831 vorgetragen, der vollständigste und beste. Die englische Abhandlung trägt die Ueberschrift: „A Report upon the Varieties of Pine Apple cultivated in the Garden of the Horticultural Society. By Mr. Donald Munro F. L. S. Gardner of the Society. Read, Decbr. 7 and 21, 1830 and January 4, 1831."

Es lässt sich bei dieser vortrefflichen Bearbeitung die Mithilfe der Feder des weltberühmten Professors Lindley in London nicht verkennen! Wenn auch diese treffliche Bearbeitung, welche sieben Jahre der eifrigsten Bestrebungen in Anspruch nahm, den Mangel hat, dass dieselbe nicht bis in die letzten Jahre hineinragt, so ist doch andererseits diese mühevolle Sichtung bleibend im Werthe. Ich habe mich bestrebt, sämmtliche Erfahrungen und Ergebnisse der Jahre nach 1831 bis auf den heutigen Tag zu sammeln und, die Eintheilung von Munro zur Grundlage nehmend, eine umfassende Bearbeitung der Arten und Varietäten von Ananassa versucht. Uebrigens sind viele der älteren und neuen Varietäten der Ananassa sativa, welche mehr versprachen als leisteten, schon wieder aus den Sammlungen verschwunden.

Es ist nun die Frage: worin besteht die Veränderung der Formen der Ananassa sativa, im Vergleiche mit der wilden Ananassa?"

Die wilde Ananassa hat sich in ihrer Gesammtform durch die Pflege des Menschen nicht viel verändert. Die Hauptveränderung dürfte aber bei der Fruchtbildung zu suchen sein, die durch Uebernährung in allen Theilen angeschwollen erscheint. Es ist ein erheblicher Umstand, dass die Ananassa sativa nur in höchst seltenen Fällen — trotz künstlicher Befruchtung — einzelne Samen bildet, indem die mit Säften unnatürlich überfüllte Frucht oft zur Zeit der Genussreife schon aufspringt und der Saft auszufliessen beginnt; hierdurch aber wird der noch nicht vollständig reife Same gewöhnlich mit der schnell eintretenden Fäulniss der Frucht gänzlich zerstört, indem er nicht gehörig abzutrocknen vermag.

Im kaiserlichen Museum zu Wien befindet sich eine gute Species der Ananassa, gesammelt von Poeppig am Amazonas in der Provinz Pará in Brasilien, mit Namen „Bromelia Ananas Linné.“ Mein verehrter Freund, Herr Dr. Fenzl, hat mir diese seltene Pflanze zu untersuchen gestattet, wofür ich ihm neuerdings zu grossem Danke verpflichtet wurde. Hier hatte ich Gelegenheit, nachzuforschen, in welchem Stadium der Entwicklung sich diese Pflanzenform bei der Cultur zu verändern beginnt. Es finden sich zwei Exemplare der obigen Pflanze im kaiserlichen Museum: eines mit dem Blüthenstande, das andere mit der Frucht. Die Gestalt der Pflanze ist sehr schlank, der Stengel stielrund, mit wenigen langen, schmalen Laubblättern besetzt.

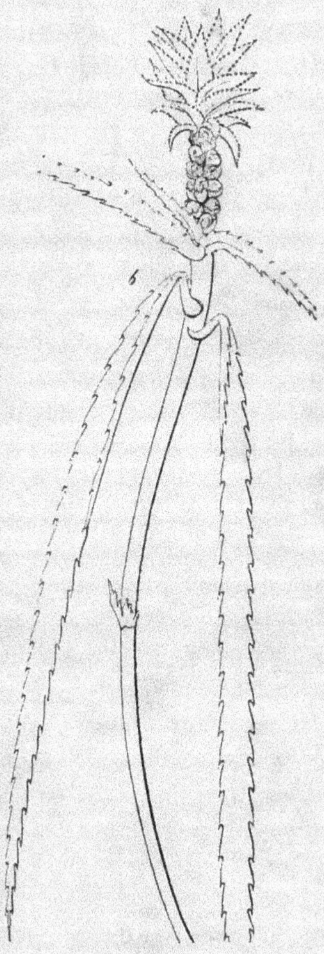

Eine wilde Ananassa.

Zunächst dem Blüthenstande finden sich die Blätter in sehr geringer Entfernung, so zwar, dass sie sich am Grunde decken. Sie sind aufrecht, abstehend, und überragen den Blüthenstand dergestalt, dass er wie zwischen diesen Blättern sitzend erscheint. Der Blüthenstand hat eine eiförmig runde Gestalt. Der Laubschopf ist noch unentwickelt.

Die Deckblättchen stehen dachziegelförmig, aufrecht, sind scharf gezähnt, bedecken und überragen die Blüthen um vieles. Es ist nach genauen Messungen in diesem Stadium der Entwicklung gar kein Unterschied zwischen dem Blüthenstande der guten wilden Sp. Ananassa und einer Ananassa sativa, welche nach weiteren Beobachtungen eine Frucht von zwei Wiener Pfunden lieferte.

Nun kommen wir aber zu Betrachtungen und Vergleichungen der Fruchtbildung der wilden Species mit jener der Ananassa sativa. Bei der wilden Ananassa ist der Laubschopf $1\frac{1}{2}$'' hoch, die Blätter desselben sind 1 bis $1\frac{1}{2}$'' lang und am Grunde $\frac{3}{4}$'' breit; die Frucht nur um ein geringes länger als 1''; der Durchmesser derselben ist an dem getrockneten Exemplar nicht genau anzugeben, dürfte aber kaum über 1'' erreicht haben. Es finden sich vier Reihen Beeren. Die Beeren stehen ohne sich zu drängen. Sämmtliche Theile des Blüthenstandes scheinen wenig aufgetrieben gewesen zu sein.

Gegen den Laubschopf stehen vier Reihen sehr dicht übereinander gelegter Deckblätter, welche verkümmernde Blüthen umschliessen; die Anlage ist daher auf acht Beerenreihen vorhanden.

Die Stammverdickung beginnt hier schon 1'' unter der Frucht und scheint sich in derselben noch mehr ausgedehnt zu haben. Alle Theile an der Frucht sind gleichmässig eingetrocknet, was auf keine sehr saftreiche Beschaffenheit der einzelnen Theile wie auch der ganzen Frucht schliessen lässt. Deckblätter und Kelchzipfel $3\frac{1}{2}$'' lang, sämmtlich bis auf den Grund frei. Die Ovarien sind in die Spindel eingesenkt, wie dies überhaupt bei Ananassa der Fall ist.

Wenn wir nun die hier beschriebene wilde Ananassa und die Früchte der Ananassa sativa zusammenhalten, so findet sich nur der Unterschied, dass bei Ananassa sativa alle Theile der Frucht sammt der Spindel übermässig anschwellen, und dass die ganze Frucht nur durch Cultur gezwungen wird, an Länge und Breite so auffallend zuzunehmen.

Ich erlaube mir, die Wachsthumszustände der Ananassa sativa im cultivirten Zustande zu verfolgen.

Ananassa sativa Lindl.

1. Sämmtliche Fruchtknoten in die fleischig werdende Spindel eingesenkt, — nackt.

2. Deckblatt und Kelchzipfel zur Blüthezeit von unten auf durch Fleischigwerden erweitert, aber nach jener Entwicklung nicht mehr länger werdend.

3. Beim Vordrängen der Blüthenknospen sind die Deckblätter am Ende der Frucht und die Anlage zu den Laubblättern des Blattschopfes vollkommen gleich gestaltet.

4. Erst beim Beginnen des Anschwellens der ganzen Beerenfrucht entwickeln sich die Laubblätter und bilden die Blattkrone, aber auch diese verkümmert oft; die Frucht ist dann ganz ohne Laubkrone und bildet durch mehrere Reihen zusammengeneigter Deckblätter, die theilweise verkümmernde Blüthen umschliessen, die Frucht am oberen Ende ganz rund. Diese Erscheinung ist aber nie bleibend, indem ein Schössling jener Pflanze, welche eine blattschopflose Frucht bildete, dann doch eine Frucht mit Blattschopf liefert.

5. Die Laubkrone (d.) zeigt gleich bei der

Durchschnitt der Laubkrone.

Fruchtreife zwischen den unteren Blättern eine Menge kleiner Knospen (b.) die ebenso vertheilt sind, wie jene am Grunde des Hauptstammes. An dem Durchschnitte der Laubkrone zeigt sich die Wurzelbildung schon sehr entwickelt (a.); aber diese Wurzeln haben die fleischige Schichte, welche das Stammende umgibt, noch nicht durchbrochen. Der Laubschopf ist daher eine vollständige Pflanze mit Knospen und Wurzeln, welche letztere nur die dünne fleischige Schichte zu durchbohren brauchen, um die Pflanze selbständig zu ernähren.

6. Erst nachdem die Blüthenknospe sich zu entwickeln beginnt, wird das Deckblatt am Grunde faltig, um seinem eigenen, sowie dem Anschwellen der Knospe nicht hinderlich zu sein.

7. Die Entwicklung der Anzahl der Blüthenknospen ist nicht durch die Anzahl der Deckblätter bedingt, indem die obersten Reihen der Deckblätter mehr oder minder zahlreich verkümmernde Blüthen umschliessen, hierdurch aber die Frucht mehr oder weniger Beeren bildet.

8. Deckblätter und Kelchzipfel werden endlich vom Grunde aus fleischig und durch das Anschwellen der Ovarien und der Spindel dergestalt vorgedrängt, dass die sichtbare Begränzung der Basis der ersteren eine viereckige Form erhält; da aber auch, wie schon gesagt, die Deckblätter und Kelchzipfel am Grunde fleischig werden, so erscheinen diese Organe wie verwachsen und rund vorstehend. Dies beruht aber nur auf Täuschung, indem nach Messungen in den verschiedenen Stadien der Entwicklung der Frucht sich erwiesen hat, dass die Länge der Organe sich ganz gleich bleibt und nur das unverhältnissmässige Anschwellen aller Theile die Frucht rund bildet.

9. Die Fruchtknoten sind schon beim ersten Vordrängen des Blüthenstandes mit der Spindel scheinbar verwachsen, aber jeder derselben trägt seine gut begränzte Oberhaut. Bei behutsamer Untersuchung eines angeschnittenen Theiles dieser Frucht vermag man den Fruchtknoten ganz auszulösen.

10. Ananassa sativa trägt trotz künstlicher Befruchtung nur äusserst selten keimfähigen Samen; bei verkümmernden Beeren finden sich manchmal in Mitte der Reihen einzelne Samenkörner.

11. Ueberreif — platzt die Frucht, geht in Gährung über und fault schnell. Dies mag auch, wie schon früher bemerkt, mit Ursache sein, dass so selten keimfähige Samen sich finden, indem der noch nicht ausgereifte Same gewöhnlich mit der Frucht verfault.

12. Jedes Laubblatt am Stamme zunächst der Frucht kann in der Achsel eine, obwohl gewöhnlich nur sehr kleine schopflose Beerenfrucht treiben; am häufigsten aber bilden sich hier nur Laubsprosse, welche am Grunde mehrere Reihen Niederblätter besitzen. Die Knospen in den Achseln der Laubblätter am unteren Ende des verkürzten Stammes sind auffallend zahlreich: ich habe 31 Stück gezählt. Je mehr diese Knospen dem Lichte ausgesetzt sind, desto derber und grüner wird ihre ganze Gestalt.

13. Anan. sativa bildet manchmal drei, auch selbst fünf Blattkronen, auch ist hier zuweilen die gänzliche Verwachsung zweier Blattkronen in eine zu beobachten. Bei dieser Umwandlung zeigt der Blattschopf eine ganz regelmässige, dicht spiralige Stellung der Blätter, welche in geordneten Reihen stehend eine auffallend zierliche Erscheinung bieten. Auch verwachsen die Laubblätter manchmal dergestalt unter einander, dass sie eine hahnenkammähnliche Gestalt annehmen.

14. Zu den Seltenheiten gehört es, zwei gleich grosse, vollkommen und gleichzeitig reife Früchte an einem Stamme zu finden; aber hier steht eine Frucht immer etwas höher als die andere; dies ist erklärlich, indem die Blattknospe zunächst dem Blüthenstande gleichzeitig mit demselben statt in einen Laubspross, sich auch in einen Blüthenstand verwandelt.

Classification

der Arten und Varietäten der Gattung „Ananassa."

Species I. Ananassa muricata Beer. Frucht pyramidal. Blüthe purpurfarbig. Bractee in eine $3\frac{1}{2}$" lange scharfe Granne (Dornenfortsatz) auslaufend.

Species II. Ananassa sagenaria Beer. 1. Scharlachroth. (A. bract. Lindl.)

Species III. Ananassa debilis Lindl. 2. Blätter wellenförmig.

Species IV. Ananassa lucida Lindl. 3. King. 4. Gerippte kugelförmige.

Species V. Ananassa sativa Lindl.

* Blätter dornenlos.

a) Blüthe purpurn. — 5. Havannah. 6. Smooth Havannah.

b) Blüthe lila, fast weiss. Frucht kugelförmig. 7. Green Antiqua. — Frucht pyramidal. 8. Striped smooth-leaved sugar-loaf.

** Blätter ganz fein gezähnt, etwa 11 auf einen englischen Zoll gehend.

9. White Providence. 10. Green Java. 11. Black Jamaica. Frucht cylindrisch. 12. Orange sugar-loaf. 13. Downton Havannah. — Frucht pyramidal. 14. New-Jamaica. 15. New-Demerara. 16. Striped Surinam.

*** Blätter mit mittelgrossen Zähnen, beiläufig 6 bis 7 auf den englischen Zoll.

a) Blüthe purpurn. Frucht cylindrisch. 17. Sierra Leone. 18. Ansons. 19. Montserrat. 20. Trooper's Helmet. Frucht pyramidal. 21. Green Providence. 22. St. Vincent.

b) Blüthen lila. Frucht cylindrisch. 23. Globe. 24. Lemon Queen. 25. Otahaiti. 26. Surinam. 27. Buck's seedling Globe. Frucht pyramidal. 28. Brown leaved sugar-loaf. 29. Brown sugar-loaf. 30. Mealy leaved sugar-loaf. 31. Black sug.-loaf. 32. Strip. leav. sug.-loaf. 33. Trinidad. 34. Buck's Seedl. 35. Env. 36. New-Env. 37. Spring Grove Env. 38. Lord Bagot's Seedl. 39. Bliethfield orange.

**** Blätter mit starken harten Stachelzähnen, 4 auf einen englischen Zoll gehend.

a) Blüthe purpurn. 40. Black Antiqua. 41. Welbeck Seedl. 42. Ripley.

b) Blüthe lila. Frucht kugelförmig. 43. Russia Globe. 44. Russian Cockscomb. — Frucht cylindrisch. 45. Queen. 46. Ripley Queen. 47. Green Queen. 48. Moscow Queen. 49. Strip. Queen. 50. Silver striped Queen. 51. Antiqua Queen und 52. Blood Red.

ANANASSA muricata Beer.

Bromelia muricata Arruda da Camara. Dissert. Plantas que das linho etc. Rio Janeiro 1810, pag. 21. (Ananás de Agulha.)
Ananas muricatus Schultes.

Arruda weist in obiger Schrift auf seine Centurie (primeira Centuria) hin; diese Arbeit ist jedoch in keiner Bibliothek zu finden. Er beschrieb in obiger Broschüre diese so ausgezeichnete Art nur flüchtig. — Er berichtet, „dass die Frucht der Form nach Aehnlichkeit mit seiner Bromelia sagenaria habe. Jedoch unterscheidet sie sich auffallend von allen übrigen Arten dadurch, dass sie statt der Bracteen aufrechte $3\frac{1}{2}''$ lange Stacheln hat, welche, aufrecht stehend, der ganzen Frucht ein fremdartiges Aussehen verleihen."

Die Bracteen bei den Beeren sind demnach $3\frac{1}{2}''$ lang, starr gegrant. Dieses einzige Merkmal ist jedenfalls von so grosser Bedeutung, dass man, ohne eine ausführlichere Beschreibung, dennoch eine sehr gute Art erkennt. Dieses veranlasste mich auch, die Classification mit dieser eigenthümlichen Form zu beginnen.

1. Anan. sagenaria Beer.

Syn. Brazilian scarlet. — Scarlet.

Ananassa bracteata Lindl. Bot. Reg t. 1081. — Ananas sagenaria Schult. — Bromelia sagenaria Arruda da Camara Dissertat. Plantas que dao linho u. s. w. Rio Janeiro 1810, pag. 13.

Arruda beschreibt diese Pflanze:

Beeren vereinigt in eine pyramidale Frucht. Bracteen $3''$ lang, sehr lang dachziegelförmig übereinander gelegt, die Frucht bedeckend. Blätter 3 bis $9'$ lang und $1\frac{1}{2}''$ breit, am Rande mit scharfen Sägezähnen bewehrt, rinnenartig, auf der innern Seite matt grün, auf der Aussenseite aschgrau. Schaft $1\frac{1}{2}'$ lang. Blüthe purpurblau. Frucht pyramidal, bedeckt mit den Bracteen, vom Geschmacke unangenehm sauer. Same von der Grösse eines Maiskornes. Arruda.

Munro bemerkt über Ananassa bracteata:

Blätter lang, flach, ziemlich breit, hellgrün, oft am Grunde hellbraun bemalt, wenig mehlig bestäubt. Zähne sehr stark. Blüthe gross, dunkel-purpurn — zur Blüthezeit im schönen Gegensatze zu den prachtvollen hochrothen Deckblättern. Frucht pyramidal, vor der Reife trüb gelb gefärbt, — zur Reifezeit blassgrün, etwas mehlig bestäubt: vollkommen ausgereift blassgelb von Farbe. Blattkrone breit. Blätter zahlreich, aufrecht. Munro.

Pflanze gross und schön. Laubblätter steif aufrecht, die unteren etwas übergebogen, sehr zahlreich, bei 5' lang und 2" breit, am Grunde wenig umfassend, desshalb bis zum Ende sichtbar.

Wenn sich der bläulich graue filzige Schaft erhebt, werden die Laubblätter, welche sich mit ihm erheben, lebhaft blutroth gefärbt; aber diese Färbung findet sich fast ausschliesslich nur auf der Aussenfläche der Laubblätter. Diese werden zunächst dem Blüthenstande bedeutend kürzer, stehen hier frei ab und verändern auch die Farbe der Unterfläche, indem selbe sehr hellgrau erscheinen; endlich umstellen sie in dichter Reihe den Blüthenstand. Dieser ist bei 4" hoch und nur um weniges schmäler. Die Bracteen desselben sind nervig, sägezähnig, mit den stachelspitzen Enden übergebogen, aussen lebhaft lila-rosa, mit hellgelb bemalt, innen feurig blutroth; am Grunde bauchig, $^3/_4$" breit und 2" und darüber lang. Die Blüthen aufrecht, halb geöffnet, licht purpurblau, im Verblühen lederbraun werdend; in diesem Zustande kaum merklich gedreht, $^1/_2$" sichtbar vorstehend. Kronenzipfel 3''' breit. Der Laubschopf erhebt sich 2 bis 3" hoch. Die Blätter stehen zierlich geschindelt; sie sind auf der Unterfläche lebhaft bläulich grün, mit weinroth bemalt. Oberfläche von hellroth in bläulich-roth übergehend. Frucht sauer, fast ungeniessbar, wesshalb sie auch „sauere Ananassa" in ihrem Vaterlande genannt wird.

Die kurze Beschreibung der Bromelia sagenaria von Arruda gibt jedenfalls ein genügendes Bild des ganzen Gewächses und erlaubt, die Ananassa bracteata Lindl. mit Arruda's Pflanze für ein Gebilde zu erkennen, wesshalb ich auch die Benennung des Arruda beizubehalten mir erlaube.

2. Anan. debilis.

Syn. Waved-leaved.

Bot. Reg. 1068. Pomological Mag. tab. 1.

Blätter breit, dunkelgrün, wenig mehlig bestäubt, auf der Oberfläche blass purpur-licht gefärbt. Zähne klein, röthlich, gleich gross. Die ganze Pflanze nimmt 3' im Durchmesser Raum ein. Blüthe blass purpurn. Frucht verlängert oval, vor der Reife sehr dunkelgrün, — ausgereift schmutzig gelb, mit grünlichem Anfluge auf einer Seite. Blattkrone breit, ohne Sprossen.

Deutlich ausgezeichnet ist diese Pflanze durch ihre wellenförmig geschwungenen Laubblätter, welche nicht wie bei den anderen steif aufrecht sind. Sie ist demnach eine gute Species.

3. Anan. lucida.

Syn. King. — Gras-Green. — Common-King. — Old-King. — Havannah Nicol's. Ananas viridis inermis.

A. lucida virens, Dillenius Hort. Elth. XXII. — Trew et Ehret, Plantae selectae tab. III. Ananas lucidus Mill.

Laubblätter ziemlich lang, breit, mit entschiedenem Mittelnerv, stachellos und wellig am Rande, hell gelbgrün, gleichfarbig.

Herzblätter sehr dicht stehend. Blüthe purpurn. Frucht cylindrisch eiförmig, glänzend olivengrün. Vor der Reife glänzend orangenfarbig, vollkommen reif fleischroth. Ist eine gute Species. Munro.

Laubblätter ganz unbewehrt; sie erheben sich mit dem Schafte, sind hier stark überhängend oder abstehend, am Grunde nicht umfassend, nicht anliegend, auf der Unterfläche lebhaft grün, auf der Oberfläche vom Grunde an leuchtend hoch gelb-roth gefärbt, dann gegen die Spitze in hellgrün übergehend. Sie umstellen den Blüthenstand nicht und sind sparrig, an demselben vertheilt stehend.

Blüthenstand kugelförmig, 4″ im Durchmesser, durch die in eine lange schmale Lappe endigenden, lebhaft feuerrothen, am Grunde umfassenden Bracteen prachtvoll gefärbt. Beere plattgedrückt, rund, hellgelb mit roth bemalt. Blüthe als Knospe schon feurig blau von Farbe, am Grunde ins Weissliche übergehend, gerade abstehend, mit spitzen Zipfeln und nur wenig geöffnet. Blattschopf kronenförmig ausgebreitet, nur 1″ hoch und 1½″ breit. Die Blätter gleichförmig übergebogen, hellgrün mit roth-braun bemalt. Frucht hell gelblich grün.

4. Anan. sativa.

Syn. Fischerwick Striped Globe.

Laubblätter mit weichen unregelmässigen Zähnen an den Rändern, dunkelgrün, gegen die Herzblätter zu sind sie auf der Unterfläche mit silberglänzenden Punkten ziemlich dicht bestreut.

Ist eine Varietät, welche aus einem Spross der Ananassa lucida gezogen wurde und welche 6 Jahre stand, ohne Frucht zu bilden.

5. Anan. sativa — Havannah.

Syn. Brown Havannah. Smooth-leaved Antiqua. Ripley — Ripley's. Old-King. — Common-King. — Ananas semi-serrata. — Lapete Pine Aple of St. Vincent.

Blätter schmal, lang und ausgebreitet, licht bläulich grün, stark mit lichtbraun angehaucht, leicht mehlig bestäubt, stachellos, dennoch zuweilen wenige, nahe der Blattspitze. Blüthe purpurn.

Frucht cylindrisch, zuweilen gespitzt, vor der Reife dunkelpurpurn, ziemlich dicht mehlig bestäubt; reif tief orangefarben. Blätterkrone breit, reich, lang ausgebreitet.

6. Anan. sativa — Smooth Havannah.

Syn. Green Havannah, Havannah, — Ananas Antiqua aurantiaca.

Pflanze schwächlich. Blätter ziemlich bräunlich und stark mehlig bestäubt. Frucht wie die Havannah, aber selten so gross.

7. Anan. sativa — Green Antiqua.

Syn. Smood-leaved Green Antiqua. — Smooth Green Havannah. — Ananas sans epines. — Ananas Malabarica.

Blätter bedentend kürzer als bei Havannah, auch blasser von Farbe, breiter, mit stärker entwickeltem Mittelnerv und ganz unbewehrt. Blüthe sehr blass lila. Frucht kugelförmig, zuweilen eiförmig, vor der Reife schmutzig matt grün, dicht mehlig bestäubt; ausgereift — dunkelgelb. Beeren mittelmässig, rundlich, in eine scharfe Spitze verlaufend.

8. Anan. sativa — striped-leaved suger-loaf.

Laubblätter gänzlich unbewehrt, blass-roth gestreift. Blüthe blass-lila. Frucht wie beim gewöhnlichen Zuckerhut.

9. Ananassa sativa — White Providence.

Syn. Providence. — New-Providence. — Mealy leaved Providence. — Ananas Providentia.

Laubblätter sehr robust und lang, hell bläulich grün, zuweilen etwas tiefer grün gefleckt, sehr mehlig bestäubt. Zähne sehr klein, dicht und ziemlich unregelmässig. Blüthe gross, dunkel-purpurn.

Frucht eiförmig, auch tonnenförmig, oben und unten fast gleich dick, sehr dunkelgrün oder purpurfarbig, dicht bestäubt. Bei annähernder Reife allmälig in röthlich gelb übergehend.

10. Anan. sativa — Green Java.

Syn. Narrow-leaved Java.

Sehr ausgezeichnet durch sehr lange, breite, flache, mit kleinen, flachen Zähnen besetzte Laubblätter von gleichmässig blassgrüner Farbe. Blüthe gross, dunkel bläulich purpurn. Frucht eiförmig, zuweilen an der Spitze etwas verkümmernd. Vor der Reife hellgrün, wenig bestäubt, im reifen Zustande rein citronengelb.

11. Anan. sativa — Black Jamaica.

Syn. Montserrat. — Jamaica. — Black Barbadoes. Copper coloured, Tawny. — St. Vincent sugar-loaf.

Laubblätter lang und schmal, wenig ausgebreitet, mit Mittelnerv, matt grün, dunkelbraun angelaufen und ziemlich bestäubt. Zähne klein, sparsam. Blüthe purpurfarbig. Frucht eiförmig, an den Enden stumpf, vor der Reife dunkel oliven-, zur Reifezeit dunkel orangefarben mit kupferroth bemalt.

12. Anan. sativa — Orange sugar-loaf.

Laubblätter ziemlich lang und schmal, wenig gekielt und wenig ausgebreitet, schmutzig dunkelgrün, ins Dunkelbraune gefärbt und ziemlich mehlig bestäubt. Zähne kurz, wenig, gleichmässig vertheilt. Blüthe blass purpurn. Frucht walzenförmig, vor der Reife sehr dunkel olivengrün, etwas glänzend und leicht bestäubt; zur Reifezeit dunkelgelb, in Orangefarbe übergehend. Krone mittelgross, durch zahlreiche ausgebreitete Blätter gebildet.

13. Anan. sativa — Downton Havannah.

Syn. Knight's Seedling.

Gleicht der Smooth Havannah, mit dem Unterschiede, dass sie bewehrte Laubblätter hat.

14. Anan. sativa — New-Jamaica.

Syn. Black Jamaica. — Newblack Jamaica. — St. Kitts. — Brown Antiqua. — English Globe. — Montserrat. — St. Vincent sugar loaf. — W. Rae's St. Vincent.

Verschieden von Black Jamaica durch die blasseren, mit leicht umgebogenen Rändern versehenen Blätter. Frucht pyramidal, leicht mehlig bestäubt, schwarz von Farbe, zur Reifezeit dunkel orangefarbig erscheinend. Laubkrone mittelgross.

15. Anan. sativa — New-Demerara.

Syn. Harrison's New.

Blätter stark, sehr breit und ziemlich lang, mit Mittelrippe, dunkelgrün, auf der Oberfläche röthlich braun, Unterfläche sehr stark bestäubt. Zähne klein, gleichmässig. Blüthe lila. Frucht kugelig, oben und unten glatt, dunkelgrün; vor der Reife und reif matt ockergelb mit roth bemalt, ziemlich mehlig an den Spitzen der weit vorspringenden Beere. Krone stark. Blätter ziemlich lang und aufrecht.

16. Anan. sativa — Striped Surinam.

Syn. Silvery striped Pine from Surinam. — Striped Silver and Pink Surinam. — Ribbon. — Prince of Wales Island. — Prince of Wales Island striped.

Blätter rein weiss gestreift, auf dunkelgrünem Grunde mit feurig roth bemalt. Frucht cylindrisch, mit gelb, roth und weiss verschiedentlich marmorirt. Krone mittelgross mit farbig gestreiften Blättern. Eine ausgezeichnete Schmuckpflanze, welche aber gegen 20 Jahre bedarf, um Früchte zu tragen.

17. Anan. sativa — Sierra Leone.

Blätter lang, breit, mit zurückgebogenen wellenförmigen Spitzen, hell bläulich grün, oft dunkler gefleckt. Zähne mittelgross, regelmässig. Blüthe purpurn. Frucht cylindrisch, dunkelgrün, röthlich bemalt, zur Reifezeit dunkel ockergelb dicht bestäubt. Krone lang, flatterig. An der Basis der Frucht bilden sich oft eine Menge Sprossen. Die Sprossen am Stamme bilden manchmal kleine Früchte, während die Hauptfrucht noch nicht reif ist.

18. Anan. sativa — Anson.

Syn. Anson's Queen. — Lemon Antiqua.

Blätter lang, dünner und aufrechter als bei der ihr durch die Zähne und Blattflächen sehr ähnlichen Otahaite, Blüthe purpurn. Frucht cylindrisch, vor der Reife dunkelgrün, ziemlich bestäubt, — in reifem Zustande hoch citronengelb. Krone mittelgross, durch wenige Blätter gebildet.

19. Anan. sativa — Montserrat.

Syn. Copper. — Cap coast. — Bogwarp. — Red. Ripley. — New Ripley. — Copper coloured Antiqua. — Cochineal. — Brazil. — Oldking. — St. Kitts. — Malacca. — Sumatra. — Ananas antiqua rubra. — Indian Creole. — St. Vincent's Cockscomb. — Chevalier's Sierra Leone.

Blätter mit dunkel purpurrothen kleinen unregelmässigen Zähnen bewaffnet. Blüthe purpurn. Frucht cylindrisch, zuweilen kugelförmig, vor der Reife dunkelgrün und mehlig, zur Reifezeit blass orangen mit kupferroth bemalt. Krone durch zahlreiche Blätter ziemlich gross.

20. Anan. sativa — Trooper's Helmet.

Syn. Cockscomb. — Hussar. — Broad leaved Java.

Blätter ziemlich lang, platt, blass gelblich grün, auf der Unterfläche bestäubt. Zähne regelmässig, mittelgross. Blüthe purpurn. Frucht stark cylindrisch, vor der Reife blassgrün und ziemlich bestäubt, im reifen Zustande dunkel ockerfarbig. Krone sehr stark und breit.

21. Anan. sativa — Green Providence.

Syn. Wallaton Prov. — Wall. Green Prov. — New Green olive. — Green Antiqua. — Royal Green Prov. — Royal Prov.

Blätter lang, sehr breit, etwas flach und an der Basis zusammengebogen, in eine verlängerte Spitze auslaufend. Auf der Oberfläche blassgrün, fast ohne mehlige Bestäubung. Unterfläche sehr stark bestäubt. Zähne regelmässig, mittelgross. Blüthe purpurn. Frucht pyramidal, an der Spitze breit, vor der Reife dunkelgrün, reif — blass orangen und leicht bestäubt. Krone klein, durch wenige Blätter gebildet.

22. Anan. sativa — St. Vincent.

Syn. Green St. Vincent. — Green olive. — St. Thomas.

Blätter schmäler, weniger zusammengebogen. Oberfläche blässer und mehr bestäubt wie bei Green Providence.

Blüthe purpur, mittelgross. Frucht stumpf pyramidal, wenig bestäubt, matt olivengrün; zur Reifezeit gesättigt gelb. Krone mittelgross. Blätter ziemlich zahlreich und zierlich ausgebreitet.

23. Anan. sativa — Globe.

Syn. English Globe.

Blätter starr, aufrecht, schmal, wenig zusammengebogen, bläulich grün, sehr bestäubt, besonders auf der Unterfläche. Zähne regelmässig, mittelgross. Blüthe lila. Frucht kugelig, zuweilen cylindrisch, dunkel olivenfarbig vor der Reife; zur Reifezeit dunkelgelb, leicht bestäubt. Krone klein, durch wenige Blätter gebildet.

24. Anan. sativa — Lemon Queen.

Syn. Lemon coloured Barbadoes. — Barbadoes Queen. — White Barbadoes. — Ripley's new Queen.

Blätter geriffelt, an den Rändern oft umgebogen, bläulich grün, stark bestäubt. Zähne ziemlich tief, unregelmässig. Blüthe gross. Frucht cylindrisch; unreif glänzend hellgrün, reif blass limoniengelb, leicht bestäubt. Krone mittelgross, oft verbildet, hahnenkammförmig.

25. Anan. sativa — Otahaite.

Blätter lang, ziemlich breit, aufrecht, gleich breit bis zur Spitze, schnell in eine Stachelspitze übergehend, ausnehmend platt, dunkel blaugrün, leicht bräunlich angeflogen. Auf der Oberfläche wenig bestäubt.

Unterfläche sehr stark bestäubt. Zähne mittelgross, auffallend unregelmässig. Blüthe lila. Frucht walzenförmig, zur Eiform sich neigend; — unreif: dunkel olivengrün, dicht aschgrau bestäubt, reif: dunkel orangefarben. Die kleine Krone durch wenige aufrechte Blätter gebildet.

26. Anan. sativa — Surinam.

Blätter ziemlich schmal, leicht ausgebreitet, bläulich grün, ein wenig bestäubt. Zähne ziemlich tief, nicht sehr regelmässig. Blüthe lila. Frucht cylindrisch; unreif matt grün, reif dunkel orangefarbig und ziemlich bestäubt.

27. Anan. sativa — Buck's Seeding Globe.

Blätter lang, ziemlich schmal, etwas zusammengebogen, ausgebreitet, bläulich grün, licht braun-roth bemalt, dicht bestäubt. Zähne nicht sehr stark, sehr regelmässig. Blüthe dunkel lila. Frucht cylindrisch, zuweilen zur Kugelform sich neigend; vor der Reife dunkel schmutzig grün, etwas bestäubt, — reif dunkel orangefarben. Krone klein. Blätter kurz und gegen aussen gebogen.

28. Anan. sativa — Brown leaved sugar-loaf.

Syn. Striped brown leaved sugar-loaf. — Mocho. — Brown sugar-loaf. Antiqua sugar-loaf.

Blätter ziemlich stark, breit, etwas zusammengebogen und zierlich ausgebreitet, dunkelgrün, stark mit purpur-braun bemalt, ziemlich mehlig. Zähne mittelgross, regelmässig. Blüthe lila. Frucht cylindrisch, saftgrün, stark bestäubt; reif — dunkelgelb, in orangen übergehend. Krone mittelgross. Blätter ziemlich zahlreich, ausgebreitet.

29. Anan. — sativa sugar-loaf.

Syn. Brown sugar-loaf.

Blätter wenig bestäubt, stark braun-roth bemalt. Frucht nicht bestäubt, hochgelb.

30. Anan. sativa — Mealy-leaved sugar-loaf.

Syn. White sugar-loaf. — Dominica. — New Mealy leaved sugar-loaf. — Allen's Seedling. — Otahaite. — Brown sugar-loaf.

Blätter geriffelt, wenig bestäubt, schmutzig braun bemalt. Blüthe lila. Frucht pyramidal, matt grün, leicht bestäubt; reif blassgelb, in limoniengelb übergehend.

Krone durch kleine, ziemlich zahlreiche Blätter gebildet.

31. Anan. *sativa* — Black sugar-loaf.

Syn. Copper coloured Barbadoes.

Frucht wie alle „Zuckerhüte.“ Farbe dunkel purpurn, leicht bestäubt; vollkommen reif hell orangefarben. Krone ziemlich gross, durch wenige aufrechte Blätter gebildet.

32. Anan. *sativa* — Striped leaved sugar-loaf.

Syn. Green leaved with purple striped and spines on the edges. — Purple striped Queen. — Green sugar-loaf. — Green striped sugar-loaf. — Striped-leaved from Jamaica. — Bird's Eye Bahma. Brown strip. sug.-loaf

Blätter breit, blassgrün mit dunkel purpurnen Streifen. Blüthe sehr blass lila. Frucht wie die anderen „Zuckerhüte“ rein blassgrün und ziemlich mehlig; reif hochgelb.

Krone mittelgross. Blätter ziemlich zahlreich.

33. Anan. *sativa* — Trinidad.

Syn. Pitch Lake of some.

Blätter zusammengebogen, sehr lang und hängend, breit an der Basis, regelmässig spitz zulaufend, dunkelgrün, stark purpurbraun bemalt, besonders an den Spitzen der Herzblätter. Unterfläche sehr bestäubt. Zähne auffallend unregelmässig, in Büscheln angehäuft, mittelmässig stark und zahlreich. Blüthe lila. Frucht länglich kegelförmig; unreif dunkel olivenfarbig, leicht bestäubt; reif dunkel orangefarben und roth an der Spitze der Beeren.

Krone sehr klein, sie bildet mit der Frucht zusammen einen regelmässigen Kegel. Blätter zurückgebogen, stark rothbraun bemalt.

34. Anan. *sativa* — Buck's Seedling.

Pflanze in allen Theilen kleiner als bei Anan. Trinidad. Blätter bedeutend blasser, gleich grün, etwas bestäubt. Frucht vor der Reife stark bestäubt.

35. Anan. *sativa* — Enville.

Syn. Old Enville. — Cockscomb. — Enville sugar-loaf.

Blätter nicht sehr lang, aber ziemlich breit und stark, wenig genervt, etwas übergebogen, bläulich grün, sehr stark bestäubt. Zähne dicht, unregelmässig, mittelgross. Blüthe lila. Frucht vor der Reife pyramidal dunkel purpurn, in braunroth übergehend, und sehr bestäubt; zur Reifezeit tief röthlich gelb, blass kupferfarbig angeflogen. Beeren mit langen scharfen Spitzen, Krone klein, oft hahnenkammförmig verbildet.

36. Anan. *sativa* — New Enville.

Blätter weniger mehlig bestäubt als bei Enville. Zähne stärker und regelmässiger. Frucht eben so.

37. Anan. *sativa* — Spring Grove Enville.

Blätter kurz, breit und flach, mit zurückgebogenen Kanten, bläulich grün, stark bräunlich purpurn bemalt, ziemlich dicht mehlig bestäubt. Zähne mittelgross, ziemlich dicht und regelmässig. Blüthe lila. Frucht pyramidal, sehr breit an der Basis, vor der Reife dunkelgrün und ziemlich stark mehlig bestäubt, im reifen Zustande dunkelgelb. Beeren benabelt, ziemlich flach. Das Hüllblatt bedeckt die Beere bis zur Hälfte, und endet mit kurzer Spitze.

38. Anan. *sativa* — Bagot's Seedling.
Syn. Lord Bagot's Seedl.

Blätter ungewöhnlich kurz, breit und flach, bläulich grün, dicht mehlig bestäubt. Zähne ziemlich gleichmässig mittelgross. Blüthe lila. Frucht stumpf pyramidal, unreif dunkel grünlich roth, dicht bestäubt, reif blassgelb. Krone klein, mit wenigen Blättern.

39. Anan. *sativa* — Blithfield Orange.

Blätter wie bei Enville, jedoch etwas weicher und weniger mehlig bestäubt. Frucht an der Spitze breiter wie bei obiger. Beeren etwas länger, zur Reife hell ockerfarbig. Kleine Krone mit wenigen Blättern.

40. Anan. *sativa* — Black Antiqua.
Syn. Brown Antiqua. — Jagged-leaf Bl. Ant. — Wortley's West Indian.

Ausgezeichnet durch sehr lange, schmale, hell blau-grüne, scharf bewehrte Blätter, die Herzblätter stark bräunlich. Oberfläche wenig, Unterfläche sehr stark bestäubt. Sehr entfernt regelmässig vertheilte scharfe Zähne an den Blatträndern. Blüthe purpurn. Frucht oval-cylindrisch, unreif trüb röthlich-grün, dicht mehlig bestäubt, reif dunkel-ockerfarbig. Beeren sehr lang und vorragend. Das scharf gespitzte Deckblatt bedeckt die Beere über $1/3$ der Länge. Krone klein, mit wenigen aufrechten Blättern.

41. Anan. *sativa* — Welbeck's Seedling.
Syn. Crown. — Prickly Providence.

Blätter zierlich sich ausbreitend, am Grunde stark umfassend und sich in eine sehr scharfe Spitze verjüngend, schmutzig grün, leicht mehlig bestäubt. Zähne stark, regelmässig stehend. Blüthe klein, dunkel-purpurn. Frucht etwas cylindrisch, gewöhnlich oben breiter als unten, vor der Reife dunkel olivenfarbig, reif blass citronengelb. In Mitte der flachen Beeren stark mehlig. Deckblatt fast die halbe Beere bedeckend, mit scharfer Spitze. Krone zierlich, zuweilen hahnenkammförmig; die Blätter nicht sehr zahlreich.

42. Anan. sativa — Ripley.

Syn. Old Ripley. — Montserrat. — Brown sugar-loaf. — Indian black Pine St. Vincent.

Blätter breit, lang, zierlich übergebogen, dunkelgrün, stark in rothbraun fallend, oben und unten mehlig bestäubt. Zähne mittelgross, unregelmässig. Ränder umgebogen, auch wellenförmig. Blüthe purpurn. Frucht eirund, zuweilen etwas cylindrisch, an den Enden leicht eingedrückt; unreif sehr dunkelgrün, in Mitte der Beeren dicht bestäubt; reif blass kupferroth. Beeren vorragend. Krone ziemlich gross. Blätter zahlreich, ausgebreitet.

43. Anan. sativa — Russian Globe.

(A. nervosa der Gärten.)

Blätter ziemlich kurz und breit, etwas rinnig, ausgebreitet und etwas gefurcht, schmutzig grün, stark in braun fallend, leicht bestäubt. Stachel lang, dünn, sparsam und regelmässig. Blüthe lila. Frucht kugelförmig, zuweilen an der Spitze sich verjüngend, — unreif dunkel röthlich grün, dicht mehlig bestäubt, reif dunkel orangen, in kupferroth fallend. Beeren breit, flach, etwas eingedrückt. Krone ziemlich gross, durch abstehende Blätter gebildet.

44. Anan. sativa — Russian Cockscomb.

Blätter ziemlich stark, breit, kurz, etwas gefurcht, ziemlich flach, mit umgebogenen Rändern, bläulich grün, leicht mit braun bemalt, stark mehlig bekleidet. Zähne regelmässig ziemlich entfernt stehend. Blüthe lila. Frucht kugelförmig, am Ende sich verjüngend, — unreif dunkelgrün, ziemlich bestäubt; reif blass orangefarben. Beeren über Mittelgrösse, zuweilen mit besonderen Auswüchsen versehen. Krone ziemlich klein, durch breite abstehende Blätter gebildet.

45. Anan. sativa — Queen.

Syn. Old Queen. — Common Queen. — Narrow leaved Queen. — Broad leaved Queen. Ananas ordinaire (der Franzosen).

Blätter ziemlich steif, breit und kurz, ausgebreitet, mit Mittelrinne, bläulich grün dicht bestäubt. Zähne regelmässig, ziemlich entfernt stehend. Blüthe lila. Frucht cylindrisch, vor der Reife hellgrün bestäubt, reif schön dunkelgelb. Beeren ziemlich klein und wenig vorspringend. Krone mittelgross, Blätter zahlreich, zierlich ausgebreitet.

46. Anan. sativa — Ripley's Queen.

Syn. Green Queen.

(A. nervosa der Gärten.)

Eine Varietät der Queen.

47. Anan. sativa — Green Queen.

Blätter stärker als bei Queen, weniger bestäubt und oft ohne Zahne. Frucht im allgemeinen breiter, auch die Beeren mehr vorstehend.

48. Anan. sativa — Moscow Queen.

Blätter gefurcht, auf der Unterfläche ohne Bestäubung, wesshalb sie hier gestreift erscheinen.

49. Anan. sativa — Striped Queen.

Syn. Striped leaved Olive.

Blätter gelblich, selbst roth gestreift. Frucht ebenfalls buntfarbig.

50. Anan. sativa — Silver striped Queen.

Syn. Gold striped. — Silver striped.

Blattränder gestreift mit roth, im übrigen blass-grün.

51. Anan. sativa — Antiqua Queen.

Syn. Black Caraile. — Yellow Car. — Lord Effingham.

Blätter kurz, breit, mittelrinnig, wenig ausgebreitet, schmutzig grün, stark in hellbraun fallend, auf der Oberfläche sehr bestäubt. Zähne regelmässig, entfernt stehend, scharf. Blüthe dunkel lila. Frucht cylindrisch, zuweilen gerundet, — unreif dunkel olivengrün, etwas bestäubt, reif schmutzig gelb. Beeren gross, vorstehend. Krone ziemlich breit. Blätter zahlreich ausgebreitet.

52. Anan. sativa — Blood Red.

Syn. Blood. — Claret.

Blätter dunkel-purpurroth, lang, breit, aufrecht. Zähne regelmässig, breit. Blüthe lila. Frucht cylindrisch, an der Spitze zuweilen sich verjüngend, — unreif dunkel purpurroth, sehr bestäubt, reif roth, chocoladefarbig. Beere mittelgross, leicht vorspringend. Krone mässig gross. Blätter ziemlich aufrecht, zahlreich.

53. Anan. sativa — de Cayenne à feuilles lisses.

Laubblätter glatt, ganz unbewehrt. Frucht sehr gross, pyramidal. Eine der köstlichsten Früchte, und auch hinsichtlich der Tragfähigkeit sehr zu empfehlen.

54. Anan. sativa — de Cayenne à feuilles épineuses.

Laubblätter scharf bewehrt durch regelmässige starke Sägezähne. Frucht etwas gedrückt, pyramidal, sehr gross und vom köstlichsten Geschmacke, ebenfalls sehr empfehlenswerth durch Tragfähigkeit.

55. Anan. sativa — Cayenne Neumanni.

Eine gute Frucht, ohne besondere Vorzüge.

56. Anan. sativa — Cayenne Charlotte Rothschild.

Eine der grössten und besten Früchte nach den Beschreibungen.

57. Anan. sativa — de St. Domingue.

Eine köstliche Frucht, mit starkem Wohlgeruche. Frucht kugelig, hoch orangengelb, fast roth.

58. Anan. sativa — de Malabar.

Pflanze sehr stattlich. Laubblätter sehr lang und scharf bewehrt. Frucht sehr gross, mit breiten Beeren, hochgelb, von vorzüglichem Geschmack und Geruch.

59. Anan. sativa — Dumont d'Urville.

Laubblätter auffallend kurz und steif aufrecht stehend, gänzlich unbewehrt. Frucht gross und vortreflich.

60. Anan. sativa — de St. Lucie.

Blätter sehr lang und mit besonders langen und scharfen Zähnen bewaffnet. Frucht sehr gross, cylindrisch, gelb. Beeren breit. Wohlgeruch und Geschmack vorzüglich.

61. Anan. sativa — de la Guadeloupe.

benannt die „Grossherzige.“ Vorzügliche Frucht von gelber Farbe und gelbem Fleische.

62. Anan. sativa — Enville Pelvillain.

Frucht von ausgezeichneter Grösse und gleichem Geschmack.

63. Anan. sativa — Enville de Gontier.

Frucht sehr verlängert walzenförmig oder pyramidal, von ausgezeichneter Gestalt und sehr feinem Geschmack.

64. Anan. sativa — Enville Reine Pomaré.

Frucht sehr gross, stark und vorzüglich von Geschmack und von Geruch.

65. Anan. sativa — Reine de Français.

Eine stattliche, unbewehrte, sehr zierliche Pflanze.

Früchte prachtvoll und sehr gross, mit kugeligen, weit vorragenden Beeren.

66. Anan. sativa — Princesse de Russie.

Laubblätter sehr schön blau-grün, mit braunen Streifen geziert. Frucht herrlich von Geschmack.

67. Anan. sativa — Martinique Comte de Paris.

Tracht und Form der Frucht wie bei den gewöhnlichen Pflanzen; die Frucht wird jedoch sehr gross und trägt sehr gern. Sie treibt sehr wenige Sprossen.

68. Anan. sativa — Enville Princesse royal.

Frucht pyramidal, sehr gross, mit stark vorragenden Beeren.

69. Anan. sativa — Le Roi.

Laubblätter glatt, ganz unbewehrt, sehr hellgrün. Frucht cylindrisch. Die ganze Tracht der Pflanze ist so eigenthümlich, dass man sie für eine gute Species halten möchte.

70. Anan. sativa — Martinique (oder Gemeine).

Hat mehrere Varietäten, welche sich durch gefleckte und sehr zierlich gestreifte Laubblätter auszeichnen. Sie finden sich mit dem Namen „Martinique" — mit weiss gestreiften Blättern, — mit gelb gestreiften Blättern und rosenfarbiger Frucht, — und mit goldgelb gestreiften Blättern. Diese Pflanzen bilden wahre Zierden in den Sammlungen und sind daher, obschon sie sehr selten Früchte liefern, nicht genug verbreitet.

Ueber die Art der Gewinnung
und den Nutzen der **Bastfaser** aus den Blättern der Ananassa sativa.

Es ist bekannt, dass die Bastfaser der Blätter der Ananassa und wahrscheinlich aller langblättrigen Bromelien, in Amerika schon lange durch künstliche Mittel nutzbringend gemacht wurde. Dass nach Europa hierüber wenig bemerkenswerthes gelangt, darf nicht wundern, da nutzbringende Vegetabilien in den Tropenländern häufig sind und theilweise sehr sorgfältig gepflegt werden, von denen wir in Europa selten Kunde erhalten. Es bricht sich aber mancher Pflanzenstoff auffallend schnell die Bahn, wie z. B. bei Gutta percha es sich so auffallend zeigt. Hier ist es jedoch der europäische Speculationsgeist, welcher diesen Stoff gut erkannte und schnell zum Rivalen des Kautschuk machte. Die Manipulation bei Gewinnung dieser Pflanzensäfte ist ganz einfach, wesshalb auch die Ausbeute derselben keine Schwierigkeiten fand, bis endlich die Bestände der Bäume, welche diese Stoffe liefern, ausgerottet sein werden.

Anders verhält es sich aber bei Gewinnung von Pflanzenfasern; hierbei ist schon ein mehr complicirtes Verfahren nöthig, auch will man gleich grosse Massen in den Handel bringen, um diesen Stoffen bei der Fabrication Eingang zu verschaffen. Um dies zu erreichen, sind jedoch grosse Culturen oder oft schwierige Sammlungen der Gewächse nöthig, welche sich aber, wenn sie nutzbringend sein sollen, nur allmälig entwickeln dürfen.

Die Bastfasern, welche die Blätter der Ananassa enthalten, näher kennen zu lernen, ist jedenfalls von grosser Wichtigkeit, indem es sich hier um einen edlen Pflanzenstoff handelt, der bis jetzt nur sehr wenig geachtet wurde.

Ich werde weiter unten auf die erstaunliche Menge von Ananassa-Blättern hinweisen, welche nur allein in Deutschland jährlich als ganz nutzlos weggeworfen werden, und die man nicht einmal gerne als Compost verwendet, da die Blätter oft nach Jahren noch durch ihre scharf bewehrten Blattränder dem Arbeiter sich schmerzlich fühlbar machen.

Ich erlaube mir hier auf jene Versuche hinzuweisen, welche mit der Auzucht der Ananassa, — und zwar ohne besonderen Schutz — im Freien gemacht wurden.

Im Jahre 1847 hat Herr Barnes zu Picton in England die Möglichkeit gezeigt, über Sommer im Freien Ananassa-Früchte zur Reife zu bringen. Lady Rolle hat dieses Verfahren in Gardener's „Chronicle" No. 29, pag. 467 genau beschrieben. Wenn man im Stande ist, in England im Freien Ananassa-Früchte zu ziehen, so liegt es gewiss nahe, dass man ähnliche Versuche, und zwar jedenfalls mit bedeutenden Vortheilen, durch höhere Wärmegrade u. s. w. unter dem heiteren Himmel von Dalmatien und andern ähnlichen Landstrichen unserer Monarchie machen könnte. Man darf aber nicht unberücksichtigt lassen, dass Barnes für die Zucht im Freien Pflanzen wählte, welche die Fruchtbildung schon zeigten; dieses setzt aber schon ein geregeltes Verfahren voraus. Auf Gewinnung von Früchten müsste man daher anfänglich in Dalmatien u. s. w. bei der Zucht im Freien verzichten; allein das scheint gewiss, dass ein kleiner Schössling von Ananassa sativa, im Frühjahre dort ausgepflanzt, bis Herbst vollkommen genügende Laubblätter zur Gewinnung der Bastfaser in Menge getrieben haben würde, und dass an dem Stamme sich genug Schösslinge gebildet haben werden, um im nächsten Jahre einen zehnmal grössern Raum damit zu bepflanzen.

Die Ueberwinterung der Schösslinge bedarf nur eines warmen geschützten Ortes. Es würde sich wahrscheinlich schon im dritten Jahre zeigen, dass die Schösslinge, welche die Pflanze im Freien trieb, bei weitem kräftiger und ausdauernder sind als jene, welche man zum ersten Versuche aus den gewöhnlichen Ananassa-Culturen entnahm. Den Standort im Freien betreffend, erlaube ich mir darauf hinzuweisen, dass in Brasilien u. s. w. die wilde Ananassa und deren Varietäten in Masse an freien Orten, und zwar in stark sandigem Boden gefunden werden; hier stehen die Gewächse gewöhnlich ganz nahe beisammen und bedecken oft bedeutende Strecken, die sie allein in Anspruch nehmen.

Barnes stellte seine Ananassa-Pflanzen in einen Erdgraben, wo auf beiden Seiten die aufgehobene Erde einen Längswall bildete, damit die Hauptströmung der Winde durch die Wälle von den Pflanzen abgehalten werden. In Dalmatien u. s. w. würden einjährige Pflanzen der Ananassa sativa ohne weitere besondere Sorgfalt, und zwar in 1 ½' Entfernung von einander, im Anfange des Monats Mai ausgepflanzt werden können. Die Versuche werden lehren, ob solche Pflanzungen bewässert werden müssen, wenn längere Zeit eine bedeutende Dürre des Bodens sich zeigt. Ich glaube jedoch, dass eine künstliche Bewässerung nicht erforderlich sein dürfte, indem die feuchten Luftzüge, welche von dem Meere das Land überströmen, der genügsamen Ananassa wahrscheinlich zum Gedeihen hinreichend sind. Wenn auch bei diesen Versuchen die Spitzen der Laubblätter durch kalte Winde u. s. w. schwarz werden oder vertrocknen, so ist dieses von keiner störenden Bedeutung, indem die Blattenden ohnehin zur Bastgewinnung am wenigsten geeignet sind. Das Hauptverdienst besteht hier in gut ausgebildeten robusten Blättern; diese zu liefern würde aber eine in freier Luft gezogene Pflanze sich jedenfalls am geeignetsten erweisen.

Die Beobachtungen an fremden Gewächsen, welche, endlich heimisch werdend, bei uns im Freien ohne Schutz zur Vollkommenheit gelangen, sind unsere besten Wegweiser. Desshalb erlaube ich mir, die treffliche Arbeit des Herrn von Martius im Auszuge hier anzureihen.

Herr von Martius berichtet in seinem „Beitrag zur N. und L. Geschichte der Agaveen, München 1855, Seite 49—50.

„In Dalmatie nerscheint eine Agave americana nach den brieflichen Mittheilungen des Herrn de Visiani, südlich von der Insel Arbe, sowohl auf dem Festlande als auf den Inseln, jedoch immer nur nahe an der Küste, im felsigen Grunde. Sie liebt südliche Expositionen, gedeiht aber auch an anderen, so namentlich in den südlicheren Inseln Lesina, Lissa, Meleda, Calamotta, wo sie auch zur Blüthe kommt, was im nördlicheren Reviere nur äusserst selten der Fall ist.“ —

Diese Mittheilungen des Herrn von Martius sind von Wichtigkeit, weil sie beweisen, dass das Klima von Dalmatien, indem die Agave americana hier ganz frei, ohne allen Schutz fortkommt, gewiss auch für die Cultur der Ananassa sich tauglich erweisen wird. Es war für mich sehr erfreulich, bei den Forschungen, welche ich in dieser Angelegenheit anstellte, zu finden, dass in Wien schon im Jahre 1836 Versuche gemacht wurden, die Bastfasern aus den Ananassa-Blättern gereinigt darzustellen.

Herr Ritter von Kees machte im Jahre 1836 im Augarten in Wien, die Gewinnung der Bastfasern aus den Blättern der Ananassa betreffend, mehrere Versuche; diese wurden unter seiner Aufsicht durch den Herrn Hofgärtner Scheiermann, welcher noch jetzt dem Augarten vorsteht, ausgeführt. Herr Scheiermann hatte die Güte, mir das Verfahren bei Gewinnung dieser Blattfaser mitzutheilen. Die Blätter wurden nach der Fruchtreife von der Pflanze abgerissen und dann mit Holzschlägel auf einem Holzstocke so lange geschlagen, bis die Faser von der Blattsubstanz sich endlich trennte. In Zwischenzeiten wurden die geschlagenen Blätter in weichem Wasser ausgeschwemmt. Diese Behandlung wurde so lange fortgesetzt, bis die Faser von den andern Blattstoffen gereinigt war. Wenn die Faser durch Ueberreste der Blattsubstanz noch verunreinigt sich zeigte, dann wurde eine Auflösung von gewöhnlicher Seife angewendet, die Fasern unter beständigem Klopfen mit dem Holzschlägel bearbeitet und hierdurch endlich gänzlich gereinigt; dann liess man die gewonnene gereinigte Faser einige Stunden im Wasser liegen und breitete sie zuletzt an einem geschützten schattigen Orte zum Abtrocknen aus. Nach diesem Verfahren wurde die Faser aufbewahrt. Die Proben, welche im Cabinete des k. k. polytechnischen Instituts hier in Wien sich befinden, sind die Resultate der Bestrebungen des Herrn von Kees; sie bestehen aus einem Büschel gereinigter und aus einem Büschel vollständig reiner Blattfasern.

Die Industrie-Ausstellung, welche im Jahre 1855 zu Paris stattfand, zeigte mehrere Proben dieser Bastfaser aus den Blättern der Ananassa, welche die allgemeine Aufmerksamkeit der Kenner erregten, indem dieser Faserstoff, vollkommen gereinigt und sorgsam präparirt, alle andern Pflanzenfasern, selbst jene der Boehmeria utilis, an Feinheit, Glanz, Haltbarkeit und Weisse bei weitem übertrifft.

In Brasilien werden hiervon Strümpfe für Damen verfertigt, welche die seidenen übertreffen, nebst diesen vorragenden Eigenschaften aber noch den Vorzug bieten, dass die Erzeugnisse dieser Pflanzenfaser die gewöhnliche Wäsche sehr gut vertragen und hierdurch weder spröde werden, noch an ihrem Glanze verlieren.

Das Zusammenbringen der Laubblätter an einem Orte, wo überhaupt mit Lein oder Hanf manipulirt wird, bietet gar keine Schwierigkeiten, indem das Blatt lange Zeit liegen kann, ohne zu verderben. Die Versendung derselben an einen Sammelort bedarf ebenfalls gar keiner Sorgfalt, da die Blätter, in dichte Bündel zusammengebunden, ohne sonstigen Schutz verfrachtet werden können.

August, September und October sind die Monate, in welchen die meisten Ananassa-Früchte geschnitten werden und desshalb auch zur Uebersendung der Blätter an einen Manipulationsort am geeignetsten; hierdurch würden grosse Massen dieser

Blätter in kurzem Zeitraume anlangen und die Gewinnung der Fasern auf einmal bewerkstelligt werden können. Jene vereinzelten Fälle, wo diese Gewächse in den Wintermonaten Früchte tragen, sind nicht zu berücksichtigen, indem es Hauptsache ist, das ganze Verfahren des Sammelns und der Versendung dieser Blätter so einfach und wenig zeitraubend als möglich zu machen. Da diese Blätter bis jetzt ganz werthlos sind, so ist auch gewiss anzunehmen, dass sie unter sehr billigen Bedingnissen zu erlangen sein werden.

Jedenfalls wird es förderlich sein, wenn man Versuche an verschiedenen Orten mit diesen Blättern anstellt und diese Proben dann an einem beliebigen Sammelorte zur Ansicht und Beurtheilung auflegt. Um über die Gewinnung dieser Bastfaser wo möglich gewichtige Quellen aus Amerika aufzufinden, war ich durch die gesammte botanische Literatur, die sich auf die Familie der Bromeliaceen bezieht und die ich zu diesem Zwecke benützte, immer aufmerksam.

Es erschien eine kleine Broschüre in Rio-Janeiro im Jahre 1830 von Arruda da Camara, welche ausschliesslich nur jene Pflanzen behandelt, deren Bastfasern in Brasilien für feine Gewebe, Seilerarbeiten u. s. w. gewonnen werden. Diese seltene Schrift findet sich in den Bibliotheken Wiens nicht; ich erhielt es von Berlin aus der königlichen Hofbibliothek durch meinen verehrten Freund, Herrn Dr. Pritzl. Diese wichtige Arbeit, welche auf Befehl des Prinz-Regenten von Brasilien erschien, beschreibt sehr ausführlich das Verfahren bei Gewinnung der Bastfasern aus verschiedenen Pflanzen.

Ich erlaube mir nun, das auf Ananassa u. s. w. Bezügliche, aus der portugiesischen Sprache übersetzt, wörtlich mitzutheilen.

Ob das hier mitgetheilte Verfahren bei Gewinnung der Bastfaser aus Ananassa-Blättern, wie es in Brasilien geschieht, auch bei uns gleiche und volle Anwendung finden kann, vermag ich nicht zu beurtheilen; jedenfalls bleibt es aber von hohem Interesse, genau zu wissen, auf welche einfache Weise man dort die Fasern von verschiedenen Gewächsen gewinnt.

CAROA'.

Bromelia variegata Arruda.

Die Blätter dieser Pflanze sind aus zwei Schichten zusammengesetzt. Die äussere ist convex, die innere concav; jene ist dicker und rauher, diese zarter; zwischen der einen und der andern befinden sich längliche Bastfasern, welche beim Pressen der Blätter in saftiges Fleisch gehüllt sind. Diese Bastfaser ist fest, und es werden daraus, indem man sie künstlich behandelt, allerlei Strickwerk und grobes Tuch bereitet.

Die Einwohner von Rio de St. Francisco verfertigen ihre feinsten Fischernetze von den Fäden dieser Fasern. Man gewinnt auf zweierlei Art die Bastfaser der Caroa':

1. Man reisst die Blätter von dem Stamme, wozu nur wenig Kraft erforderlich ist, beschneidet die Blattränder mit dem Messer und reisst mit Gewalt die Bastfasern heraus; man nennt desshalb diese Art, die Bastfaser herauszuziehen, die „Caroa'." Die auf diese Weise gewonnene Bastfaser ist grün und man muss sie durch Waschen reinigen.

2. Man reisst die Blätter vom Stamme, bindet sie in Bündel und wirft sie ins Wasser, wo man dieselben durch vier oder fünf Tage einweichen muss; dann klopft man die Bündel, jedoch ohne die Faser mit dem Schlägel stark zu bearbeiten. Diese Operation ist aber noch nicht genügend, die Fasern von dem Fleische oder den fremdartigen Theilen zu trennen. Man muss sie neuerdings in Bündel binden und durch zwei Tage einweichen lassen, wie auch die Operation des Klopfens wiederholen; wenn nöthig, muss dieser Vorgang noch einmal wiederholt werden, dann tritt gewöhnlich die reine Faser heraus, welche man dann, damit sie sich nicht verwirre, zusammenflicht. In diesem Zustande wird die Bastfaser bündelweise in den Handel gebracht.

Ich habe beobachtet, dass man die ganze Operation abkürzt, wenn man die noch frischen Blätter klopft, wodurch sie vor der ersten Einweichung schon zerquetscht werden. Faules oder stehendes Wasser ist hierzu besser geeignet als fliessendes und frisches. Wenn wir die auf die eine oder die andere Art gewonnene Faser vergleichen, so finden wir, dass die auf die erste Art gewonnene Bastfaser fester, aber auch kostspieliger ist.

Bei der Erzeugung dieser Bastfaser sind sechs verschiedene Operationen zu beobachten: 1. die Blätter von dem Stamme zu reissen; 2. die Dornen von den Blatträndern zu entfernen; 3. die Bastfaser mit den Händen auszuziehen; 4. diese in einen Bach oder Brunnen zu legen; 5. die Fasern zu klopfen und 6. dieselben in der Sonne zum Trocknen auszubreiten und zu sammeln.

CRAUATA' *de Rede.*

Bromelia sagenaria Arruda.

Man nennt diese Pflanze gewöhnlich „Crauatá de Rede" (Netz), weil die Eingebornen aus der hiervon gewonnenen Faser ihre Netze stricken und ihre Mäntel weben. Die Bastfaser dieser Pflanze ist 3 bis 8' lang, je nach der Fruchtbarkeit des Bodens. Auf einem dürren trockenen Boden ist die Bastfaser kürzer, feiner und glatter; auf einem fruchtbaren Boden hingegen wird diese Faser bedeutend länger, ist aber auch gröber und rauh anzufühlen.

Diese Faser erlangt schwer die Weisse durch gewöhnliche Waschungen, indem ihre Oberfläche mit einem natürlichen Firnisse bekleidet ist; aber gerade dieser Umstand ist schuld, dass sie in Wasser und Luft sich sehr haltbar beweist.

Stoffe, aus dieser Blattfaser gewebt, und ein Paar Strümpfe, welche man dem Ministerium sandte, zeigten zur Genüge, dass diese Faser bei einiger Verbesserung der Zubereitung jedenfalls zu den feinsten Geweben zu verwenden sei.

Die Blätter dieser Pflanze sind genau so wie bei der Bromelia variegata, nur mit dem Unterschiede, dass sich hier die Bastfaser schwerer von der Blattsubstanz entfernen lässt; dies verursacht auch eine Aenderung in der Behandlung. Die Blätter werden 12 bis 15 Tage in Wasser eingeweicht; ob die Einweichung vollkommen gelungen sei, erkennt man, wenn sich die Hälfte der Blattsubstanz mit den Nägeln trennen lässt. Alsdann zieht man die Blätter, eines nach dem andern, aus dem Wasser und schabt das Blatt, bis sich die Bastfasern blosslegen, und zieht dieselben behutsam heraus. Um sie gänzlich zu reinigen, flicht man sie zusammen und weicht sie nochmals einen Tag in Wasser, dann klopft man sie mit Schlägeln auf einer Bank und wiederholt diese Einweichung und Klopfung so lange, bis die Faser ganz rein erscheint.

ANANA'S *Manso.*

Bromelia Ananas Linné.

Als ich mich im königlichen Auftrage mit der Erforschung der Bastfasern aus einheimischen Pflanzen beschäftigte, entdeckte ich im Jahre 1801 auch die Bastfasern in den Blättern der Bromelia Ananas.

Damals fand ich bei Vergleichung mit allen übrigen Pflanzenfasern, welche ich untersuchte, dass sie die festeste und feinste ist welche irgend eine Pflanze liefert.

Die erste Erfahrung, welche ich hierüber machte, war folgende: Ich nahm die Blätter von zwei Ananaspflanzen, welche zusammen 14 Pfund wogen, klopfte sie mit Schlägeln, wusch die geklopften Theile und erreichte von diesen beiden Pflanzen ein wenig mehr als ein viertel Pfund Bastfasern. Was die berührte Qualität dieser Faser betrifft, wiederhole ich noch einmal, dass sie selbst feiner als der europäische Flachs ist und den grossen Vortheil bietet, dass die Fasern aus den Ananas-Blättern in einem Tage vollkommen gereinigt zubereitet werden können.

CAROATA' ASSU' ou PITEIRA.

Agave vivipara Linné.

Die Methode, aus dieser Pflanze die Faser zu gewinnen, ist wie bei der Caroata', mit dem einzigen Unterschiede, dass man die Blätter vor der Einweichung klopfen muss; dann nach 10 Tagen klopft man sie abermals, flicht sie zusammen und lässt sie wieder 3 Tage weichen, und wechselt so lange mit Klopfen und Einweichen (jedoch immer geflochten, damit sie sich nicht verwirren) bis die Faser rein ist.

COQUEIRO.

Cocos nucifera Linné.

Das Mittel, die Faser von der Cocos zu gewinnen, ist nur: klopfen und einweichen. Vor der Einweichung muss man sie klopfen, da die äussere Oberfläche sehr verstrickt und dicht ist, das Wasser aber hierdurch leichter eindringen kann; hierauf lässt man sie 2 bis 3 Tage im Wasser weichen, worauf man sie klopft und so abwechselnd fortfährt, bis sich die Faser gereinigt darstellt. An frisch abgezogener Rinde von Cocos ist die Blattfaser am leichtesten zu gewinnen.

ANINGA.

Arum liniferum Arruda.

Die Substanz des Stammes dieser Pflanze ist schwammig, gesättigt mit einem herben Safte, der die Metalle angreift. Einige Landleute bedienen sich dieser Eigenschaft, um ihre eisernen Geräthe damit zu putzen.

Die Längsfasern dieser Pflanze in dem Fleische derselben sind nicht sehr fest sitzend; es genügt daher das blosse Klopfen, wonach man sie auswäscht.

Die Leichtigkeit der Bereitung der Bastfaser und die ausserordentliche Menge dieser Pflanzen geben ihr einen grossen Vorzug vor jeder andern Pflanzenfaser. Arruda da Camara.

Ich erlaube mir hier schliesslich auf die Mengen der Laubblätter der Ananassa sativa hinzuweisen, welche in Oesterreich und Preussen jährlich erzeugt werden, wie auch deren Nutzen in Zahlen darzustellen.

Ein ausgebildetes Blatt der Ananassa sativa wiegt circa		$3\frac{1}{2}$ Loth.
Eine Pflanze hat nach der Fruchtreife gewöhnlich 23 Blätter; diese wiegen zusammen	2 Pfund 16	„
Eine Pflanze oder 23 Blätter liefern durchschnittlich	$1\frac{1}{4}$	„

ganz gereinigte Bastfasern.

In Oesterreich werden jährlich circa . .	15,000 Früchte,
in Preussen ebenfalls jährlich circa	32,000 „
gezogen, also zusammen circa	47,000 Früchte.
Diese Pflanzen liefern demnach . .	1175 Ctr. Blätter,

welche bisher als ganz nutzlos entweder verbrannt oder ganz weggeworfen wurden.

Sie enthalten vollkommen gereinigte Bastfasern 1838 Pfund.

Wenn auch die hier angeführten Zahlenverhältnisse noch manches zu wünschen übrig lassen, so dürften dennoch Versuche mit bedeutenden Massen dieser Blätter recht bald den Beweis liefern, dass ein beachtenswerther Gewinn hierbei in Aussicht stehe, indem die gewonnenen Bastfasern in einem sehr günstigen Verhältnisse zu dem bis jetzt werthlosen Rohproducte steht und zu einem neuen Zweige der Industrie Veranlassung geben kann.

Repertorium der Bromeliaceen.

ACANTHOSTACHYS.

Acanth. strobilacea Kl.
Jcones pl. Berol. tab. 9.
Paxton, Flower Garden III, 256.
(Siehe Hohenbergia strobilacea Schult.)

AECHMEA.

Aechm. paniculata R. et Pav.
— angustifolia Poepp. et Endlicher. Nova Gen. Plant. t. 159.
(Siehe Hoplophytum angustifolium Beer.)
— corallina Brong.
(Siehe Lamprococcus cor. Beer.)
— fulgens Brong. Paxton Mag. of Botany X, pag. 176. — Annales de Flore et de Pomonne, dann Aechmea fulgens discolor Brong. Bot. Mag. tab. 4293. — Annales de Gand. III.
(Siehe Lamprococcus fulgens und L. fulg. discolor Beer.)
— glomerata und A. glomer. disc. Hort.
(Siehe Lamprococcus glomeratus und L. glom. discolor Beer.)

Aechm. latifolia Kl. Berl. Mus.
(Hoplophytum latif. Beer.)
— Mertensis Hook. Bot. Mag. tab. 3186.
(Siehe Hoplophytum Mert. Beer.)
— miniata Hort. und Aechm. min. discolor.
(Siehe Lamprococcus miniat. u. Lampr. min. discolor Beer.)
— mucroniflora Hook. Bot. Mag. tab. 4832.
(Siehe Hoplophytum mucroniflorium Beer.)
— spicata Martius. Nova Gen. Plant. Poeppig und Endlicher, pag. 43.
(Hoplophytum. spicatum Beer.)
— suaveolens. Floral-Cabinet III, tab. 134.
(Siehe Hoplophytum suaveolens Beer.)
— distichantha Lemaire. Jardin Fleuriste tab. 269.
Paxton, Flower Garden III, t. 80.
(Siehe Hoplophytum distichanth. Beer.)

AGALLOSTACHYS.

Agall. sylvestris Beer.
— fastuosa Beer.
— Pinquin Beer.
— antiacantha Beer.
— Commeliniana Beer.
— chrysantha Beer.
— variegata Beer.

ANANASSA.

Ananas muricatus Schult.
(Siehe Ananassa muricata Beer.)
— sagenaria Schult.
(Siehe Ananassa sagenaria Beer.)
— Allen's Seedling.
Syn. A. sat. Mealy leaved sugar-loaf.
— Anson's Queen.
Syn. A. sat. Anson's.
— sat. Anson's.
(Siehe Ananassa.)
— Anson.
Syn. A. sat. Mealy leaved sugar-loaf.
— Antiqua aurantiaca.
Syn. A sat. Smooth Havannah.
— sat. Antiqua Queen.
(Siehe Ananassa.)
— Antiqua sugar-loaf.
Syn. A. sativa brown leaved sugar-loaf.
— Antiqua rubra.
Syn. A. sat. Montserrat.
— Barbadoes Queen.
Syn. A. sat. Lemon Queen.
— black Barbadoes.
Syn. A. sat. black Jamaica.
Anan. black Caraile.
Syn. A. sat. Antiqua Queen.
— sat. black Jamaica.
(Siehe Ananassa.)
— sat. Black sugar-loaf.
(Siehe Ananassa.)
— sat. Black Antiqua.
(Siehe Ananassa.)
— sat. Blithfield Orange.
(Siehe Ananassa.)
— sat. Blood, Red.
(Siehe Ananassa.
— blood.
Syn. A. sat. blood. red.
— Brazil.
Syn. A. sat. Montserrat.
— bracteata (Species).
(Siche Ananassa.)
— bracteata Lindl.
Bromelia sagenaria Arruda.
(Arruda da Camara Disser-taçao. Plantas que dao linho u. p. Rio, 1810.)
Siehe Anan. sagenaria Beer.
— bracteata scarlet.
(Siehe Ananassa.)
— Brazilian scarlet.
Syn. Anan. bracteata.
— sagenaria Beer.
— Brid's Eye Bahma.
Syn. Anan. sat. striped-leaved sugar-loaf.
— Bogwarp.
Syn. Anan. sat. Montserrat.
— broad-leaved Queen.
Syn. Anan. sat. Queen.
— brown sugar-loaf.
Syn. Anan. sat. Mealy-leaved sugar-loaf.
— brown Havannah.
Syn. Anan. sat. Havannah.

Anan. Green olive.
Syn. Anan. sat. St. Vincent's.
— Green Antiqua.
Syn. Anan. sativa Green Providence.
— Green St. Vincent's.
Syn. Anan. sat. St. Vincent's.
— sat. Green Providence.
(Siehe Ananassa.)
— sat. Green Java.
(Siehe Ananassa.)
— sat. de la Guadeloupe.
— Heaton House Montserrat.
Syn. Anan. sat. Ripley.
— Harrison's new.
Syn. Anan. sat. new Demerara.
— Green Havannah.
Syn. Anan. sativa smooth Havannah.
— sat. Havannah.
(Siehe Ananassa.)
— Hussar.
Syn. Anan. sativa Trooper's Helmet.
— Jagged leaf black Antiqua.
Syn. Anan. sat. black Antiqua.
— Jamaica.
Syn. Anan. sat. Black Jamaica.
— Indian black.
Syn. Anan. sat. Ripley.
— Knight's Seedling.
Syn. Anan. sat. Downton Havannah.
— Lemon Antiqua.
Syn. Anan. sat. Anson's.
— Lemon coloured Barbadoes.
Syn. Anan. sat. Lemon Queen.
— sat. Le Roi.
— lucida Fisherwick striped Globe.
(Siehe Ananassa.)

Anan. lucida King.
(Siehe Ananassa.)
— lucida (Species).
(Siehe Ananassa.)
— sativa Lemon Queen.
(Siehe Ananassa.)
— Lord Effingham.
Syn. Anan. sat. Antiqua Queen.
— sat. Lord Bagot's Seedling.
(Siehe Ananassa.)
— Macho.
Syn. Anan. sat. brown leaved sugar-loaf.
— sat. de Malabar.
— Malacca.
Syn. Anan. sat. Montserrat.
— Malabarica.
Syn. Anan. sat. Green Antiqua.
— sat. Martinique Comte de Paris.
— mealy leaved Providence.
Syn. Anan. sat. white Providence.
— sat. Mealy leaved sugar-loaf.
(Siehe Ananassa.)
— sat. Moscow Queen.
(Siehe Ananassa.)
— Montserrat.
Syn. Anan. sat. new Jamaica.
— sat. Montserrat.
(Siehe Ananassa.)
— Montserrat.
Syn. Anan. sat. black Jamaica.
— muricata Beer.
— narrow-leaved Queen.
Syn. Anan. sat. Queen.
— narrow-leaved Java.
Syn. Anan. sat. Green Java.
— sat. nervosa Hort.
und
— sat. nervosa maxima.
(Siehe Russian Globe, Ripley.)

Anan. brown Antiqua.
Syn. Anan. sat. New Jamaica.
— brown striped-sugar-loaf.
Syn. Anan. sat. striped-leaved sugar-loaf.
— sat. Brown sugar-loaf.
(Siehe Ananassa.)
— sat. Brown leaved sugar-loaf.
(Siehe Ananassa.)
— brown Antiqua.
Syn. Anan. sat. black. Antiqua.
— broad leaved Java.
Syn. An. sat. Trooper's Helmet.
— sat. Buck's Seedling Globe.
(Siehe Ananassa.)
— sat. Buck's Seedling.
(Siehe Ananassa.)
— Cape coast.
Syn. Anan. sat. Montserrat.
— sat. de Cayenne à feuilles épineuse.
— sat. de Cayenne à feuilles lisses.
— sat. Cayenne Charlotte Rothschild.
— sat. Cayenne Neumanni.
— Chevalier's Sierra Leone.
Syn. Anan. sat. Montserrat.
— Claret.
Syn. Anan. sat. blood red.
— Cochineal.
Syn. Anan. sat. Montserrat.
— Cockscomb.
Syn. Anan. sat. Frooper's Helmet.
— Cockscomb.
Syn. Anan. sat. Enville.
— Copper-coloured Antiqua.
Syn. Anan. sat. Montserrat.
— Copper.
Syn. Anan. sat. Montserrat.

Anan. Copper coloured Barbadoes.
Syn. Anan. sat. Black sugar-loaf.
— Copper-coloured.
Syn. Anan. sat. black Jamaica.
— Commen King.
Syn. Anan. luc. King.
— Commen Queen.
— Syn. Anan. sat. Queen.
— Crown.
Syn. Anan. sat. Welbeck's Seedling.
— Indian Creole.
Syn. A. sat. Montserrat.
— sat. Dawnton Havannah.
(Siehe Ananassa.)
— debilis Waved leaved.
(Siehe Ananassa.)
— debilis (Species).
(Siehe Ananassa.
— Dominica.
Syn. Anan. sat. Mealy leaved sugar-loaf.
— sat. Dumont-d'Urville.
Syn. Anan. sat. New-Jamaica.
— English Globe.
Syn. Anan. sat. Globe.
— sat. Enville.
(Siehe Ananassa.)
— sat. Enville de Gontier.
— sat. Enville Prince Royal.
— sat. Enville Reine Pomaré.
— sat. Globe.
(Siehe Ananassa.)
— Gras green King.
Syn. Anan. luc. King.
— smooth green Havannah.
Syn. Anan. sat. green Antiqua.
— sat. Green Queen.
(Siehe Ananassa.)
— sat. Green Antiqua.
(Siehe Ananassa.)

Anan. new Providence.
Syn. Anan. sat. white Providence.
— sat. new Enville.
(Siehe Ananassa.)
— sat. New Jamaica.
(Siehe Ananassa.)
— sat. New Demerara.
(Siehe Ananassa.)
— new green olive.
Syn. Anan. sat. Green Providence.
— new ripley.
Syn. Anan. sat. Montserrat.
— new black Jamaica.
Syn. Anan. sat. new Jamaica.
— old-king. Common King.
Syn. Anan. sat. Havannah.
— Old-king.
Syn. Anan luc. King.
— old Enville.
Syn. Anan. sat. Enville.
— old ripley.
Syn. A. sat. Ripley.
— old Queen.
Syn. Anan. sat. Queen.
— Old King.
Syn. Anan. sat. Montserrat.
— sat. Orange sugar-loaf.
(Siehe Ananassa.)
— Otahaite.
Syn. Anan. sat. Mealy-leaved sugar-loaf.
— sat. Otahaiti.
(Siehe Ananassa.)
— Pitch Lake.
Syn. Anan. sat. Trinidad.
— prickly striped sugar-loaf.
Syn. Anan. sat. striped-leaved sugar-loaf.
— Prince of Wales' Island.
Syn. Anan. sat. striped Surinam.

Anan. sat. Princesse de Russie.
— Providentia.
Syn. Anan. sat. white Providence.
— Prickly Providence.
Syn. Anan. sat. Welbeck's Seedling.
— purple striped Queen.
Syn. Anan. sat. striped-leaved sugar-loaf.
— sat. Queen.
(Siehe Ananassa.)
— Queen sugar-loaf.
Syn. Anan. sat. striped-leaved sugar-loaf-
— Mr. Rae's St. Vincent.
Syn. Anan. sat. new Jamaica.
— red ripley.
Syn. Anan. sat. Montserrat.
— Rippon Grass.
Syn. Anan. sat. striped Surinam.
— Ripley's new Queen.
Syn. Anan. sat. Lemon Queen.
— sat. Ripley.
(Siehe Ananassa.)
— Ripley.
Syn. Anan. sat. Havannah.
— sat. Reine de Français.
— sat. Ripley's Queen.
(Siehe Ananassa.)
— sat. Russian Cockscomb.
(Siehe Ananassa.)
— sat. Russian Globe.
(Siehe Ananassa.)
— Royal green Providence.
Syn. An. sat. Green Providence.
— sativa (Species).
(Siehe Ananassa.)
— sans épines.
Syn. Anan. sat. Green Antiqua.
— sat. Sierra Leone.
(Siehe Ananassa.)

Anan. semi serrata.
Syn. Anan. sat. Havannah.
— silvery striped Pine from Surinam.
Syn. Anan. sat. striped Surinam.
— sat. Silver striped Queen.
(Siehe Ananassa.)
— silver striped.
Syn. Anan. sat. striped Surinam.
— Smooth Antiqua.
Syn. Anan. sat. Havannah.
— sat. Smooth Havannah.
(Siehe Ananassa.)
— smooth leaved Green Antiqua.
— Smooth leaved Antiqua.
Syn. Anan. sat. Havannah.
— sat. Spring Grove Enville.
(Siehe Ananassa..)
— Striped Silver and Pink Surinam.
Syn. Anan. sativa striped Surinam.
— sat. Striped Queen.
(Siehe Ananassa.)
— sat. Striped-leaved sugar-loaf.
(Siehe Ananassa.)
— sat. Striped Surinam.
(Siehe Ananassa.)
— sat. striped smooth leaved sugar-loaf.
(Siehe Ananassa.)
— striped leaved olive.
Syn. Anan. sat. striped Queen.
— sat. de St. Domingue.
— srt. St. Lucie.
— St. Kitt's.
Syn. Anan. sat. new Jamaica.
— sat. St. Vincent.
(Siehe Ananassa.)
— St. Vincent's Cockscomb.
Syn. Anan. sat. Montserrat.

Anan. St. Vincent's sugar-loaf.
Syn. Anan. sat. black Jamaica.
— sat. Surinam.
(Siehe Ananassa.)
— Sumatra.
Syn. Anan. sat. Montserrat.
— Tawny.
Syn. Anan. sat. black Jamaica.
— sat. Trinidad.
(Siehe Ananassa.)
— sat. Trooper's Helmet.
(Siehe Ananassa.)
— St. Thomas'.
Syn. Anan. sat. St. Vincent's.
— viridis inermis.
Syn. Anan. luc. King.
— Wallaton Providence.
Syn Anan. sat. Green. Providence.
— sat. Welbeck's Seedling.
(Siehe Ananassa.)
— sat. White Providence.
(Siehe Ananassa.)
— white sugar-loaf.
Syn. Anan. sat. Mealy leaved sugar-loaf.
— white Barbadoes.
Syn. Anan. sat. Lemon Queen.
— Wortley's West-Indian.
Syn. Anan, sat. black Antiqua.
— yellow Caraile.
Syn. Anan. sat. Antiqua Queen.

ANOPLOPHYTUM.

Anopl. strictum Beer.
— rubidum Beer.
— roseum Beer.
— aëranthos Beer.
— dianthoideum Beer.
— bicolor Beer.
— pulchellum Beer.

Anopl. lineare Beer.
— Duratii Beer.
— strobilanthum Beer.
— flexuosum var. pallidum Beer.
— vittatum Beer.
— Guianense Beer.
— xyphyoides Beer.

BILLBERGIA.

Billb. amabilis Beer.
— amoena Lindl.
— bicolor Lood.
— Croyiana Lem.
— cruenta Hook, Botanical-Mag. tab. 2892.
(Siehe Bromelia cruenta Graham.)
— Carolinae van Houtte.
(Siehe Bromelia Carolinae Beer.)
— decora Poepp. et Endl.
— decora Linden (?)
(Siehe Billb. pyramidalis var. minor Antoine et Beer.)
— discolor Beer.
— dubia van Houtte.
(Siehe Billb. Wetherellii Hook.)
— fascista Lindl. Bot. Register tab. 1130.
(Siehe Hoplophytum fasciatum Beer.)
— farinosa, Bot. Mag. tab. 2686. Sertum botanicum van Geel.
(Siehe Billb. zebrina Lindl.)
— fasciata splendens Hort.
(Siehe Billb. punicea Beer.)
— fastuosa Beer.
— (?) gracilis Poepp. Wiener Mus. Platystachys gracilis Beer.
— incarnata Beer.
— iridifolia Nees et Mart.
— lanuginosa Hort.
(Siehe Hoplophytum lanuginosum Beer.)
Billb. Liboniana de Jonghe (?).
Loddigesii Steudl.
(Siehe Billb. bicolor Lodd.)
— marmorata Lem.
— Moreliana Hort.
— Moreliana Hort. Jardin fleuriste II, tab. 138. — Gardener's Mag. of Botany III, 33.
(Siehe Billb. amabilis Beer.)
— nudicaulis Beer.
— pallida Beer.
— Paxtonii Beer.
— polystachya. Paxton, Flower Garden tab. 80.
(Siehe Hoplophytum distichanthum Beer.)
— Porteana Brong. (?)
— purpurea Beer.
— purpurea van Houtte.
(Siehe Bromelia tristis Beer.)
— purpureo rosea Lindl. Bot. Mag. tab. 3304.
(Siehe Hoplophytum purpureoroseum Beer.)
— punicea Beer.
— pyramidalis Lindl.
— pyramidalis var. bicolor Lindl. Bot. Reg. tab. 1181.
— pyramidalis var. minor Antoine et Beer.
— pyramidata Beer.
— rhodo-cyanea Lemaire. Flora van Houtte III, tab. 207. — Bot. Mag. tab. 4883.
(Siehe Hoplopyhtum fasciatum Beer.)
— rosea Hort.
— saxatilis Beer.
— splendida Lem.

Billb. tetrantha Beer.
— thyrsoidea Mart.
— thyrsoidea Mart. Paxton, Flower Garden III, tab. 74.
(Siehe Billb Paxtonii Beer.
— tinctoria Mart. Annales de Gand. III, tab. 56.
(Siehe Macrochordium tinctorium de Vriese.)
— variegata Beer.
— violacea Beer.
— viridiflora H. Wendl.
— vittata Morel.
— Wetherelli Hook.
— Quesneliana Brong. Flora van Houtte tab. 1028.
(Siehe Quesnelia rufa Gaudich.)
— zebrina Lindl.

BONAPABTEA.

Bonap. strobilantha R. et Pav. Flora Per. et Chil. tab. 263.
(Siehe Anoplophytum strobilanthum Beer.)
— juncea R. et Pav. Flora Per. et Chil. tab. 262.
(Siehe Platystachys. juncea Beer.)

BROCHINIA.

Broch. paniculata Mart. in Röm. et Schult.
Zu Tussaciae Beer.

BROMELIA.

Brom. acange. Herb. Willd. No. 6315. Berl. Museum. Brasilien.
Agallostachys acanga Beer.
— antiacantha Bertolini. Novi Com. Acad. sc. Just. Bononiensis tom VII, tab. XII.
(Siehe Agallostachys antiacantha Beer.)
Brom. Ananas Linné.
(Siehe Ananassa.)
— arvensis Arrab.
— bicolor Philipi No. 204. Wiener Museum.
Bromelia carnea Beer.
— bracteata Sw. Kerner Hort. semperv. tab. 401.
(Siehe Hoplophytum paniculatum Beer.)
— blanda Schott. Brasilien. Wien. Museum.
Anoplophytum strobilanthum Beer.
— carnea Hort.
— Carolinae Beer.
— chrysantha Jacquin. Hortus Schönbrunn. tab. 55.
(Siehe Agallostachys chrysanthus Beer.)
— comata Beer.
— Commeliniana de Vriese. Descript. et Fug. des Plantes nouv. et rares. 1847.
(Siehe Agallostachys Commeliniana Beer.)
— concentrica Beer.
— cruenta Graham.
— exsudens Loddiges. Bot. Cabinet tab. 801.
(Siehe Hoplophytum paniculatum Beer.)
— fastuosa Lindl. Kerner, Hortus sempervirens tab. 745.
(Siehe Agallost. fastuosa Beer.)
— fastuosa Lindl. Collectanea tab. 1.
(Siehe Agallostachys fastuosa Beer.)

Brom. Gaudini Beer. (Fossil.)
Puya (?) Beer.
— grassa Steudl Wiener Mus.
Brom. longifolia Rudge.
— humilis Linné.
— ignea Beer.
— incarnata R. et Pav. Fl. Per. et Chil. tab. 255.
(Siehe Billbergia incarnata Beer.)
— Karatas Jacquin.
— lanuginosa Beer.
— lasiantha. Herb. Willd. No. 6312, Berl. Museum. Cumana.
Agallostachys lasiantha Beer.
— latifolia Willd. No. 6316. Berl. Museum.
Hoplophytum latifolium Beer.
— lingulata Linné.
(Siehe Hoplophytum lingulatum Beer.)
— longifolia Rudge.
— longifolia Rudge (?). Paxton Flower Garden II, tab. 65.
(Siehe Brom. carnea Beer.)
— melanantha Bot. Reg. tab. 766.
(Siehe Macrochordium melananthum Beer.)
— meridionalis (?) Berl. Museum.
Billbergia meridionalis Beer.
— muricata Arruda.
(Siehe Ananassa muricata.)
— nudicaulis Linné.
Billbergia nudicaulis Beer.
— nudicaulis Ker. Exotic Flora tab. 143.
(Siehe Hoplophytum uni-spicatum Beer.)
— Pinguin Linné.
Jacquin, Hist. select. pag. 91.
Redouter, Liliacees tab. 396.
Tussac, Flore des Antilles t. 22,
Dictionnaire des Sciences naturelles tab. 49.
(Siehe Agallostachys Pinguin Beer.)
Brom. pumila Schott.
(Siehe Cryptanthus acaulis Beer.)
— pallida. Reichenbach, Mag. der Aest. Botanik tab. 94.
(Siehe Billbergia pallida Beer.)
— paniculigera Sw. Reichenbach, Hortus tab. 139, 140.
(Siehe Hoplophytum paniculatum Beer,)
— pyramidata Beer.
— pyramidalis Reichenb. Hortus botanicus pag. 22, tab. 156.
(Siehe Billbergia fastuosa Beer.)
— pyramidata Plumier Pl. american. tab. 62.
(Siehe Billbergia pyramidata Beer.)
— pyramidata purpurea Plumier Pl. american. tab. 63.
(Siehe Billb. purpurea Beer.)
— ramosa et racemosa etc. Plum. Plant. american. tab. 64.
(Siehe Lamprococcus ramosus Beer.)
— sagenaria Arruda.
(Siehe Ananassa sagenaria Beer.)
— sylvestris Arrab.
— trietis Beer.
— sp. Philipi. Chili. No. 165.
Brom. Pinguin Jacquin.
— sceptrum Fenzl. Paradisus Vindobonensis.
(Siehe Agall. antiacantha Beer.)
— sylvestris Willd. Botan. Magaz. tab. 2392.
(Siehe Agallostachys sylvestris Beer.)

Brom. sylvestris Willd. Sertum botanicum van Geel.
(Siehe Agallostachys sylvestris Beer.)
— thyrsiflora Willd. No. 6313. Berl. Museum.
Hoplophytum thyrsiflorum Beer.
— tinctoria Hort.
(Siehe Macrochordium pulchrum Beer.)
— sp. Pohl. Bras. No. 3436. Mus. Wien.
(Woltersdorfia Kl.)
(Zu Agallostachys Beer.)
— sp. Sellow. Bras. No. 79. Mus. Berlin.
Billb. pallida.
— variegata Arruda.
(Siehe Agallostachys variegata Beer.)

CARAGUATA.

Carag. Plumier.
(Siehe Carag. Lindl.)
— latifolia, clavata etc. Plumier. Pl. american. tab. 74.
(Siehe Carag. latifolia Beer.)
— clavata et spicata etc. Plumier. Plant. american. tab. 75.
(Siehe Platystachys Plumierii Beer.)
— latifolia Beer.
— lingulata Lindl.
— splendens Bouché. Flore des Serres van Houttes tab. 1091.

CHEVALIERA.

Cheval. ornata Gaud.
— sphaerocephala Gaud.

CRYPTANTHUS.

Crypt. acaulis Beer.
— acaulis var. argenteus „
— „ „ ruber Beer. „
— diversifolius Beer. „
— zonatus.
— „ var. fuscus Visiani.
— „ „ viridis Beer.

COCHLIOPETALUM.

Cochl. albiflos Beer.
— flavescens „
— Schüchii „
— stamineum „

COTTENDORFIA.

Cottend. Guianensis Kl. R. Schomb. 1564. Mus. Berlin.
(Zu Anoplophytae Beer.)

DIAPHORANTHEMA.

Diaph. recurvata Beer.
— capillaris „
— virescens „
— uniflora „
— versicolor „
— subulata „
— triflora „
— biflora „
Dillenius Hort. Elth. II, tab. 211.
(Siehe Agallost. Pinguin Beer.)

DISTEGANTHUS.

Dist. basilateralis Lem.

DYCKIA.

Dyck. rariflora Schult.
— princeps Lem.
— tuberosa Beer.

ECHINOSTACHYS.

Echin. Pineliana Brong.?
— rosea Beer.
— ? cylindrica Brong.
— ? oblonga Brongn.
— Pinelianus van Houtte's Garten (Siehe Echinost. rosea Beer.

ENCHOLIRIUM.

Enchol. Augustae R. Schomb.
— Garrelii Beer.

GARRELIA.

Garr. encholirioides Gaudichaud. Bonite, Atlas botanique tab. 115.
(Siehe Enchol. Garrelii Beer.

GUZMANIA.

Guzm. erythrolepis Ad. Brongn. Flore des Serres van Houtte, tab. 1089.
— sympaganthera Beer.
— tricolor R. et Pav.
— picta Hort.
(Siehe Nidularium fulgens Hort.)
— tricolor. Exotic Flora tab. 163.
(Siehe Guzmania sympaganthera Beer.)

HOHENBERGIA.

Hohenb. strobilacea Schult. fil.
— cyanthiformis Beer.
— terminalis „
— bracteata „
— brachystachys Poepp. W. Mus. No. 2399.
Platyst. brachystachys Beer.
— flexuosa Poepp. Wiener Museum No. 2716.
Platyst. flexuosa Beer.

HOPLOPHYTUM.

Hopl. fasciatum Beer.
— paniculatum „
— mucroniflorum „
— cyaneum „
— angustifolium „
— spicatum „
— Mertensis „
— suaveolens „
— purpureo-roseum „
— distichanthum „
— augustum „
— polystachium „
— tetrastachium „
— uni-spicatum „
— lanuginosum „
— platynema „
— lingulatum „
— spicatum „
— comatum „

Lamarque Encyclopedie t. 223.
(Siehe Bromelia ignea Beer.

LAMPROCOCCUS.

Lampr. fulgens Beer.
— fulgens discolor „
— miniatus „
— „ discolor „
— glomeratus „
— „ discolor „
— ramosus „
— Corallinus „

MACROCHORDIUM.

Macr. tinctorium de Vriese.
— melananthum Beer.
— bromeliaefolium „
— pulchrum „
— strictum Beer. „

Margrav. Pl. Brasil. III. tab. 37.
(Siehe Billbergia? Beer.)

Mexocotl. Hernandez, Rerum med. n. Hisp. XV.
(Siehe Bromel. Karatas Jacquin.)

NAVIA.

Navia acaulis Mart. in Röm. et Schult.
(Zu Niduleriae Beer.)
(Cryptanthus?)

— caulescens Mart. in Römer et Schultes.
(Zu Anoplophytae Beer.)
(Cottendorfia?)

NEUMANNIA.

Neum. Gigantea Brongn.
(Siehe Phlomostachys gigantea Beer.)

— imbricata Brongn.
(Siehe Phlomostachys imbricata Beer.)

NIDULARIUM.

Nidul. fulgens Hort.

— discolor Beer.

— purpureum „

— splendens Hort.
(Siehe Carag. splendens Bouché.)

— cyanea. Berl. bot. Garten.
(Siehe Hoplophytum cyaneum) Beer.)

ORTHOPETALUM.

Orthop. lanuginosum Beer.

— pulverulentum „

— inerme „

PALAEOXYRIS.

Palaeoxyris regularis Brongn.
(Fossil.)
Phlomostachys? regularis Beer.

PHYTARRHIZA.

Phytarrhiza Duratii Visiani. Memoire de Visiani, 1854.
(Siehe Anoplophytum Duratii Beer.)

PITCAIRNIA.

Pitcairn. albiflos Herb. Bot. Mag. tab. 2642.
(S. Cochliopetalum albiflos Beer.)

— albucaefolia Schrad.

— angustifolia Willd.

— angustifolia R. Aiton. Bot. Mag. tab. 1547.
(Siehe Pitc. tomentosa Dietrich.)

— asterotricha Poepp. et Endl.

— Beycalema. Hort.

— bracteata Ait.

— bract. var. Gireaudiana Beer.

— bract. var. sulphurea Hort. Bot. Mag. tab. 1416.
(Siehe Pitc. sulphurea Andrews.)

— bromeliaefolia l'Heret.

— densiflora A. Brongn.
(Siehe Phlomostachys densiflora Beer.)

— discolor. — Herbier général des amateurs V, tab. 345.
(Siehe Billbergia discolor Beer.)

— distacaia Beer.

— echinata Hook.

— exscapa Hook.

— fastuosa Morren. Annales de Gand. III, tab. 412.
(Siehe Billbergia fastuosa Beer.

Pitc. ferruginea R. et Pav.
— flammea Lindl.
— flavescens Hort.
(SieheCochliopetalum flavescens Beer.)
— fulgens Decsne.
— furfuracea Jacquin.
— furfuracea. Annales de Flore et de Pomone. — Blumenbachia, Schrader.
(Siehe Pitc. integrifolia Gawl.)
— heterophylla Beer.
— Jacksonii Hook.
— integrifolia Gawl.
— iridiflora Hort. Land.
— Karwinskyana Schult.
— laevis Beer.
— lanuginosa R. et Pav. Fl. Per. et Chil. tab. 258.
Kerner, Hort. semperv. tab. 247.
Salvi Flora Italica III, tab. 99.
(Siehe Orthopetalum lanuginosum Beer.)
— latifolia Jacquin.
— latifolia. Bot. Mag. tab. 856.
Bot. Mag. tab. 2657.
(Siehe Pitc. furfuracea Hort.)
— latifolia. Herbier général des amateurs IV, tab. 223. Redouté Liliacees II, tab. 73.
(Siehe Pitc. bracteata Ait.)
— latifolia Ait. Hortus Herrenhusanus tab. 3 ist
Pitc. ringens Kl.
— leiolema Hort.
(Siehe Pitc. muscosa.)
— longifolia Hook.
— macrocalyx Hook.
— monstrosa Beer.
— muscosa Mart.
— nubigena Pl. et Lindn.

Pitc. paniculata R. et Pav. Flora Per. et Chil. t. 260 ist
Pitc. longifolia Hook. Bot. Mag. t. 4775.
— pulverulenta R. et Pav. Flora Per. et Chil. t. 259.
(SieheOrthopetalum pulverulentum Beer.)
— punicea Hort.
— Redoutéana Hort.
— ringens Kl.
— staminea Lodd. Botan. Magaz. tab. 2411.
Loddiges, Bot. Cabinet tab. 723.
Pertum botanicum van Geel.
(Siehe Cochliopetalum stamineum Beer.)
— suaveolens Lindl.
— sulphurea Andrews.
— tomentosa Dietrich.
— undulata Hort.
— undulatifolia Hook. Bot. Mag. tab. 4241.
(Siehe Phlomostachys Altensteinii Beer.)
— Warszewitziana Kl.

PIRONNEAVA.

Pironneava glomerata. Gaudichaud. Bonite. Voyage. Atlas botanique tab. 63.
(Siehe Hoplophytum angustum Beer.)
— platynema. Gaudichaud, Atlas botanique tab. 64.
(Siehe Hoplophytum platinema Beer.)

PITYROPHYLLUM.

Pitiroph. erubescens Beer.
— gracile Beer.

PHLOMOSTACHYS.

Phlom. Altensteinii Beer.
— — var. Gigantea. Beer.
— densiflora Beer.
— sulphurea „
— gigantea „
— imbricata „
— atrorubens „
— Funkiana „
— ? regularis „

PHOLIDOPHYLLUM.

Pholidophyllum Visiani.
(S. Cryptanthus zonat. Visiani.)

PLATYSTACHYS

Plat. setacea Beer.
— anceps „
— heptantha „
— viridiflora „
— glaucophylla „
— inanis „
— bulbosa „
— erythraea „
— juncea „
— degitata „
— havanensis „
— polystachia „
— parviflora „
— purpurea „
— Kunthiana „
— azurea „
— Plumierii „

POTHUAVA.

Pothuava comata Gaudichaud.
Bonite. Atlas botan. tab. 116.
(S. Hoplophytum comat. Beer.)
Pothuava spicata. Gaudichaud.
Bonite. Atlas botan. tab. 117.)
(S. Hoplophytum spicatum Beer.)

POURRETIA.

Pourr. alpestris. Poeppig et Endl.
Nov. Gen. Plant. tab. 156.
(Siehe Puya alpestris Beer.)
— acranthos. Rossi.
Cat. Motoetiensis tab. II. —
Herbier général des amateurs V. tab. 304.
(Siehe Anoplophytum acranthos. Beer.)
— coarctata. R. et Pav.
Fl. Peru. et Chil. III. 34, auch Prodromus. — Bonite Gaudichaud. Atlas botanique tab. 41. — Nov. Gen. Plantar. Poeppig et Endl. pag. 41.
(Siehe Puya coarctata Beer.)
— caerulea Mirs.
Puya caerulea Lindl.
Bot. Reg. tab. 11. (1840.)
— inermis Pressl.
Reliquae Haenkiana tab. 23.
(Siehe Orthopetal. inerme Beer.)
— lanata. Herb. Humboldt.
Berl. Museum.
Puya lanata Beer.
— lanuginosa. R. et Pav.
Fl. Peru. et Chil. tab. 256.
(S. Bromelia lanuginosa Beer.)
— magnispatha.
Accad. Re di Torino. Tom. 31. tab. 19.
(S. Billbergia amoena. Lindl.)
— pyramidata. R. et Pav.
Fl. Peru. et Chil. tab. 57.
(Siehe Bromelia pyramidata. Beer.)
— stricta Hort.
(S. Pityrophyllum gracile. Beer.)
— sympaganthera. R. et. Pav.

(Siehe Guzmania sympaganthera. Beer.)

PUYA.

Puya Altensteinii. L. Kl. et Otto. Jc. pl. Berol. tab. 1. — Annales de Gand. II. tab. 59. — Flore van Houtte II. 1846.
(Siehe Phlomostachys Altensteinii Beer.)
— Altensteinii var. gigantea Hook. Bot. Mag. tab. 4309. Flore van Houtte II. tab. 253, 254.
(Siehe Plomostachys Alt. v. gigantea. Beer.)
— alpestris. Beer.
— chilensis Molina.
— coarctata. Beer.
— caerulea. Mirs.
— — Lindley. Botanical Register t. 11. (1840.)
— densiflora Hort.
(Siehe Phlomostachys densiflora Beer.)
— maëdifolia. Hort.
(Siehe Phlomostachys densiflora Beer.)
— Funkiana. Lindley.
(Siehe Phlomostachys. Funkiana. Beer.)
— ? Gaudini. Beer.
— Guianensis. Kl. Berl. Museum. Agallostachys Guianensis. Beer.
— heterophylla. Hort. Bot. Register tab. 71. (1840.) Dietrich bot. Zeitschrift.
(Siehe Pitcairnia heterophylla. Beer.)
— longifolia. Hort. Annales de Gand. II. — Paxtons Flower Garden III. tab. 86.
(Siehe Pitcairnia longifolia. Beer.)
Puya mäidifolia. Pl. et Lind. Flora van Houtte tab. 915. — Annales de Gand. V. tab. 289.
(Siehe Phlomostachys densiflora. Beer.)
— sulphurea. Hort. Herrenh. — Bot. Mag. tab. 4696.
(Siehe Phlomostachys sulphurea. Beer.)

QUESNELIA.

Quesnelia rufa. Gaud.

RENEALMIA.

Renealmia ramosa lutea etc. Pater Feuillé. Amerikan. Pflanzen. tab. 39.
(Siehe Puya chilensis. Molina.)
— polystachia Jacquin. Historia select. pag. 93.
(Siehe Platystachys polystachia Beer.)

STREPTOCALYX.

Streptocalyx Poeppigii. Beer.

Tabernaemontanus. Kräuter-Buch pag. 1377.
(Siehe Platystachys digitata. Beer.)

TILLANDSIA.

Tillandsia acaulis. Lindley. Bot. Register tab. 117.)
(Siehe Cryptanthus acaulis. Beer.)
— aloifolia Hook. Exotic Flora tab. 205. — Kerner Hort. Semperv. 822.
(Siehe Vriesea aloefolia Beer.)

Tillandsia. aloides. Schiede. n. sp. 1009. Mus. Wien.
(Siehe Tussacia aloides. Kl.)
— amoena. Loddiges. Bot. Cabinet tab. 76.
(Siehe Billbergia amoena Lindl.)
— anceps. Loddiges. Bot. Cabinet tab. 771.
(Siehe Platystachys anceps Beer.)
— augusta Arrab. Fl. Flum. t. 135.
(Siehe Hoplophytum augustum Beer.)
— apicroides. Schiede. Jalappa. Berl. Museum.
Tussacia apicroides Beer.
— azurea. Pressl. Reliquae Haenkiana tab. 24.
(Siehe Platystachys azurea Beer.)
— Benthamiana Kl. Berl. Museum Hartweg Mex.
Anoplophytum Benthamianum Beer.
— biflora. R. et Pav. Flor. Peru. et Chil. tab. 268.
(Siehe Diaphoranthema biflora Beer.)
— bicolor. Brong. La Coquille, Voyage par Duperrey. tab. 36.
(S. Anoplophytum bicolor. Beer.)
— bracteosa. Kl. Berl. Museum. Ehrenb. Haiti.
Vriesea bracteosa Beer.
— bracteata. Arrab. Fl. Flum. t. 125.
(S. Hohenbergia bracteata Beer.)
— bromeliaefolia Rudge. Plantarum Guianae. tab. 50.
(Siehe Macrochordium bromeliaefolium Beer.)
— bulbosa Hook. Exotic Flora tab. 173.
(S. Platystachys bulbosa Beer.)

Tillandsia bulbosa var. picta Hook. Bot. Mag. tab. 4288. — Annales de Gand. III. tab. 255.
(S. Platystachys erythraea Beer.)
— calothyrsus. Poepp. Wiener Museum. Peru Nr. 1224.
Anoplophytum calothyrs. Beer.
— caespitosa. Schiede et Deppe. Wiener Museum Nr. 1007.
Vriesea caespitosa Beer.
— capillaris. R. et Pav. Fl. Peru. et Chil. tab. 271.
(Siehe Diaphoranthema capillaris Beer.)
— cinerascens Willd. Berl. Museum Nr. 6330.
Platystachys cinerascens Beer.
— caerulea Knth. Berl. Museum. Herb. Humboldt et Bonpl.
Platystachys caerulea Beer.
— comata Arrab. Fl. Flum. III. tab. 140.
(Siehe Bromelia comata Beer.)
— concentrica, Arrab. Fl. Flum. III. tab. 133.
(Siehe Bromelia concentr. Beer.)
— crinita.
Pluckenet Opera omnia tab. 26. Fig. 6. — Sloane Nat. History of Jamaica tab. 122. Fig. 3.
— cyanthiformis Arrab. Fl. Flum. tab. 144.
(Siehe Hohenbergia cyanthif. Beer.)
— dianthoidea, Rossi.
Cat. Motoetiensis tab. 1.
Herbier Général d. amat. t. 304.
Garten-Flora v. Regel, Mai 1854.
Academia Neapolitana 5. t. 1.
(Siehe Anoplophytum dianthoideum Beer.)

Tillandsia auch Billbergia discolor und rubra. Hort.
(Siehe Nidularium, discolor und N. purpureum Beer.)
— disticha Willd. Nr. 6327. Berl. Museum.
Platystachys disticha Beer.
— distacaia Arrab. Fl. Flum. tab. 141.
(S. Pitcairnia distacaia Beer.)
— Ehrenbergii Kl. Berl. Museum. Ehrenb. Mex.
Platystachys Ehrenbergii Beer.
— ensiformis Arrab. Fl. Flum. tab. 129.
(Siehe Vriesea ensiformis Beer.)
— erubescens. Hort. Herren.
(Siehe Pityrophyllum erubescens Beer.)
— erythraea Lindley.
(Siehe Platystachys erythraea Beer.)
— filifolia. Schiede. Nr. 1005. Berl. Museum.
Platystachys filifolia Beer.
— flexuosa var. pallida. Bot. Mag. tab. 749.
(Siehe Anoplophytum flex. v. pallidum Beer.)
— flexuosa. Sw.?
(Siehe Vriesea aloefolia Beer.)
— floribus violac. G. Andrieux. Wiener Mus. Nr. 60.
Platystachys violaceus Beer.
— floribunda. Humboldt Knth. Berl. Museum.
Platystachys floribunda Beer.
— fulgens. Kltsch.
(Siehe Tussacia fulg. Klotzsch.)
— Havanensis. Jacquin. Select. crip. america. hist. tab. 183.
(Siehe Platystachys havanensis Beer.)
Tillandsia heptantha R. et Pav. Flora Peru. et Chil. III. pag. 41.
(Siehe Platystachys heptantha Beer.)
— imbricata Arrab. Fl. Flum. tab. 131.
(Siehe Vriesea imbricata Beer.)
— inanis Hort. Paxton Flower Garden I. tab. 210.
(Siehe Platystachys inanis Beer.)
— incarnata? Berlin. Mus. Herb. Humboldt et Bonpl.
Platystachys incarnata Beer.
— ionantha Blanch. Flore van Houtte. tab. 1006.
(Siehe Pityrophyllum erubescens Beer.)
— Kunthiana Gaud. Bonite, Atlas botanique tab. 53.
(S. Platystachys Kunthiana Beer.)
— laevis Arrab. Fl. Flum. t. 126.
(Siehe Pitcairnia laevis Beer.)
— linearis. Arrab. Fl. Flum. t. 128.
(S. Anoplophytum lineare Beer.)
— lingulata Linné. Sloane Nat. Hist. of Jamaica. tab. 120.
(S. Caraguata lingulata Lindley.)
— longibracteata Meyen. Berl. Mus. Anoplophytum longebracteatum Beer.
— longifolia Mayen. Mus. Berlin.
(S. Platystachys longifol. Beer.)
— maculata R. et Pav. Wiener Mus. Poepp. Nr. 1528.
Platystachys cyanea C. Koch.
(Allardtia cyanea Ditrich.)
— macrostachya Kl. Berlin. Mus. Ehrenb. Haiti.
Platystachys macrostach. Beer.

Tillandsia maculata R. et Pav. Flora Peru. et Chil. tab. 268.— Kerner Hortus semperv. tab. 515.
(Siehe Vriesea maculata Beer.)
— Moritziana. Kl. Berl. Museum. Moritz Columbia Nr. 449.
Platystachys Moritziana Beer.
— nitida Hook. Exotic. Fl. tab. 218.
(Siehe Tussacia nitida Beer.)
— plachystachis Kl. Berlin. Mus. Ehrenb. Haiti.
Platystachys pachystachis? Beer.
— paniculata. Schiede. Berl. Mus. Nr. 1108.
Platystachys paniculata Beer.
— polystachia Arrab. Fl. Flum. tab. 138.
(Siehe Hoplophytum polystachium Beer.)
— pruinosa. Sw. Wiener Mus.
Platystachys pruinosa Beer.
— psittacina Hook. Botan. Mag. tab. 2841.
(S. Vriesea psittacina. Lindl.)
— punctulata Schiede Nr. 1006. Berlin. Museum.
Platystachys punctulata Beer.
— pulchella Lindl. Exotic Flora. tab. 154.
(Siehe Anoplophytum pulchellum Beer.)
— purpurea. R. et Pav. Fl. Peru. et Chil. tab. 270.
(S. Platystachys purpurea Beer.)
— parviflora R. et Pav. Fl. Peru. et Chil. tab. 269.
(Siehe Platystachys parviflora Beer.)
— Quesneliana Hort.
(Siehe Pityrophylum gracile Beer.)
Tillandsia ramosa Sw. Berl. Museum.
Vriesea ramosa Beer.
— recurvata R. et Pav. Fl. Peru. et Chil. tab. 271.
(Siehe Diaphoranthema recurvata Beer.)
— regina Arrab. Fl. Flum. t. 142.
(Siehe Vriesea regina Beer.)
— rosea Lindley. Bot. Register. tab. 1357.
(S. Anoplophyt. roseum Beer.)
— rubida Lindley. Bot. Register tab. 63. (1842.)
(Siehe Anoplophytum rubidum Beer.)
— rubra R. et Pav. Fl. Peru. et Chil. tab. 266.
(Siehe Vriesea rubra Beer.)
— saxatilis Arrab. Fl. Flum. t. 139.
(Siehe Billbergia saxatilis Beer.)
— scapo ramosa Mikan Nr. 3. Mus. Wien.
Vriesea ramosa Beer.
— Schüchii Beer.
(Siehe Cochliopetalum Schüchii Beer.)
— scoparia. Willd. Nr. 6332. Berl. Mus.
Platystachys scoparia Beer.
— simplex Arrab. Flor. Flum. tab. 130.
(Siehe Vriesea simplex Beer.)
— serrata. Lamarque Encyclopedie tab. 224.
(Siehe Platystachys Plumierii Beer.)
— setacea Sw. Bot. Mag. tab. 3275.
(S. Platystachys setacea Beer.)
— setacea. Otto. Cuba. Berliner Museum.
Anoplophytum setaceum Beer.

Tillandsia sessiliflora R. et Pav. Fl. Peru. et Chil. tab. 271.
(Siehe Tussacia sessiliflora Beer.)
— subulata. Arrab. Flor. Flum. tab. 127.
(Siehe Diaphoranthema subulata Beer.)
— Sprengeliana Kl. Mus. Berlin. Anoplophytum Sprengelianum Beer.
— sp. Nr. 86. Schiede et Deppe. Wien. Museum.
Platystachys latifolia Beer.
— splendens. Brong.
(Siehe Vriesea speciosa Hook.)
— stricta. Bot. Mag. tab. 1529. Sertum botanicum van Geel. Rossi. Cat. Modaetiensis. tab. 3.
(Siehe Anoplophytum strictum Beer.)
— squamulosa. Willd. Nr. 6329. Berl. Museum.
Diaphoranthema squamul. Beer.
— tenuifolia? Röm. Schult. pag. 1215. — Sloane Jamaica tab. 122. Fig. 1.
(Siehe Diaphoranthema versicolor Beer.)
— tenuifolia. Jacquin. Select. america. Hist. tab. 63. Kerner Hortus sempervirens. tab. 388.
(Siehe Vriesea tenuifolia Beer.)
— trichoides. Willd.
— tricolor. Schiede Nr. 1006. Jalapa. Berl. Museum.
Platystachys tricolor Beer.
— triflora. Arrab. Flor. Flum. tab. 134.
(Siehe Diaphoranthema triflora Beer.)

Tillandsia tetrantha. R. et Pav. Fl. Peru. et Chil. tab. 265.
(S. Billbergia tetrantha Beer.)
— tetrastachia Arrab. Fl. Flum. tab. 137.
(Siehe Hoplophytum tetrastachium Beer.)
— terminalis. Arrab. Fl. Flum. tab. 143.
(Siehe Hohenbergia terminalis Beer.)
— tortilis. Kl. Berl. Museum.
Platystachys tortile Beer.
— tuberosa Arrab. Flor. Flum. tab. 157.
(Siehe Dyckia tuberosa Beer.
— uniflora Kunth. — Sloane. Jamaica tab. 221. Fig. 1.
(Siehe Diaphoranthema uniflora Beer.)
— unispicata. Arrab. Fl. Flum. tab. 124.
(Siehe Hoplophytum unispicatum Beer.)
— utriculatae. L. Wien. Museum.
Platystachys utriculatae Beer.
— usneoides. Lamarque Encyclopedie I. tab. 226. Fig. 12. Pluckenetii Opera omnia t. 25. Sloane Nat. History of Jamaica I. tab. 122. Fig. 2. Petiverii Gazophylaceum I. tab. 62. Fig. 12. (?)
— vestita. Cham. et Schlecht. Wien. Mus. Hartweg Nr. 223.
Ist Anoplophytum vestit. Beer.
— vestita. Willd. Nr. 6326. Berl. Museum.
Macrochordium vestit. Beer.
— violacea Kl. Berl. Museum.
Anoplophytum violaceum Beer.

Tillandsia vitellina. Kltsch.
(Siehe Tussacia vittelina Kl.)
— variegata Arrab. Fl. Flum. tab. 132.
(Siehe Billbergia variegata. Beer.)
— virescens. R. et Pav. Fl. Peru. et Chil. tab. 270.
(Siehe Diaphoranthema virescens Beer.)
— vittata. Linden.
(Siehe Anoplophytum vittatum Beer.)
— zonata. Hort. Till. Zebrina Hort. Billbergia acaulis zebrina Hort. Till. acaulis zonata Hort.
(Siehe Cryptanthus zonatus Visiani.)
— sp. Sellow, Bras. Nr. 85 — 89. Museum Berlin.
Anoplophytum bicolor Beer.
— sp. Sellow. Cras. Nr. 88. Mus. Berlin.
Anoplophytum dianthoideum Beer.
— sp. Sellow. Bras. Nr. 86. Mus. Berlin.
Anoplophytum rubidum. Beer.
— sp. Sellow. Bras. Nr. 90. Museum Berlin.
Anoplophytum pulchellum Beer.
Trew et Ehret. Pl. selectae tab. 51.
(Siehe Bromelia ignea Beer.

TUSSACIA.

Tussacia vitellina Kl.
— fulgens Kl.
— nitida Beer.
— sessiliflora „
Tussacia Cornucopia Dr. Bertero.
(Siehe Tussacia sessiliflora. Beer.)

VRIESEA.

Vriesea aloefolia Beer.
— aloifolia.
(Siehe Vriesea aloefolia Beer.)
— conferta Gaud.
— ensiformis Beer.
— gigantea Gaud.
— gracilis Gaud.
— imbricata Beer.
— incurvata Gaud.
— maculata Beer.
— platynema Gaud.
— psittacina Lindley.
— recurvata Gaud.
— regina Beer.
— rubra „
— simplex „
— speciosa Lindl.
— tenuifolia Beer.

VRIESIA.

Vriesia (Vriesea!) glaucophylla Hook. Bot. Mag. tab. 4415. — Flora van Houtte tab. 432.
(Siehe Platystachys glaucophylla Beer.
Viscum coriophylloides. Catesby's Nat. Hist. II. tab. 86.
(Siehe Platystachys digitata Beer.)

Billbergia marmorata Thibeaud et Keteler Paris.
Bromelia marmorata Beer.

Register

der beschriebenen Gattungen und Arten.

Bromelia marmorata Beer.
(Eine Form wie Bromelia tristis Beer.)

Reprint Publishing

Für Menschen, Die Auf Originale Stehen.

Bei diesem Buch handelt es sich um einen Faksimile-Nachdruck der Originalausgabe. Unter einem Faksimile versteht man die mit einem Original in Größe und Ausführung genau übereinstimmende Nachbildung als fotografische oder gescannte Reproduktion.

Faksimile-Ausgaben eröffnen uns die Möglichkeit, in die Bibliothek der geschichtlichen, kulturellen und wissenschaftlichen Vergangenheit der Menschheit einzutreten und neu zu entdecken.

Die Bücher der Faksimile-Edition können Gebrauchsspuren, Anmerkungen, Marginalien und andere Randbemerkungen aufweisen sowie fehlerhafte Seiten, die im Originalband enthalten sind. Diese Spuren der Vergangenheit verweisen auf die historische Reise, die das Buch zurückgelegt hat.

ISBN 978-3-95940-113-5

Faksimile-Nachdruck der Originalausgabe

Made in Germany

www.reprintpublishing.com

www.ingramcontent.com/pod-product-compliance
Lightning Source LLC
Chambersburg PA
CBHW070757270326
41927CB00010B/2181
9783959401135